GREGOR THÜSING/GERRIT FORST

Europäisches Vergaberecht und nationales Sozialversicherungsrecht

Schriften zum Sozial- und Arbeitsrecht

Band 299

Europäisches Vergaberecht und nationales Sozialversicherungsrecht

Von

Gregor Thüsing und Gerrit Forst

Duncker & Humblot · Berlin

Bibliografische Information der Deutschen Nationalbibliothek

Die Deutsche Nationalbibliothek verzeichnet diese Publikation in
der Deutschen Nationalbibliografie; detaillierte bibliografische Daten
sind im Internet über http://dnb.d-nb.de abrufbar.

Alle Rechte vorbehalten
© 2011 Duncker & Humblot GmbH, Berlin
Fremddatenübernahme: Klaus-Dieter Voigt, Berlin
Druck: Berliner Buchdruckerei Union GmbH, Berlin
Printed in Germany

ISSN 0582-0227
ISBN 978-3-428-13450-2 (Print)
ISBN 978-3-428-53450-0 (E-Book)
ISBN 978-3-428-83450-1 (Print & E-Book)

Gedruckt auf alterungsbeständigem (säurefreiem) Papier
entsprechend ISO 9706 ∞

Internet: http://www.duncker-humblot.de

Vorwort

Die deutsche Sozialversicherung ist in ihrer Genese und Konzeption national ausgerichtet. Europarechtliche Überwölbung wird oftmals als Fremdkörper empfunden und führt zu Neubewertungen des Vorhandenen, die wichtige, effizienzsteigernde Anregungen bieten, aber ebenso auch systemwidrige Friktionen verursachen können. Die Rechtsprechung des EuGH hat Auswirkungen weit über den Kontext der jeweiligen Judikate hinaus. Insbesondere die jüngste Entscheidung im Verfahren *Oymanns* hat dies noch einmal deutlich werden lassen.

Diesen Auswirkungen und möglichen Antworten nationaler Gesetzgebung will dieses Buch nachgehen. Es beruht in weiten Teilen auf einer Stellungnahme, die für das Ministerium für Arbeit, Gesundheit und Soziales des Landes NRW erstattet wurde. Die teilweise Neufassung des Sozialvergaberechts durch das Gesetz zur Neuordnung des Arzneimittelmarktes (AMNOG) konnte noch berücksichtigt werden.

Die Autoren danken für alle Auskünfte, die sie von den Trägern der verschiedenen Zweige der Sozialversicherung erhalten haben, und ebenso für die Diskussionsbeiträge der Teilnehmer eines Symposiums an der Rheinischen Friedrich-Wilhelms-Universität Bonn, das am 15.6.2010 gerade zu diesem Thema stattfand.

Bonn, im Januar 2011 *Gregor Thüsing*
Gerrit Forst

Inhaltsverzeichnis

I.	Europäisches Recht als Motor eines effizienteren Sozialversicherungsrechts?	13
II.	Rechtlicher Rahmen	16
	1. Die gesetzlichen Sozialversicherungssysteme in Deutschland	16
	2. Das Vergaberecht	18
	a) Vorrang und Auslegung des Unionsrechts	18
	aa) Vorrang des Unionsrechts	18
	bb) Auslegung des Unionsrechts	19
	b) Vergaberecht der EU	20
	aa) Artt. 101 ff., 107 ff. AEUV (ex-Artt. 81 ff., 87 ff. EG)	20
	bb) Grundfreiheiten	22
	cc) RL 2004/18/EG und §§ 97 ff. GWB	23
	c) Nationales Vergaberecht (ohne GWB)	25
	aa) Grundgesetz	25
	bb) SGB-Tatbestände	26
	cc) § 22 Abs. 1 S. 1 SVHV	28
III.	Zu den Anwendungsvoraussetzungen des Vergaberechts	30
	1. Anwendungsvoraussetzungen der Artt. 101 ff., 107 ff. AEUV (ex-Artt. 81 ff., 87 ff. EG)	30
	a) Wettbewerbsregeln, Artt. 101 ff. AEUV (ex-Artt. 81 ff. EG)	30
	aa) Kartellverbot, Art. 101 Abs. 1 AEUV (ex-Art. 81 Abs. 1 EG)	30
	(1) Unternehmen	30
	(2) Formen der Konzertierung	37
	(3) Beschränkung des Wettbewerbs	38
	(4) Keine Freistellungsverordnung	39
	(5) Rechtsfolgen	39
	bb) Missbrauchsverbot, Art. 102 S. 1 AEUV (ex-Art. 82 S. 1 EG)	40
	(1) Unternehmen	40
	(2) Marktbeherrschende Stellung	40
	(3) Missbrauch	41
	(4) Wettbewerbsverfälschung	42
	(5) Rechtsfolgen	42
	b) Beihilfenverbot, Artt. 107 ff. AEUV (ex-Artt. 87 ff. EG)	42
	aa) Unternehmen	42
	bb) Staatliche Beihilfe	43

		cc) Wettbewerbsverfälschung oder Handelsbeeinträchtigung	44

      cc) Wettbewerbsverfälschung oder Handelsbeeinträchtigung 44
      dd) Keine Freistellungsverordnung 45
      ee) Rechtsfolgen 45
  2. Anwendungsvoraussetzungen der RL 2004/18/EG und der §§ 97 ff. GWB 46
    a) Persönlicher Anwendungsbereich – öffentlicher Auftraggeber 46
      aa) § 98 Nr. 1 GWB, Art. 1 Abs. 9 S. 1 RL 2004/18/EG 46
      bb) § 98 Nr. 2 GWB, Art. 1 Abs. 9 S. 2 RL 2004/18/EG 46
        (1) Juristische Person 46
        (2) Aufgaben im Allgemeininteresse 47
        (3) Nichtgewerblichkeit 48
        (4) Überwiegende staatliche Finanzierung oder staatliche Beherrschung 49
    b) Sachlicher Anwendungsbereich – Vergabe öffentlicher Aufträge 50
      aa) Vertrag 51
      bb) Entgeltlichkeit 52
      cc) Schriftform 52
      dd) Lieferauftrag, § 99 Abs. 2 GWB 53
      ee) Dienstleistungsauftrag, § 99 Abs. 4 GWB 53
    c) Schwellenwerte 54
    d) Kein Ausschluss durch § 22 Abs. 1 S. 1 Halbs. 2 SVHV 54
  3. Anwendungsvoraussetzungen sonstigen Vergaberechts 55
    a) Grundrechte 55
    b) SGB-Tatbestände 57
    c) § 22 Abs. 1 SVHV 58
IV. Die Rechtsprechung des EuGH in der Rs. *Oymanns* 59
V. Teleologische Reduktion der §§ 97 ff. GWB bei Kollektivverträgen? 62
VI. Anwendbarkeit auf einzelne Versicherungssparten und deren Leistungen 64
  1. Krankenversicherung (SGB V) 64
    a) Anwendbarkeit der Artt. 101 ff., 107 ff. AEUV (ex-Artt. 81 ff., 87 ff. EG) 64
    b) Anwendbarkeit der RL 2004/18/EG und der §§ 97 ff. GWB 67
      aa) Persönlicher Anwendungsbereich – öffentlicher Auftraggeber 67
        (1) Juristische Person 68
        (2) Aufgaben im Allgemeininteresse 68
        (3) Fehlende Gewerblichkeit 68
        (4) Überwiegende staatliche Finanzierung 69
        (5) Staatliche Kontrolle 70
      bb) Sachlicher Anwendungsbereich – Vergabe öffentlicher Aufträge .. 72
        (1) Vertrag 73
        (2) Entgeltlichkeit 73

	(3) Einzelne Verträge	76
	(a) Verträge nach § 73b SGB V	76
	(b) Verträge nach § 111 SGB V	77
	(c) Verträge nach § 127 SGB V	78
	(d) Verträge nach § 130a Abs. 8 SGB V	79
	(e) Verträge nach § 140a Abs. 1 SGB V	81
	cc) Schwellenwerte	82
	dd) Kein Ausschluss durch § 69 SGB V	83
c)	Anwendbarkeit sonstigen Vergaberechts	87
	aa) §§ 19 ff. GWB	87
	bb) Vergaberecht unterhalb der Schwellenwerte	87
2. Rentenversicherung (SGB VI)		88
a)	Anwendbarkeit der Artt. 101 ff., 107 ff. AEUV (ex-Artt. 81 ff., 87 ff. EG)	88
b)	Anwendbarkeit der RL 2004/18/EG und der §§ 97 ff. GWB	89
	aa) Persönlicher Anwendungsbereich – öffentlicher Auftraggeber	89
	(1) Juristische Person	89
	(2) Aufgaben im Allgemeininteresse	90
	(3) Nichtgewerblichkeit	90
	(4) Überwiegende staatliche Finanzierung	91
	(5) Staatliche Kontrolle	91
	bb) Sachlicher Anwendungsbereich – öffentlicher Auftrag	93
c)	Anwendbarkeit sonstigen Vergaberechts	93
3. Unfallversicherung (SGB VII)		94
a)	Anwendbarkeit der Artt. 101 ff., 107 ff. AEUV (ex-Artt. 81 ff., 87 ff. EG)	94
b)	Anwendbarkeit der RL 2004/18/EG und der §§ 97 ff. GWB	96
	aa) Persönlicher Anwendungsbereich – öffentlicher Auftraggeber	96
	(1) Juristische Person	96
	(2) Aufgaben im Allgemeininteresse	96
	(3) Fehlende Gewerblichkeit	97
	(4) Überwiegende staatliche Finanzierung	97
	(5) Staatliche Kontrolle	97
	bb) Sachlicher Anwendungsbereich – Vergabe öffentlicher Aufträge ..	98
	(1) Vertrag	99
	(2) Entgeltlichkeit	99
	(3) Einzelne Verträge	100
	(a) Verträge nach § 34 Abs. 8 S. 1 SGB VII	100
	(b) Verträge nach § 34 Abs. 8 S. 2 SGB VII	101
	(c) Verträge nach § 35 SGB VII	101

				cc) Schwellenwerte	101
		c)	Anwendbarkeit sonstigen Vergaberechts		101
	4.	Pflegeversicherung (SGB XI)			102
		a)	Anwendbarkeit der Artt. 101 ff., 107 ff. AEUV (ex-Artt. 81 ff., 87 ff. EG)		102
		b)	Anwendbarkeit der RL 2004/18/EG und der §§ 97 ff. GWB		103
			aa) Persönlicher Anwendungsbereich – öffentlicher Auftraggeber		103
				(1) Juristische Person	103
				(2) Aufgaben im Allgemeininteresse	103
				(3) Fehlende Gewerblichkeit	104
				(4) Überwiegende staatliche Finanzierung	104
				(5) Staatliche Kontrolle	104
			bb) Sachlicher Anwendungsbereich – Vergabe öffentlicher Aufträge		105
				(1) Vertrag	106
				(2) Entgeltlichkeit	106
				(3) Einzelne Verträge	107
				(a) Verträge nach § 77 SGB XI	107
				(b) Verträge nach § 78 SGB XI	107
				(c) Verträge nach § 92b SGB XI	108
			cc) Schwellenwerte		108
		c)	Anwendbarkeit sonstigen Vergaberechts		108
	5.	Arbeitsförderung (SGB III)			109
		a)	Anwendbarkeit Artt. 101 ff., 107 ff. AEUV (ex-Artt. 81 ff., 87 ff. EG)		109
		b)	Anwendbarkeit der RL 2004/18/EG und der §§ 97 ff. GWB		110
			aa) Persönlicher Anwendungsbereich – öffentlicher Auftraggeber		110
				(1) Juristische Person	110
				(2) Aufgaben im Allgemeininteresse	110
				(3) Fehlende Gewerblichkeit	111
				(4) Überwiegende staatliche Finanzierung	111
				(5) Staatliche Kontrolle	112
			bb) Sachlicher Anwendungsbereich – Vergabe öffentlicher Aufträge		113
				(1) Vertrag	114
				(2) Entgeltlichkeit	114
				(3) Einzelne Verträge	115
				(a) Verträge nach § 46 SGB III	115
				(b) Verträge nach § 61 SGB III	115
				(c) Verträge nach § 240 SGB III	116
			cc) Schwellenwerte		116
		c)	Anwendbarkeit sonstigen Vergaberechts		116

Inhaltsverzeichnis

6. Grundsicherung für Arbeitsuchende (SGB II)	117
a) Anwendbarkeit der Artt. 101 ff., 107 ff. AEUV (ex-Artt. 81 ff., 87 ff. EG)	117
b) Anwendbarkeit der RL 2004/18/EG und der §§ 97 ff. GWB	118
aa) Persönlicher Anwendungsbereich – öffentlicher Auftraggeber	118
(1) Kreise und kreisfreie Städte	118
(2) Bundesagentur für Arbeit	118
bb) Verträge nach § 17 Abs. 2 SGB II als öffentlicher Auftrag	119
cc) Schwellenwerte	121
c) Anwendbarkeit sonstigen Vergaberechts	121
7. Sozialhilfe (SGB XII)	122
a) Anwendbarkeit der Artt. 101 ff., 107 ff. AEUV (ex-Artt. 81 ff., 87 ff. EG)	122
b) Anwendbarkeit der RL 2004/18/EG und der §§ 97 ff. GWB	122
aa) Persönlicher Anwendungsbereich – öffentlicher Auftraggeber	122
bb) Verträge nach § 75 Abs. 3 SGB XII als öffentliche Aufträge	123
c) Anwendbarkeit sonstigen Vergaberechts	125
8. Kinder- und Jugendhilfe (SGB VIII)	125
a) Anwendbarkeit der Artt. 101 ff., 107 ff. AEUV (ex-Artt. 81 ff., 87 ff. EG)	125
b) Anwendbarkeit der RL 2004/18/EG und der §§ 97 ff. GWB	126
aa) Persönlicher Anwendungsbereich – öffentlicher Auftraggeber	126
bb) Verträge nach § 78b Abs. 2 SGB VIII als öffentliche Aufträge	126
c) Anwendbarkeit sonstigen Vergaberechts	127
9. Rehabilitation und Teilhabe behinderter Menschen (SGB IX)	128
a) Anwendbarkeit der Artt. 101 ff., 107 ff. AEUV (ex-Artt. 81 ff., 87 ff. EG)	128
b) Anwendbarkeit der RL 2004/18/EG und der §§ 97 ff. GWB	129
aa) Persönlicher Anwendungsbereich – öffentlicher Auftraggeber	129
bb) Sachlicher Anwendungsbereich – Vergabe öffentlicher Aufträge	129
(1) Vertrag	129
(2) Entgeltlichkeit	130
(3) Einzelne Verträge	130
(a) Verträge nach § 21 SGB IX	130
(b) Verträge nach § 111 Abs. 2 SGB IX	130
(c) Verträge nach § 141 SGB IX	131
cc) Schwellenwerte	131
c) Anwendbarkeit sonstigen Vergaberechts	131
VII. Rechtslage bei der Leistungserbringung durch eigene Einrichtungen	133
1. Gestaltungsmöglichkeiten	133
2. Leistungserbringung durch unselbständige Einrichtungen	135

	a) Zur Bindung an das Vergaberecht	135
	b) Sonstige rechtliche und tatsächliche Folgen	136
3.	Leistungserbringung durch selbständige Einrichtungen	137
	a) Zur Bindung an das Vergaberecht	137
	b) Sonstige rechtliche und tatsächliche Folgen	141

VIII. Rechtsfolgen und Anpassungsbedarf des deutschen Rechts 142
    1. Zur Bindung der Sozialversicherungsträger an das Vergaberecht 142
    2. Zum Anpassungsbedarf des SGB und sonstiger Vorschriften 142
        a) Ausschreibungsregeln 142
        b) Kaum Raum für sozialversicherungsrechtliche Sonderregeln 143
        c) Regelungsvorschläge 143
    3. Rechtswegfragen 144
IX. Summa 146

Literaturverzeichnis 147

Sachwortverzeichnis 157

I. Europäisches Recht als Motor eines effizienteren Sozialversicherungsrechts?

Am 11.6.2009 erging das EuGH-Urteil in der Rs. *Hans & Christophorus Oymanns GbR,*[1] das durch eine Vorlage des OLG Düsseldorf[2] initiiert wurde. Es ging um die Ausschreibungspflicht der Vergabe von Aufträgen durch die AOK Rheinland/Hamburg, genauer um die Frage, inwieweit die gesetzlichen Krankenkassen in Deutschland bei der Einbeziehung Privater in die sozialversicherungsrechtliche Leistungserbringung an die Vorgaben der Richtlinie 2004/18/EG und die diese umsetzenden §§ 97 ff. GWB des deutschen Vergaberechts gebunden sind.

Im Anschluss an die Entscheidung des EuGH ist in der deutschen Rechtsprechung und Literatur die bereits seit längerer Zeit schwelende Diskussion neu aufgeflammt, ob die Träger der gesetzlichen Sozialversicherung an das europäische und deutsche Vergaberecht gebunden sind. Die Stellungnahmen hierzu sind mittlerweile Legion. Traditionalisten, die die gemeinnützige Tätigkeit der Sozialversicherungsträger in den Vordergrund rücken und diese für mit einer Anwendung des Vergaberechts unvereinbar erachten, stehen Reformer gegenüber, die die wohlfahrtssteigernde Wirkung des Vergaberechts beschwören und dieses deshalb auch auf den großen Markt für Sozialleistungen anwenden wollen.

Erschwert wird die Meinungsbildung durch unklare gesetzliche Regelungen in Deutschland. Viele Normen der Sozialgesetzbücher sehen ein Vergabeverfahren nach ganz eigenen Regeln vor, werden dabei aber von den allgemeinen Vorschriften in § 69 SGB V und § 22 SVHV überformt. Nicht nur, dass dieses „Sozialvergaberecht" in sich wenig kohärent und intransparent ist. Unklar ist auch, ob die Vorschriften mit dem europäischen Vergaberecht und hier insbesondere der RL 2004/18/EG vereinbar sind, wenn man deren Anwendbarkeit auf die deutschen Sozialversicherungsträger bejaht.

Doch nicht nur das Vergaberecht i.e.S. bringt Bewegung in das deutsche Sozialversicherungsrecht. Das Bundeskartellamt hat ein Ermittlungsverfahren gegen neun gesetzliche Krankenkassen eingeleitet – mit dem Vorwurf, diese hätten eine verbotene Kartellabsprache getroffen, indem sie gleichzeitig beschlossen,

---

[1] EuGH, Urt. v. 11.6.2009, Rs. C-300/07, NJW 2009, 2427 = DVBl 2009, 974.
[2] OLG Düsseldorf, EuGH-Vorlage v. 23.5.2007 – VII-Verg 50/06, VergabeR 2007, 622 = GesR 2007, 429 = NZBau 2007, 525.

14   I. Europäisches Recht als Motor eines Sozialversicherungsrechts?

Zusatzbeiträge von ihren Versicherten zu erheben.[3] Das Bundeskartellamt geht also davon aus, dass zumindest die gesetzlichen Krankenkassen in ihrer Verfassung nach dem GKV-WSG bzw. dem GKV-OrgWG dem Anwendungsbereich des § 1 GWB unterliegen. Bestätigt fühlen darf es sich mit dieser Auffassung durch die Neufassung des § 69 Abs. 2 S. 1 SGB V durch das AMNOG. Es stellt sich gleichwohl weiterhin die Frage, ob die Sozialversicherungsträger auch den Wettbewerbsregeln der Artt. 101 ff., 107 ff. AEUV (ex-Artt. 81 ff., 87 ff. EG) unterliegen.

Weitere Nahrung hat die Debatte durch das 18. Hauptgutachten der Monopolkommission vom 14.7.2010 erhalten. Die Monopolkommission geht davon aus, dass die gesetzlichen Krankenkassen sowohl Unternehmen i. S. d. GWB als auch i. S. d. europäischen Kartellrechts sind.[4] Sie spricht sich für eine weitere Stärkung des Wettbewerbs in der GKV aus und unterbreitet dazu eine Vielzahl weitreichender Vorschläge zur Änderung der rechtlichen Rahmenbedingungen.[5]

Heute besteht weitgehend Einigkeit, dass es weiterer Reformen der deutschen gesetzlichen Sozialversicherung bedarf. Nur in welche Richtung sollen die Änderungen gehen? Die Sozialversicherungsträger – insbesondere die gesetzlichen Krankenkassen – leiden unter einer schon als chronisch zu bezeichnenden Unterfinanzierung. Dies hat auch die Monopolkommission in ihrem 18. Hauptgutachten erst kürzlich wieder festgestellt.[6] Das mag zum Teil einem erhöhten Bedarf an Sozialleistungen geschuldet sein, bedingt durch eine stetig alternde Bevölkerung, sowie einem allgemeinen Rückgang sozialversicherungspflichtiger Beschäftigung und einer anhaltend hohen Arbeitslosigkeit. Gleichzeitig ist die Finanzierungslücke – so der Vorwurf vieler – aber auch mangelnder Effizienz der Sozialversicherungsträger geschuldet, denen teils noch immer der preußische Muff der bismarckschen Invalidenversicherung anhafte.[7] Zumindest über einen Empfang des kostensenkenden Segens des Vergaberechts i. e. S., also der §§ 97 ff. GWB, RL 2004/18/EG, gelte es daher schon aus sozialpolitischer Raison nachzudenken – ungeachtet aller rechtlichen Zwänge.

---

[3] Pressemitteilung des Bundeskartellamts vom 22.2.2010, abrufbar unter http://www.bundeskartellamt.de/wDeutsch/aktuelles/presse/2010_02_22.php (Stand: 29.4.2010). s. dazu bereits BSG, Beschl. v. 28.9.2010 – B 1 SF 1/10 R, juris zum Rechtsweg.

[4] Monopolkommission, 18. Hauptgutachten v. 14.7.2010, S. 433, 488, 489 (Tz. 1204 und 1205 a. E.), abrufbar unter www.monopolkommission.de (Stand: 19.7.2010).

[5] Monopolkommission, 18. Hauptgutachten v. 14.7.2010, S. 433 ff. (Tz. 1034 ff.), abrufbar unter www.monopolkommission.de (Stand: 19.7.2010).

[6] Monopolkommission, 18. Hauptgutachten v. 14.7.2010, S. 433 ff. (Tz. 1037 ff.), abrufbar unter www.monopolkommission.de (Stand: 19.7.2010).

[7] Die Monopolkommission, 18. Hauptgutachten v. 14.7.2010, S. 433 ff. (Tz. 1038), abrufbar unter www.monopolkommission.de (Stand: 19.7.2010), spricht von einer „Über-, Unter- und Fehlversorgung". Zum demographischen Wandel s. Monopolkommission a. a. O., S. 433, 437 f. (Tz. 1044 ff.).

Der nationale Gesetzgeber hat die stetig steigenden Kosten in der gesetzlichen Krankenversicherung zum Anlass genommen, jedenfalls im SGB V die Anwendung des Vergaberechts auszuweiten. Am 22.12.2010 beschloss der Bundestag das Gesetz zur Neuordnung des Arzneimittelmarktes (AMNOG),[8] welches unter anderem eine Änderung des § 69 SGB V beinhaltet und mehr Vorschriften des GWB als bislang für den bereich des SGB V für anwendbar erklärt.

Die folgenden Ausführungen sollen die unionsrechtliche Bühne beschreiben, auf der sich das deutsche Sozialversicherungsrecht bewegt. Die EuGH-Entscheidung in der Rs. *Oymanns* spielt dabei eine Hauptrolle. Im Hauptaufzug gilt es, die einzelnen Sparten der Sozialversicherung und ihre Leistungen daraufhin zu untersuchen, ob sie dem europäischen Vergaberecht unterfallen oder nicht. Abstecher in das nationale Vergaberecht – gleich welchen Ursprungs – vervollständigen das juristische Schaustück. Im Schlussakt sollen die Handlungsoptionen der Sozialversicherungsträger sowie des deutschen Gesetzgebers im Rahmen der europäischen Vorgaben ausgelotet werden.

---

[8] BGBl. 2010-I, S. 2262 ff.

II. Rechtlicher Rahmen

1. Die gesetzlichen Sozialversicherungssysteme in Deutschland

„Die Bundesrepublik Deutschland ist ein [sozialer] Bundesstaat." Art. 20 Abs. 1 GG nimmt das Sozialstaatsprinzip in unsere Verfassung auf. Dieses besagt u.a., dass der Staat die Aufgabe hat, die „Mindestvoraussetzungen für ein menschenwürdiges Dasein sicherzustellen"[9]. Daneben gebietet das Sozialstaatsprinzip, dass „die staatliche Gemeinschaft in der Regel die Lasten mitträgt, die aus einem von der Gesamtheit zu tragenden Schicksal entstanden sind und mehr oder weniger zufällig nur einzelne Bürger oder bestimmte Gruppen von ihnen getroffen haben"[10]. Schließlich ist der Sozialstaat verpflichtet, ein Mindestmaß an sozialer Sicherheit zu gewährleisten, indem er eine Absicherung gegen die „Wechselfälle des Lebens" zur Verfügung stellt[11]. Die Idee der sozialen Absicherung ist freilich schon wesentlich älter als die Bundesrepublik, sie reicht bis in das Kaiserreich zurück. *Bismarck* war es, der mit der Sozialgesetzgebung in Form der Arbeiterkrankenversicherung von 1883, der Unfallversicherung von 1884 und der Invaliden- und Altersversicherung von 1889 den Grundstein für unsere heutigen sozialen Sicherungssysteme legte[12].

Die Sozialversicherung ruht heute in Deutschland auf fünf Pfeilern, die in den verschiedenen Büchern des SGB geregelt sind. Diese fünf Pfeiler sind die gesetzliche Krankenversicherung (SGB V), die gesetzliche Unfallversicherung (SGB VII), die gesetzliche Rentenversicherung (SGB VI), die gesetzliche Pflegeversicherung (SGB XI) und die gesetzliche Arbeitslosenversicherung (SGB III). Ergänzt werden diese Grundpfeiler durch das Kinder- und Jugendhilferecht (SGB VIII), die Gesetzgebung zur Rehabilitation und Teilhabe behinderter Menschen (SGB IX), die Grundsicherung für Arbeitsuchende (SGB II) sowie das Sozialhilferecht (SGB XII). Zum Teil finden sich sozialrechtliche Regelungen noch

---

[9] BVerfG, Beschl. v. 18.6.1975 – 1 BvL 4/47, BVerfGE 40, 121, 144 = NJW 1975, 1691; BVerfG, Beschl. v. 8.6.2004 – 2 BvL 5/00, BVerfGE 110, 412, 445 f. = NJW-RR 2004, 1657.

[10] BVerfG, Urt. v. 22.11.2000 – 1 BvR 2307/94, BVerfGE 102, 254, 298 = NJW 2001, 669.

[11] BVerfG, Beschl. v. 27.5.1970 – 1 BvL 22/63, BVerfGE 28, 324, 348 ff. = NJW 1970, 1675.

[12] Zum Ganzen *Waltermann,* Sozialrecht, 8. Aufl. 2009 Rn. 42 ff.

außerhalb des SGB. Gemäß § 68 SGB I gelten diese Regelungen – wie etwa das BAföG – als besondere Teile des SGB. Soweit hier von der „gesetzlichen" Versicherung die Rede ist, ist jeweils die staatliche Pflichtversicherung gemeint.

Die Bezeichnung als „gesetzliche" Versicherungssysteme macht bereits deutlich, dass diese Form der Sozialversicherung keine freiwillige ist, sondern dass die Versicherten kraft Gesetzes – und damit unabhängig von ihrer rechtlichen Zustimmung – der gesetzlichen Sozialversicherung unterworfen sind. Folge dieser Unterwerfung ist unter anderem eine Beitragspflicht der gesetzlich Versicherten, mittels derer die Sozialsysteme finanziert werden. Im Gegenzug erhalten die Versicherten Anspruch auf Versicherungsschutz. Dieser wird in der Regel in der Form gewährt, dass die Versicherten Leistungen von einem Leistungserbringer (etwa einem Arzt) beziehen, der diese Leistung im Verhältnis zu dem Versicherungsträger abrechnet. Dieses „sozialversicherungsrechtliche Dreieck"[13] findet sich in allen Sparten der gesetzlichen Sozialversicherung, wenn es auch nicht überall überwiegt.

Neben der gesetzlichen Versicherung besteht grundsätzlich die Möglichkeit einer freiwilligen („privaten") Versicherung. Diese Privatversicherung bestimmt sich nach privatrechtlichen Grundsätzen, kann also zwischen Versichertem und Versicherungsträger in gewissem Umfang frei gestaltet werden. Kennzeichnend für den Privatversicherungsmarkt ist der zwischen den Anbietern ausgetragene Wettbewerb, der der gesetzlichen Sozialversicherung grundsätzlich fremd ist. Zur Effizienzsteigerung hat der Gesetzgeber in jüngerer Zeit allerdings versucht, auch im Bereich der gesetzlichen Versicherungssysteme Wettbewerbselemente zu implementieren[14]. Jüngstes Beispiel für diese Reformbestrebungen ist das GKV-WSG[15]. Für die Frage, inwieweit die gesetzlichen Sozialversicherungsträger dem Vergaberecht unterworfen sind, welches ein Teilgebiet des Wettbewerbsrechts bildet, sind diese legislatorischen Bemühungen von großer Wichtigkeit. Darauf ist an gegebener Stelle zurückzukommen. Fest steht aber auch, dass der gesetzlichen Intensivierung des Wettbewerbs in den gesetzlichen Versicherungssystemen kein Aufbau eines Sozialversicherungswettbewerbsrechts entspricht – Quell der derzeitigen Diskussion um die Anwendbarkeit des allgemeinen Wettbewerbsrechts auf die Sozialversicherungssysteme. *Martin Burgi* bringt es auf den Punkt: „Wer Marktöffnung sät, wird Vergaberecht ernten[16]!"

---

[13] Dazu *Engler,* Leistungserbringung, 2010, S. 21 ff.; *Waltermann,* Sozialrecht, 8. Aufl. 2009 Rn. 190 f.; *Meyer,* RsDE 68 (2009), 17, 19.
[14] Dazu kursorisch *Kamann/Gey,* PharmR 2006, 255 f.
[15] Gesetz zur Stärkung des Wettbewerbs in der Gesetzlichen Krankenversicherung (GKV-WSG) vom 26.3.2007, BGBl. I 2007, S. 378; dazu *Thüsing/v. Medem,* Vertragsfreiheit und Wettbewerb in der privaten Krankenversicherung, 2008.
[16] *Burgi,* NZBau 2008, 480, 481.

2. Das Vergaberecht

Anders als das Sozialversicherungsrecht beschränkt sich das Vergaberecht nicht auf die nationale Dimension. Vielmehr besteht das „Vergaberecht" aus einer Vielzahl von Ingredienzien europäischen und nationalen Ursprungs, die zusammen das ergeben, was gemeinhin als „Vergaberecht" bezeichnet zu werden pflegt. Die einheitliche Bezeichnung der Materie darf aber nicht über den heterogenen Ursprung der vergaberechtlichen Vorschriften hinwegtäuschen; trotz der einheitlichen Bezeichnung unterscheiden sich die vergaberechtlichen Regelungen in Voraussetzungen und Rechtsfolgen erheblich voneinander.

a) Vorrang und Auslegung des Unionsrechts

aa) Vorrang des Unionsrechts

Für das Verständnis der vergaberechtlichen Normenhierarchie gilt es, sich zunächst den rechtsgebietübergreifend geltenden Grundsatz des Vorrangs des Unionsrechts zu vergegenwärtigen. Dieser besagt, dass die sich aus einer Richtlinie ergebende Verpflichtung der Mitgliedstaaten, das in dieser vorgesehene Ziel zu erreichen, sowie die Pflicht der Mitgliedstaaten gemäß Art. 4 Abs. 3 UAbs. 2 EU (ex-Art. 10 EG), alle zur Erfüllung dieser Verpflichtung geeigneten Maßnahmen zu treffen, allen Trägern öffentlicher Gewalt in den Mitgliedstaaten obliegen, und zwar im Rahmen ihrer Zuständigkeiten auch den Gerichten. Daraus folgt, dass ein nationales Gericht, soweit es bei der Anwendung des nationalen Rechts – gleich, ob es sich um vor oder nach der Richtlinie erlassene Vorschriften handelt – dieses Recht auszulegen hat, seine Auslegung soweit wie möglich am Wortlaut und Zweck der Richtlinie ausrichten muss, um das mit der Richtlinie verfolgte Ziel zu erreichen und auf diese Weise Art. 288 Abs. 3 AEUV (ex-Art. 249 Abs. 3 EG) nachzukommen. Der EuGH hat den Grundsatz vom Vorrang des Unionsrechts grundlegend in den Entscheidungen *Van Gend* und *Costa/E.N.E.L.* entwickelt und für das Vergaberecht später rechtsgebietsspezifisch bestätigt[17]. Neben dem Grundsatz des Vorrangs des Unionsrechts gebietet der Grundsatz des *effet utile* (Art. 4 Abs. 3 UAbs. 2 EU [ex-Art. 10 EG]), dass nationale Stellen das Unionsrecht so auszulegen und anzuwenden haben, dass dem Ziel einer effektiven Umsetzung des Unionsrechts weitestgehend Rechnung getragen wird[18]. Auch der Grundsatz des *effet utile* wurde durch den EuGH im Bereich des Vergaberechts rechtsgebietsspezifisch anerkannt und präzisiert[19].

---

[17] EuGH, Urt. v. 5.2.1963, Rs. C-26/62, Slg. 1963, 3 – *van Gend*; EuGH, Urt. v. 15.7.1964, Rs. C-6/64, Slg. 1964, 125 – *Costa/E.N.E.L.*; EuGH, Urt. v. 17.9.1997, Rs. C-54/96, Slg. 1997, I-4961 Rn. 43 – *Dorsch Consult*; EuGH, Urt. v. 24.9.1998, Rs. C-76/97, Slg. 1998, I-5357 Rn. 25 – *Tögel*.

[18] Vgl. nur EuGH, Urt. v. 4.12.1974, Rs. C-41/74, Slg. 1974, 1337 Rn. 12 – *van Duyn*, EuGH, Urt. v. 1.2.1977, Rs. C-51/76, Slg. 1977, 113 Rn. 20/29 – *Nederlandse*

bb) Auslegung des Unionsrechts

Da es sich bei der Unionsrechtsordnung um eine autonome Rechtsordnung handelt, kann diese nicht nach den Auslegungsgrundsätzen des nationalen Rechts ausgelegt werden. Vielmehr gelten in der europäischen Rechtsordnung auch autonome Auslegungsregeln[20]. Über das Gebot der unionsrechtkonformen Auslegung erlangen diese autonomen Auslegungsregeln auch für die Auslegung des nationalen Rechts Bedeutung. Da das deutsche Vergaberecht in weiten Teilen auf unionsrechtlichen Vorgaben fußt, sollen diese Auslegungsgrundsätze kurz dargelegt werden.

Generell gilt, dass der Wortlaut nur einen ersten Anhaltspunkt für die richtige Auslegung liefert, weil die verschiedenen Sprachen zu einer gewissen terminologischen Ungenauigkeit der europäischen Rechtsakte führen[21]. Da keiner Sprache Vorrang vor einer der anderen Sprachen zukommt, kann aus divergierenden Sprachfassungen nicht die „richtige" gewählt werden[22]. Die Gesetzgebungsgeschichte ist für die Auslegung des europäischen Rechts ein schwaches Argument, da die Dokumente des Rates der Öffentlichkeit regelmäßig nicht zugänglich gemacht werden. Über die Erwägungsgründe können aber auch die gesetzgeberischen Beweggründe in die Auslegung einfließen[23]. Die Systematik einer Regelung kann zwar wertvolle Anhaltspunkte für die Auslegung einer Norm liefern. Jedoch ist zu beachten, dass das europäische Sekundärrecht kein in sich geschlossenes System bildet, sondern fragmentarisch bleibt und einer eklektischen Fortentwicklung unterliegt[24]. Das systematische Argument spielt daher in der Rechtsprechung des EuGH eine untergeordnete Rolle[25]. Als dominierend erweist

---

Ondernemingen; EuGH, Urt. v. 20.9.1988, Rs. C-31/87, Slg. 1988, 4635 Rn. 11 – *Beentjes*; EuGH, Urt. v. 20.9.1988, Rs. C-190/87, Slg. 1988, 4689 Rn. 27 – *Borken/Moormann*; st. Rspr.

[19] EuGH, Urt. v. 28.10.1999, C-328/96, Slg. 1999, I-7479 Rn. 75 – *Kommission/Österreich*.

[20] EuGH, Urt. v. 5.2.1963, Rs. C-26/62, Slg. 1963, 3 – *van Gend*.

[21] EuGH, Urt. v. 27.10.1977, Rs. C-30/77, Slg. 1977, 1999 Rn. 13, 14 – *Bouchereau*.

[22] Dazu das geflügelte Wort des GA *Lagrange,* in: Schlussanträge v. 27.2.1962, Rs. 13/61, Slg. 1962, 97, 149: „Bekanntlich sind alle vier Sprachen maßgebend, was letzten Endes bedeutet, daß [sic] keine maßgebend ist …".

[23] EuGH, Urt. v. 17.4.2008, Rs. C-404/06, Slg. 2008, I-2685 Rn. 30 ff. – *Quelle; Riesenhuber,* in: Riesenhuber, Europäische Methodenlehre, 2006, § 11 Rn. 30 ff.; *Höpfner/Rüthers,* AcP 2009, 1, 14 m.w.N. auch zur Gegenauffassung.

[24] Dazu *Höpfner/Rüthers,* AcP 2009, 1, 12.

[25] EuGH, Urt. v. 7.2.1985, Rs. C-135/83, Slg. 1985, 469 Rn. 35 f. – *Abels* bildet ein Beispiel für die Auslegung einer Richtlinie nach der inneren Systematik, EuGH, Urt. v. 16.12.1997, Rs. C-104/96, Slg. 1997, I-7211, 7227 Rn. 25 ff. – *Rabobank* legt die PublizitätsRL unter Berücksichtigung des Vorschlags einer fünften gesellschaftsrechtlichen Richtlinie aus, also nach der äußeren Systematik.

sich in der Rechtsprechung des EuGH das teleologische Argument[26]. Der Zweck einer Regelung erhellt dabei aus den Erwägungsgründen, die zwar selber keine Normen darstellen, aber zur Auslegung des jeweiligen Rechtsaktes wertvolle Anhaltspunkte liefern können[27].

b) Vergaberecht der EU

Das Vergaberecht der EU entfaltet sich in dreierlei Richtungen. Im engeren Sinne versteht man unter dem unionsrechtlichen Vergaberecht wohl nur die Koordinierungsrichtlinie 2004/18/EG[28], jedoch ist der Begriff des Vergaberechts in einem weiteren Sinne dahingehend auszulegen, dass jegliche Norm erfasst wird, die dazu dient, Wettbewerbsverzerrungen zu verhindern.

aa) Artt. 101 ff., 107 ff. AEUV (ex-Artt. 81 ff., 87 ff. EG)

Daraus folgt, dass auch die im Primärrecht verankerten Wettbewerbsregeln der Artt. 101 ff. AEUV (ex-Artt. 81 ff. EG) dem europäischen Vergaberecht i. w. S. zuzuschlagen sind[29]. Nach Art. 101 Abs. 1 AEUV (ex-Art. 81 Abs. 1 EG) sind mit dem Gemeinsamen Markt unvereinbar und verboten alle Vereinbarungen zwischen Unternehmen, Beschlüsse von Unternehmensvereinigungen und aufeinander abgestimmte Verhaltensweisen, welche den Handel zwischen Mitgliedstaaten zu beeinträchtigen geeignet sind und eine Verhinderung, Einschränkung oder Verfälschung des Wettbewerbs innerhalb des Gemeinsamen Marktes bezwecken oder bewirken. Nach Art. 101 Abs. 2 AEUV (ex-Art. 81 Abs. 2 EG) sind nach diesem Artikel verbotene Vereinbarungen oder Beschlüsse nichtig. Die Besonderheit dieser Regelung besteht darin, dass sie unmittelbar und zwingend in jedem Mitgliedstaat gilt und dies auch zwischen Privaten[30]. Art. 102 AEUV (ex-Art. 82 EG) erklärt für mit dem Gemeinsamen Markt unvereinbar und verboten die missbräuchliche Ausnutzung einer beherrschenden Stellung auf dem Ge-

---

[26] *Pernice/Mayer*, in: Grabitz/Hilf, EUV/EGV, Art. 220 EG Rn. 46; *Riesenhuber*, in: Riesenhuber, Europäische Methodenlehre, 2006, § 11 Rn. 42; s. z. B. EuGH, Urt. v. 29.11.1956, Rs. 8/55, Slg. 1955/56, 197, 312 – Fédéchar; Beschl. v. 17.1.1980, Rs. C-792/79, Slg. 1980, 119, 129 f., 131 – Camera Care; Urt. v. 6.10.1970, Rs. C-9/70, Slg. 1970, 825, 838; Urt. v. 23.3.2006, Rs. C-465/04, Slg. 2006, I-2879 Rn. 16–22, 26 f.

[27] GA *Mazak*, in: Schlussanträge v. 15.2.2007, Rs. C-411/05, Slg. 2007, I-8531 Rn. 51 – Palacios; *Thüsing/Forst*, NZA 2009, 408, 409; *Forst*, NZG 2009, 687.

[28] So *Meessen*, in: Loewenheim/Meessen/Riesenkampff, Kartellrecht, 2. Aufl. 2009, Einl. Rn. 4, 75.

[29] s. nur *Bernhardt*, ZESAR 2008, 128, 130; *Gabriel*, VergabeR 2007, 630, 634; *Kamann/Gey*, PharmR 2006, 255, 258 f.; *Kingreen*, SGb 2004, 659, 664.

[30] *Weiß*, in: Calliess/Ruffert, EUV/EGV, 3. Aufl. 2007, Art. 81 EG Rn. 13 ff.; *Stockenhuber*, in: Grabitz/Hilf, Das Recht der Europäischen Union, 39. EL 2009, Art. 81 EG Rn. 225 ff.

meinsamen Markt oder auf einem wesentlichen Teil desselben durch ein oder mehrere Unternehmen, soweit dies dazu führen kann, den Handel zwischen Mitgliedstaaten zu beeinträchtigen. Es ist im Folgenden der Frage nachzugehen, ob diese Bestimmungen auch für die Träger der deutschen gesetzlichen Sozialversicherungssysteme Geltung beanspruchen. Dabei ist zu berücksichtigen, dass nach Art. 106 AEUV (ex-Art. 86 EG) Besonderheiten für „öffentliche Unternehmen" gelten. Nach Art. 106 Abs. 1 AEUV (ex-Art. 86 Abs. 1 EG) ergreifen die Mitgliedstaaten in Bezug auf öffentliche Unternehmen und auf Unternehmen, denen sie besondere oder ausschließliche Rechte gewähren, keine dem AEUV und insbesondere dessen Artt. 18 und 101 bis 109 AEUV (ex-Artt. 12 und 81 bis 89 EG) widersprechende Maßnahmen. Eine Privilegierung „öffentlicher Unternehmen" sieht allerdings Art. 106 Abs. 2 AEUV (ex-Art. 86 Abs. 2 EG) vor. Nach dieser Vorschrift gelten für Unternehmen, die mit Dienstleistungen von allgemeinem wirtschaftlichem Interesse betraut sind, die Vorschriften des AEU, insbesondere die Wettbewerbsregeln nur, soweit die Anwendung dieser Vorschriften nicht die Erfüllung der ihnen übertragenen besonderen Aufgaben rechtlich oder tatsächlich verhindert. Die Entwicklung des Handelsverkehrs darf allerdings nicht in einem Ausmaß beeinträchtigt werden, das dem Interesse der Gemeinschaft zuwiderläuft.

Schließlich sind nach Art. 107 Abs. 1 AEUV (ex-Art. 87 Abs. 1 EG) staatliche oder aus staatlichen Mitteln gewährte Beihilfen gleich welcher Art, die durch die Begünstigung bestimmter Unternehmen oder Produktionszweige den Wettbewerb verfälschen oder zu verfälschen drohen, mit dem Gemeinsamen Markt unvereinbar, soweit sie den Handel zwischen Mitgliedstaaten beeinträchtigen. Auch hier stellt sich die Frage, ob die Sozialversicherungsträger Unternehmen i.S.d. Vorschrift sind und daher staatliche Zahlungen an die Sozialversicherungsträger untersagt sind. Nach Art. 109 AEUV (ex-Art. 89 EG) besteht allerdings für den Rat die Möglichkeit, auf Vorschlag der Kommission sog. Gruppenfreistellungsverordnungen zu erlassen, mit denen Beihilfen an bestimmte Arten von Unternehmen legalisiert werden können. Hierin könnte eine Rechtfertigung staatlicher Zahlungen an die gesetzlichen Sozialversicherungsträger in Deutschland zu sehen sein.

Der deutsche Gesetzgeber hat in den §§ 19 bis 21 GWB ein nationales Wettbewerbsrecht geschaffen, dass weitgehend identisch ist mit demjenigen der Artt. 101 ff. AEUV (ex-Artt. 81 ff. EG). Dieses nationale Wettbewerbsrecht ist *neben* den Artt. 101 ff. AEUV (ex-Artt. 81 ff. EG) anwendbar[31]. Kommt es jedoch zur Kollision zwischen beiden Rechtsregimen, setzt sich das Unionsrecht aufgrund dessen Vorrangs durch. Da das Unionsrecht nur einen Mindeststandard etabliert, war es dem deutschen Gesetzgeber allerdings freigestellt, strengere Regelungen

---

[31] s. dazu *Bechtold,* in: Bechtold, Kartellrecht, 5. Aufl. 2008, Vor § 19 GWB Rn. 1 ff.; § 19 GWB Rn. 104; § 20 GWB Rn. 102 f.; § 21 GWB Rn. 23.

zu schaffen[32]. Das ist etwa in § 21 GWB geschehen, der jedenfalls in dieser Form kein Vorbild im Unionsrecht findet[33].

bb) Grundfreiheiten

In der Literatur wenig erörtert[34], aber gleichwohl zu beachten ist auch der Einfluss der Grundfreiheiten auf die Auftragsvergabe in den gesetzlichen Sozialversicherungssystemen[35]. Das Primärrecht schützt sowohl die Warenverkehrsfreiheit (Art. 36 AEU, [ex-Art. 28 EG]) als auch die Niederlassungsfreiheit (Art. 49 AEUV [ex-Art. 43 EG]) und die Dienstleistungsfreiheit (Art. 56 AEUV [ex-Art. 49 EG]) vor Beeinträchtigungen durch die Mitgliedstaaten. Das gilt unabhängig davon, ob die im Vergaberecht i. e. S. geltenden Schwellenwerte (dazu unten Abschn. III. 2. c) der Darstellung) überschritten werden oder nicht. Zudem finden die Grundfreiheiten auch auf sog. Dienstleistungskonzessionen Anwendung, die keine „öffentlichen Aufträge" i. S. d. RL 2004/18/EG sind und daher nicht den Vergaberegeln derselben unterliegen (dazu sogleich nächsten Abschnitt der Darstellung)[36]. Auf Grund der Grundfreiheiten besteht nach ständiger Rechtsprechung des EuGH grundsätzlich die Pflicht zur Durchführung eines transparenten, nicht diskriminierenden und die Gleichbehandlung/Chancengleichheit interessierter Unternehmen gewährleistenden Vergabeverfahrens, sofern nicht ausgeschlossen werden kann, dass auch Leistungserbringer in anderen Mitgliedstaaten ein Interesse am Vertragsschluss haben[37]. Die Europäische Kommission hat diese Vorgaben der Rechtsprechung in einer Mitteilung vom 1.8.2006 zusammengefasst und konkretisiert[38].

---

[32] *Bechtold,* in: Bechtold, Kartellrecht, 5. Aufl. 2008, Vor § 19 GWB Rn. 4.

[33] *Bechtold,* in: Bechtold, Kartellrecht, 5. Aufl. 2008, § 21 GWB Rn. 23.

[34] s. aber *Moosecker,* Öffentliche Auftragsvergabe der gesetzlichen Krankenkassen, 2009, S. 7; *Gabriel,* VergabeR 2007, 630, 633; *ders.,* NVwZ 2006, 1262 ff.; *Kamann/ Gey,* PharmaR 2006, 291, 294.

[35] Dass die Aufgaben der Sozialversicherungsträger zu dem Bereich der sozialen Sicherheit gehören, schließt die Anwendung der Grundfreiheiten, insbesondere des Art. 49 EG, nicht aus. Grundlegend EuGH, Urt. v. 28.4.1998, Rs. C-158/96, Slg. 1998, I-1931 Rn. 16-21 – *Kohll,* weiterhin EuGH, Urt. v. 12.7.2001, Rs. C-157/99, Slg. 2001, I-5473 Rn. 45 f. – *Smits und Peerbooms.*

[36] EuGH, Urt. v. 7.12.2000, Rs. C-324/98, Slg. 2000, I-10745 Rn. 60 – *Telaustria und Telefonadress*; EuGH, Urt. v. 13.10.2005, Rs. C-458/03, Slg. 2005, I-8585 Rn. 44-55 – *Parking Brixen*; EuGH, Urt. v. 6.4.2006, Rs. C-410/04, Slg. 2006, I-3303 Rn. 15-22 – *ANAV*; zuletzt EuGH, Urt. v. 13.4.2010, Rs. C-91/08, EWS 2010, 188 – *Wall AG.*

[37] EuGH, Urt. v. 18.11.1999, Rs. C-275/98, Slg. 1999, I-8291 Rn. 31 f.; EuGH, Urt. v. 7.12.2000, Rs. C-324/98, Slg. 2000, I-10745 Rn. 60 f.; EuGH, Beschl. v. 3.12.2001, Rs. C-59/00, Slg. 2001, I-9505 Rn. 19 f.; EuGH, Urt. v. 21.7.2005, Rs. C-231/03, Slg. 2005, I-7287 Rn. 28; EuGH, Urt. v. 13.10.2005, Rs. C-458/03, Slg. 2005, I-8585 Rn. 50; EuGH, Urt. v. 20.10.2005, Rs. C-264/03, Slg. 2005, I-8831 Rn. 33; EuGH, Urt. v. 6.4.2006, Rs. C-410/04, Slg. 2006, I-3303 Rn. 20.

cc) RL 2004/18/EG und §§ 97 ff. GWB

Das europäische Vergaberecht besteht in seinem Kern freilich nicht aus den genannten primärrechtlichen Regelungen, sondern aus mehreren Sekundärrechtsakten in der Form von Richtlinien (Art. 288 Abs. 3 AEUV [ex-Art. 249 Abs. 3 EG]). Zentrales Element dieses europäischen Vergaberechts i. e. S. bildet die sogenannte Koordinierungsrichtlinie, die RL 2004/18/EG[39]. Nach Art. 82 Abs. 1 RL 2004/18/EG ersetzt diese die früheren Koordinierungsrichtlinien, namentlich die RL 92/50/EWG über die Vergabe öffentlicher Dienstleistungsaufträge, die RL 93/36/EG über die Vergabe öffentlicher Lieferaufträge und die RL 93/37/EWG über die Vergabe öffentlicher Bauaufträge.

Die RL 2004/18/EG regelt einheitlich für den Geltungsbereich der drei früheren Richtlinien die Begrifflichkeiten des Vergaberechts, den Anwendungsbereich und die Bereichsausnahmen von der öffentlichen Auftragsvergabe sowie das Vergabeverfahren selbst. „Öffentliche Aufträge" sind nach Art. 1 Abs. 2 lit. a) RL 2004/18/EG zwischen einem oder mehreren Wirtschaftsteilnehmern und einem oder mehreren öffentlichen Auftraggebern geschlossene schriftliche entgeltliche Verträge über die Ausführung von Bauleistungen, die Lieferung von Waren oder die Erbringung von Dienstleistungen. Für die Fragen dieser Darstellung spielen Bauaufträge keine Rolle, anders als die öffentlichen Liefer- und Dienstleistungsaufträge. „Öffentliche Lieferaufträge" sind nach Art. 1 Abs. 2 lit. c) RL 2004/18/EG andere als öffentliche Bauaufträge; die den Kauf, das Leasing, die Miete, die Pacht oder den Ratenkauf, mit oder ohne Kaufoption, von Waren betreffen. Ein öffentlicher Auftrag über die Lieferung von Waren, der das Verlegen und Anbringen lediglich als Nebenarbeiten umfasst, gilt als öffentlicher Lieferauftrag. „Öffentliche Dienstleistungsaufträge" sind nach Art. 1 Abs. 2 lit. d) RL 2004/18/EG öffentliche Aufträge über die Erbringung von Dienstleistungen im Sinne von Anhang II der Richtlinie[40], die keine Lieferaufträge sind. Problematisch ist im Einzelfall – und so auch in der Rs. *Oymanns* (dazu unten Abschn. IV. der Darstellung) – die Abgrenzung von Lieferauftrag und Dienstleistungsauftrag. Die Richtlinie enthält deshalb eigene Abgrenzungskriterien. Ein öffentlicher Auftrag, der sowohl Waren als auch Dienstleistungen im Sinne von Anhang II der Richtlinie umfasst, gilt nach Art. 1 Abs. 2 lit. d) S. 2 RL 2004/18/EG als „öffentlicher Dienstleistungsauftrag", wenn der Wert der betreffenden Dienstleistungen den Wert der in den Auftrag einbezogenen Waren übersteigt.

---

[38] Mitteilung der Kommission zu Auslegungsfragen in Bezug auf das Unionsrecht, das für die Vergabe öffentlicher Aufträge gilt, die nicht oder nur teilweise unter die Vergaberichtlinien fallen, ABl. Nr. C-179 v. 1.8.2006, S. 2.

[39] Richtlinie 2004/18/EG des Europäischen Parlaments und des Rates vom 31. März 2004 über die Koordinierung der Verfahren zur Vergabe öffentlicher Bauaufträge, Lieferaufträge und Dienstleistungsaufträge, ABl. Nr. L-134 v. 30.4.2004, S. 114 ff.

[40] Dieser erfasst z.B. die Arbeits- und Arbeitskräftevermittlung, das Gesundheits- und Sozialwesen sowie sonstige Dienstleistungen.

Bedeutsam ist die Abgrenzung insofern, als nach Art. 17 RL 2004/18/EG die Vorgaben der Richtlinie nicht für sog. Dienstleistungskonzessionen gelten (Bereichsausnahme). Außerdem unterliegen Dienstleistungen i. S. d. Anhang II Teil B RL 2004/18/EG – dazu zählen auch soziale Dienstleistungen – nach Art. 21 RL 2004/18/EG nur den Verfahrensregelungen der Artt. 23, 35 Abs. 4 RL 2004/18/ EG. Dienstleistungskonzessionen sind nach Art. 1 Abs. 4 RL 2004/18/EG Verträge, die von öffentlichen Dienstleistungsaufträgen nur insoweit abweichen, als die Gegenleistung für die Erbringung der Dienstleistungen ausschließlich in dem Recht zur Nutzung der Dienstleistung oder in diesem Recht zuzüglich der Zahlung eines Preises besteht. Bei Lieferaufträgen gibt es keine Bereichsausnahme, so dass die Abgrenzung zwischen Liefer- und Dienstleistungsaufträgen zu erheblichen Divergenzen auf der Rechtsfolgenseite führen kann. Die Rs. *Oymanns* hat dies anschaulich vor Augen geführt.

Damit jedoch nicht genug der Abgrenzung. Nicht nur ist der öffentliche Liefer- von einem Dienstleistungsauftrag zu unterscheiden. Vielmehr stellt sich für den Fall, dass eine Leistung als Dienstleistungsauftrag qualifiziert wird, unter Umständen – und auch hier liefert die Rs. *Oymanns* das Praxisbeispiel – die weitere Frage, ob es sich bei einer Vereinbarung über den Bezug von Leistungen um eine Rahmenvereinbarung i. S. d. Art. 1 Abs. 5 RL 2004/18/EG handelt, oder ob auch hier eine Dienstleistungskonzession gegeben ist mit der Folge des Eingreifens der Bereichsausnahme des Art. 17 RL 2004/18/EG. Eine „Rahmenvereinbarung" ist eine Vereinbarung zwischen einem oder mehreren öffentlichen Auftraggebern und einem oder mehreren Wirtschaftsteilnehmern, die zum Ziel hat, die Bedingungen für die Aufträge, die im Laufe eines bestimmten Zeitraums vergeben werden sollen, festzulegen, insbesondere in Bezug auf den Preis und gegebenenfalls die in Aussicht genommene Menge.

Diesen Abgrenzungsfragen vorgelagert ist jedoch die noch grundlegendere Frage, ob die Träger der Sozialversicherung überhaupt als „öffentliche Auftraggeber" anzusehen sind. Öffentliche Auftraggeber sind nach Art. 1 Abs. 9 RL 2004/18/EG der Staat, die Gebietskörperschaften, die Einrichtungen des öffentlichen Rechts und die Verbände, die aus einer oder mehreren dieser Körperschaften oder Einrichtungen des öffentlichen Rechts bestehen. Als „Einrichtung des öffentlichen Rechts" gilt nach Art. 1 Abs. 9 S. 2 lit. c) RL 2004/18/EG jede Einrichtung, die zu dem besonderen Zweck gegründet wurde, im Allgemeininteresse liegende Aufgaben nicht gewerblicher Art zu erfüllen, Rechtspersönlichkeit besitzt und überwiegend vom Staat, von Gebietskörperschaften oder von anderen Einrichtungen des öffentlichen Rechts finanziert wird, hinsichtlich ihrer Leitung der Aufsicht durch Letztere unterliegt oder deren Verwaltungs-, Leitungs- oder Aufsichtsorgan mehrheitlich aus Mitgliedern besteht, die vom Staat, von den Gebietskörperschaften oder von anderen. Einrichtungen des öffentlichen Rechts ernannt worden sind. Auch hier liefert die Rechtsprechung des EuGH und insbesondere die Rs. *Oymanns* praktisches Anschauungsmaterial, das es auszuwerten gilt. Umgesetzt wurden die Vorgaben des Unionsrechts in Deutschland durch die §§ 97 ff. GWB.

c) Nationales Vergaberecht (ohne GWB)

aa) Grundgesetz

Zum nationalen Vergaberecht i.w.S. zählt zunächst das Grundgesetz. Bereits erwähnt wurde das Sozialstaatsprinzip des Art. 20 Abs. 1 GG. Dieses verpflichtet die Sozialversicherungsträger dazu, eine Mindestabsicherung für die Versicherten bereitzustellen. Andererseits sind die Sozialversicherungsträger durchweg Körperschaften des öffentlichen Rechts (dazu noch unten Abschn. VI. 1. a) der Darstellung). Sie sind daher nach Art. 1 Abs. 3, 20 Abs. 3 GG an die Grundrechte der im Wettbewerb stehenden privaten Leistungserbringer gebunden, namentlich an die Berufsausübungsfreiheit des Art. 12 Abs. 1 GG und das Grundrecht auf Gleichbehandlung des Art. 3 Abs. 1 GG. Bereits im Jahr 2006 entschied das BVerfG für die Vergabe von Aufträgen der öffentlichen Hand im Bausektor:

„Ein subjektives Recht [...] ist allerdings der Anspruch auf Gleichbehandlung (Art. 3 Abs. 1 GG). Jede staatliche Stelle hat bei ihrem Handeln, unabhängig von der Handlungsform und dem betroffenen Lebensbereich, die in dem Gleichheitssatz niedergelegte Gerechtigkeitsvorstellung zu beachten. Dieses Handeln ist anders als die in freiheitlicher Selbstbestimmung erfolgende Tätigkeit eines Privaten stets dem Gemeinwohl verpflichtet. Eine willkürliche Ungleichbehandlung kann dem Gemeinwohl nicht dienen.

Der staatlichen Stelle, die einen öffentlichen Auftrag vergibt, ist es daher verwehrt, das Verfahren oder die Kriterien der Vergabe willkürlich zu bestimmen. Darüber hinaus kann die tatsächliche Vergabepraxis zu einer Selbstbindung der Verwaltung führen. Aufgrund dieser Selbstbindung kann den Verdingungsordnungen als den verwaltungsinternen Regelungen über Verfahren und Kriterien der Vergabe eine mittelbare Außenwirkung zukommen (vgl. BVerfGE 73, 280 [299 f.]; 111, 54 [108]; BVerwGE 35, 159 [161]; 104, 220 [223]; BGHZ 139, 259 [267]; Dörr, DÖV 2001, S. 1014 [1017]). Jeder Mitbewerber muss eine faire Chance erhalten, nach Maßgabe der für den spezifischen Auftrag wesentlichen Kriterien und des vorgesehenen Verfahrens berücksichtigt zu werden. Eine Abweichung von solchen Vorgaben kann eine Verletzung des Art. 3 Abs. 1 GG bedeuten. Insofern verfügt jeder Mitbewerber über ein subjektives Recht, für das effektiver Rechtsschutz gewährleistet werden muss (vgl. BVerfG, Beschluss des Ersten Senats vom 23. Mai 2006 – 1 BvR 2530/04 –, BB 2006, S. 1702 [1703])."[41]

Präzisiert wird dieser Grundsatz für den Bereich der Sozialversicherung, konkret für die Krankenversicherung, durch ein Urteil des LSG Baden-Württemberg

---

[41] BVerfG, Beschl. v. 13.6.2006 – 1 BvR 1160/03, BVerfGE 116, 135, 153; ähnlich BVerwG, Beschl. v. 2.5.2007 – 6 B 10/07, BVerwGE 129, 9, 16.

vom 27.2.2008. Danach sollen die Krankenkassen aufgrund des Art. 3 Abs. 1 GG aber nicht nur einem Willkürverbot unterliegen. Vielmehr vertritt der Senat die Auffassung, dass im Verfahren der Vertragsvergabe sogar eine „faire Gleichbehandlung" aller Bieter geboten ist. Konkret führt der Senat aus:

> „Bei Verfahren zum Abschluss von Rabattverträgen gem. § 130a Abs. 8 SGB 5 muss zwar kein förmliches Vergabeverfahren stattfinden, es ist jedoch in allen Fällen ein transparentes, diskriminierungsfreies, verhältnismäßiges und nachprüfbares Auswahlverfahren durchzuführen. Hierbei kann nicht außer Acht gelassen werden, dass das Vergaberecht in langer Rechtsentwicklung schon herausgearbeitet hat, was im Zusammenhang mit einer Ausschreibung und der anschließenden Vergabe als fair und transparent anzusehen ist. Es spricht also nichts dagegen, zumindest die Grundsätze des materiellen Vergaberechts der §§ 97 bis 101 GWB entsprechend heranzuziehen, also auch auf die zum Teil im Vergaberecht nach dem GWB iVm der VOL/A zum Ausdruck kommenden Regelungen für ein „faires Ausschreibungsverfahren" zurückzugreifen.[42]"

Auch in der Literatur wird aus den Vorgaben der Art. 12 Abs. 1, 3 Abs. 1 GG gefolgert, „dass jede staatliche Auswahlentscheidung bei der Verteilung knapper Güter letztlich – im Sinne einer Gerechtigkeit durch Verfahren – schon von Verfassungs wegen mittels eines transparenten und diskriminierungsfreien Verfahrens erfolgen" muss[43]. Mag man über Inhalt, Umfang und Grenzen der aus den Grundrechten abzuleitenden Einzelpflichten auch streiten (dazu unten Abschn. III. 3. a) der Darstellung), so ist jedenfalls richtig, dass in der Rechtsprechung des BVerfG ein „Grundrechtsschutz durch Organisation und Verfahren" seit langem anerkannt ist[44].

bb) SGB-Tatbestände

Der Gesetzgeber hat im SGB selbst Tatbestände normiert, die mehr oder weniger stark dem Vergaberecht der §§ 97 ff. GWB angenähert sind bzw. auf dieses verweisen. So bestimmen etwa §§ 46 Abs. 4, 61 Abs. 4, 240 Abs. 3 SGB III: „Das Vergaberecht findet Anwendung." Was genau darunter zu verstehen ist, wird noch zu untersuchen sein. Ein Sammelsurium divergierender Regelungen findet sich auch verstreut in den anderen Büchern des SGB, etwa in § 25 Abs. 5 S. 3 SGB V über die Auswahl von Ärzten durch die Kassenärztlichen Vereini-

---

[42] LSG Baden-Württemberg, Urt. v. 27.2.2008 – L 5 KR 507/08 ER-B, ZMGR 2008, 154, 161 = MedR 2008, 309.

[43] *Prieß,* VSSR 2006, 399, 412; *Ziekow/Siegel,* ZfBR 2004, 30, 34. s. auch allgemein *Burgi,* WiVerw 2007, 173 ff.

[44] BVerfG, Urt. v. 29.5.1973 – 1 BvR 424/71, BVerfGE 35, 79, 116 – *numerus clausus*; BVerfG, Beschl. v. 7.12.1977 – 1 BvR 734/77, BVerfGE 46, 325, 333; BVerfG, Beschl. v. 13.11.1979 – 1 BvR 1022/78, BVerfGE 52, 380, 389; BVerfG, Beschl. v. 20.12.1979 – 1 BvR 385/77, BVerfGE 53, 30, 65 – *Mülheim-Kärlich*; BVerfG, Urt. v. 15.12.1983 – 1 BvR 209/83, BVerfGE 65, 1, 52 – *Volkszählung*.

gungen, welche nach einem „in Richtlinien geregelten Ausschreibungsverfahren" erfolgen soll. § 69 Abs. 2 S. 1 SGB V ordnet die entsprechende Anwendung der §§ 1 ff., 19 ff. GWB für bestimmte Verträge zwischen den Trägern der gesetzlichen Krankenversicherung und den Leistungserbringern an. Ferner gelten nach § 69 Abs. 2 S. 4 SGB V nunmehr uneingeschränkt die §§ 97 ff. GWB. Nach § 73b Abs. 4 S. 5 SGB V sind Verträge zur hausarztzentrierten Versorgung unter bestimmten Voraussetzungen nach „objektiven Kriterien" auszuschreiben. Auch § 73d Abs. 2 S. 2 SGB V ordnete bis zum 1.1.2011 eine „Ausschreibung" an, ebenso wie noch jetzt §§ 103 Abs. 4 S. 1, 126 Abs. 2 und 127 Abs. 1, 129 Abs. 5b S. 1 SGB V. Auch hier fehlt ein Hinweis, was der Rechtsanwender denn darunter zu verstehen habe. Nach § 17 Abs. 2 S. 2 SGB II müssen Vereinbarungen über die dort genannten Leistungen „den Grundsätzen der Wirtschaftlichkeit, Sparsamkeit und Leistungsfähigkeit" entsprechen. Vereinbarungen über Leistungen im Rahmen der Jugendhilfe sind nach § 78b Abs. 2 S. 1 SGB VIII „mit den Trägern abzuschließen, die unter Berücksichtigung der Grundsätze der Leistungsfähigkeit, Wirtschaftlichkeit und Sparsamkeit zur Erbringung der Leistung geeignet sind." Vereinbarungen über Einrichtungen und Dienste i. S. d. Sozialhilfe sind nach § 75 Abs. 2 SGB XII „nur mit Trägern von Einrichtungen abzuschließen, die insbesondere unter Berücksichtigung ihrer Leistungsfähigkeit und der Sicherstellung der Grundsätze des § 9 Abs. 1 [SGB XII] zur Erbringung der Leistungen geeignet sind. Sind Einrichtungen vorhanden, die in gleichem Maße geeignet sind, hat der Träger der Sozialhilfe Vereinbarungen vorrangig mit Trägern abzuschließen, deren Vergütung bei vergleichbarem Inhalt, Umfang und Qualität der Leistung nicht höher ist als die anderer Träger." In der Unfallversicherung gilt nach § 34 Abs. 1 SGB VII: „Die Unfallversicherungsträger haben alle Maßnahmen zu treffen, durch die eine möglichst frühzeitig nach dem Versicherungsfall einsetzende und sachgemäße Heilbehandlung und, soweit erforderlich, besondere unfallmedizinische oder Berufskrankheiten-Behandlung gewährleistet wird. Sie können zu diesem Zweck die von den Ärzten und Krankenhäusern zu erfüllenden Voraussetzungen im Hinblick auf die fachliche Befähigung, die sächliche und personelle Ausstattung sowie die zu übernehmenden Pflichten festlegen." Im Rahmen der Rehabilitation und Teilhabe behinderter Menschen wirken die Rehabilitationsträger nach § 21 Abs. 2 SGB IX darauf hin, „dass die Verträge nach einheitlichen Grundsätzen abgeschlossen werden; sie können über den Inhalt der Verträge gemeinsame Empfehlungen nach § 13 [SGB IX] sowie Rahmenverträge mit den Arbeitsgemeinschaften der Rehabilitationsdienste und -einrichtungen vereinbaren." In den Büchern des SGB finden sich also zahlreiche Regelungen über die Vergabe von Leistungen an Leistungserbringer, die jedoch jegliche gesetzgebungstechnische Systematik oder auch nur teleologische Kohärenz missen lassen. Dieser Zustand mag historisch gewachsen sein, befriedigend ist er nicht.

cc) § 22 Abs. 1 S. 1 SVHV

Im nationalen Recht erlangt schließlich § 22 SVHV[45] Bedeutung, der von der Bundesregierung auf Grundlage des § 78 SGB IV erlassen wurde. § 22 SVHV bestimmt: „Dem Abschluss von Verträgen über Lieferungen und Leistungen mit Ausnahme der Verträge, die der Erbringung gesetzlicher oder satzungsmäßiger Versicherungsleistungen dienen, muss eine öffentliche Ausschreibung vorausgehen. Hiervon kann abgesehen werden, sofern die Natur des Geschäfts oder besondere Umstände dies rechtfertigen" (Abs. 1). „Beim Abschluss der Verträge ist nach einheitlichen Richtlinien zu verfahren, wie sie insbesondere in den jeweils geltenden Verdingungsordnungen enthalten sind" (Abs. 2). Da die SVHV auf Grundlage des § 78 SGB IV erlassen wurde, gilt sie wie das SGB IV selbst für alle Sparten der Sozialversicherung gleichermaßen[46]. Es stellt sich dadurch die Frage, ob die Ausschreibungspflicht des § 22 Abs. 1 S. 1 Halbs. 1 SVHV auch auf Verträge zwischen Leistungserbringern und den gesetzlichen Sozialversicherungsträgern Anwendung findet. Dagegen könnte die Bereichsausnahme des § 22 Abs. 1 S. 1 Halbs. 2 SVHV sprechen. Sind die Verträge zwischen Sozialversicherungsträgern und Leistungserbringern solche, die der Erbringung gesetzlicher oder satzungsmäßiger Versicherungsleistungen dienen?

Eine Auffassung in der Literatur lehnt dies ab. Aufgrund des im Sozialversicherungsrecht geltenden Sachleistungsprinzips könnten die dem Versicherten individuell zugeordneten Leistungen schon faktisch nicht ausgeschrieben werden. Das Sachleistungsprinzip gelte aber nicht zwischen Leistungserbringer und Sozialversicherungsträger. Außerdem sei die Vorschrift im Jahr 2000 auf Rüge des Bundesrechnungshofs von einer „Soll-" in eine „Mussvorschrift" umgewandelt worden, um die Ausschreibungstätigkeit der gesetzlichen Sozialversicherungsträger zu verbessern[47]. Deshalb sei die Bereichsausnahme eng auszulegen und nur die Verträge zwischen Versichertem und Leistungserbringer erfasst[48]. Die wohl herrschende Meinung argumentiert demgegenüber, auch die Verträge zwischen Leistungserbringern und Sozialversicherungsträgern „dienten" der Erbringung gesetzlicher Versicherungsleistungen, da sie das Angebot für die Versicherten zur Verfügung stellten. Außerdem müsse der Grundsatz der Versorgungssicherheit hinter das Gebot von Wirtschaftlichkeit und Wettbewerb zurücktreten. Deshalb sei die Bereichsausnahme weit auszulegen, so dass auch die Verträge zwischen Versicherungsträgern und Leistungserbringern erfasst seien[49].

---

[45] Verordnung über das Haushaltswesen in der Sozialversicherung vom 21. Dezember 1977 (BGBl. I S. 3147), zuletzt geändert durch die Verordnung vom 17. Juli 2009 (BGBl. I S. 2100).
[46] So auch *Schäffer*, ZESAR 2009, 374, 375.
[47] Vgl. dazu BR-Drucks. 299/00, S. 9.
[48] *Kunze/Kreikebohm*, NZS 2003, 5, 10 f.
[49] *Brandts/Wirth*, Haushaltsrecht der Sozialversicherung, 2009, § 22 SVHV Rn. 6 f.; *Moosecker*, Öffentliche Auftragsvergabe, 2009, S. 27 f.; *Boldt*, NJW 2005, 3757; *Hesse*,

Die letztgenannte Auffassung überzeugt. Nach § 22 Abs. 1 S. 2 SVHV kann von einer Ausschreibung abgesehen werden, sofern die Umstände des Geschäfts oder besondere Umstände dies rechtfertigen. Solche Umstände sind auch das Sachleistungsprinzip und die Tatsache, dass eine Ausschreibung von Verträgen zwischen Versicherten und Leistungserbringern aufgrund der Vielzahl von Verträgen nicht nur unwirtschaftlich, sondern gar faktisch unmöglich wäre. Wenn aber die Verträge zwischen Versicherten und Leistungserbringern schon nach § 22 Abs. 1 S. 2 SVHV ausgenommen werden, bedarf es der Ausnahme des § 22 Abs. 1 S. 1 Halbs. 2 SVHV nicht mehr. Eine Auslegung, die zur Funktionslosigkeit einer Norm führt, ist aber abzulehnen, da sie den Willen des Gesetzgebers ignoriert[50]. Vielmehr dürfte der Zweck der Regelung darin bestehen, fiskalische Hilfsgeschäfte der Sozialversicherungsträger („Amt kauft Bleistifte") der Ausschreibungspflicht zu unterwerfen, jegliche Versicherungsleistung – und dazu zählen auch die Verträge zwischen Leistungserbringern und Sozialversicherungsträgern, da diese das Leistungsangebot bereitstellen – aus der Ausschreibungspflicht auszuklammern. Dem entspricht es, dass nach der Verordnungsermächtigung in § 78 S. 2 SGB IV „die Besonderheiten der Sozialversicherung [...] zu berücksichtigen" sind. Klammert § 22 Abs. 1 S. 1 Halbs. 2 SVHV nach diesem Verständnis die Verträge zwischen Leistungserbringern und Sozialversicherungsträgern aus der Ausschreibungspflicht aus, stellt sich allerdings die Frage, ob die Norm unionsrechtswidrig ist (dazu unten Abschn. III. 3. c) der Darstellung).

SozVers 1997, 88 ff.; *Goordazi/Schmid,* NZS 2008, 518, 520; *Kamann/Gey,* PharmR 2006, 291, 294 Fn. 79; *Koenig/Busch,* NZS 2003, 461, 462; *Koenig/Klahn/Schreiber,* PharmR 2008, 182, 187 f.; *Hückel/Prins,* SozVers 2001, 309 f.; *Bernhardt,* ZESAR 2008, 128, 138; *Engelmann,* SGb 2008, 133, 138.
[50] BVerfG, Urt. v. 10.4.1997 – 2 BvF 1/95, BVerfGE 95, 335, 348; *Bydlinski,* Methodenlehre, 2005, S. 444; *Kramer,* Methodenlehre, 2. Aufl. 2005, S. 79.

III. Zu den Anwendungsvoraussetzungen des Vergaberechts

1. Anwendungsvoraussetzungen der Artt. 101 ff., 107 ff. AEUV (ex-Artt. 81 ff., 87 ff. EG)

Ehe in einem „Besonderen Teil" auf die Frage eingegangen wird, ob die einzelnen Sozialversicherungsträger dem Vergaberecht unterliegen bzw. welche ihrer Leistungen auszuschreiben sind (dazu unten Abschn. VI. 2. b) bb) der Darstellung), sollen im Folgenden kurz in einem „Allgemeinen Teil" die Anwendungsvoraussetzungen oder Tatbestandsmerkmale der vergaberechtlichen Regelungen im engeren wie im weiteren Sinne vorgestellt werden[51], um dem Leser die Orientierung zu erleichtern und die Prüfung hinsichtlich der einzelnen Sozialversicherungsträger zu straffen.

a) Wettbewerbsregeln, Artt. 101 ff. AEUV (ex-Artt. 81 ff. EG)

aa) Kartellverbot, Art. 101 Abs. 1 AEUV (ex-Art. 81 Abs. 1 EG)

(1) Unternehmen

Erste und einzige speziell für das Sozialversicherungsrecht problematische Voraussetzung für das Eingreifen des Kartellverbots nach Art. 101 Abs. 1 AEUV (ex-Art. 81 Abs. 1 EG) ist, dass ein Unternehmen adressiert wird. Der Unternehmensbegriff wird jedoch weder in Art. 101 AEUV (ex-Art. 81 EG) noch in anderen Vorschriften des AEUV definiert. Der Gerichtshof versuchte zu Zeiten der EGKS erstmals eine allgemeine Definition dessen, was ein Unternehmen ist[52], hat von dieser aber später keinen Gebrauch mehr gemacht. Vielmehr bemüht der EuGH nunmehr in ständiger Rechtsprechung den sogenannten „funktionalen Unternehmensbegriff", bei dem die Ausübung wirtschaftlicher Betätigung das Hauptmerkmal eines Unternehmens i. S. d. Wettbewerbsrechts ist, der aber im

---

[51] Dazu auch monographisch *Kluckert,* Gesetzliche Krankenkassen als Normadressaten des Europäischen Wettbewerbsrechts, 2009, S. 43 ff.

[52] EuGH, Urt. v. 13.7.1962, Rs. C-19/61, Slg. 1962, 675, 705: „Das Unternehmen stellt sich als eine einheitliche, einem selbständigen Rechtssubjekt zugeordnete Zusammenfassung personeller, materieller und immaterieller Faktoren dar, mit welcher auf die Dauer ein bestimmter wirtschaftlicher Zweck verfolgt wird."

1. Anwendungsvoraussetzungen

Übrigen einzelfallabhängig bestimmt werden muss[53]. Dabei hat sich über die Jahre eine reichhaltige Kasuistik gebildet, die hier auf das Wesentliche beschränkt werden soll.

Für das Vorliegen eines Unternehmens ist die Rechtsform ebenso unerheblich[54] wie die Rechtsfähigkeit[55] oder die Finanzierung[56]. Auch natürliche Personen sind erfasst[57]. Einer Gewinnerzielungsabsicht bedarf es nicht[58]. Öffentliche Unternehmen werden ebenfalls vom Tatbestand einbezogen[59]. Verbände und Unternehmensvereinigungen sind Unternehmen, wenn sie selbst wirtschaftlich tätig werden[60]. In der Rs. *Poucet* hatte der EuGH sich erstmals mit der Frage zu befassen, inwieweit die französischen Sozialversicherungsträger „Unternehmen" i.S.d. Artt. 101, 102 AEUV (ex-Artt. 81, 82 EG [ex-Artt. 85, 86 EWG]) sind:

„Wie der Gerichtshof im Urteil vom 7. Februar 1984 in der Rechtssache 238/82 (Duphar, Slg. 1984, 523, Randnr. 16) entschieden hat, lässt das Gemeinschaftsrecht die Befugnis der Mitgliedstaaten unberührt, ihre Systeme der sozialen Sicherheit aus-

---

[53] Z.B. EuGH, Urt. v. 23.4.1991, Rs. C-41/90, Slg. 1991, I-1979 Rn. 21 – *Höfner-Elsner*; EuGH, Urt. v. 19.1.1994, Rs. C-364/92, Slg. 1994, I-43 Rn. 18 – *SAT-Fluggesellschaft*.

[54] s. nur EuGH, Urt. v. 23.4.1991, Rs. C-41/90, Slg. 1991, I-1979 Rn. 21 – *Höfner-Elsner*; EuGH, Urt. v. 17.2.1993, Rs. C-159/91, C-160/91, Slg. 1993, I-637 Rn. 17; EuGH, Urt. v. 19.1.1994, Rs. C-364/92, Slg. 1994, I-43 Rn. 18 – *SAT-Fluggesellschaft*; EuGH, Urt. v. 21.9.1999, Rs. C-219/97, Slg. 1999, I-6121 Rn. 67; EuG, Urt. v. 12.12.2006, Rs. T-155/04, Slg. 2006, II-4797 Rn. 61.

[55] Kommission, Entscheidung v. 16.12.1985, ABl. Nr. L-376 v. 31.12.1985, S. 2; Kommission, Entscheidung v. 13.7.1994, ABl. Nr. L-243 v. 19.9.1994, S. 1 ff. Rn. 141 – *Karton*; *Gippini-Fournier/Mojzesowicz*, in: Loewenheim/Meessen/Riesenkampff, Kartellrecht, 2. Aufl. 2009, Art. 81 Abs. 1 EG Rn. 40 m.w.N. Die Frage ist allerdings umstritten, dazu *Weiß*, in: Calliess/Ruffert, EUV/EGV, 3. Aufl. 2007, Art. 81 EG Rn. 27 Fn. 61.

[56] s. nur EuGH, Urt. v. 23.4.1991, Rs. C-41/90, Slg. 1991, I-1979 Rn. 21 – *Höfner-Elsner*; EuGH, Urt. v. 17.2.1993, Rs. C-159/91, C-160/91, Slg. 1993, I-637 Rn. 17; EuGH, Urt. v. 19.1.1994, Rs. C-364/92, Slg. 1994, I-43 Rn. 18 – *SAT-Fluggesellschaft*; EuGH, Urt. v. 21.9.1999, Rs. C-219/97, Slg. 1999, I-6121 Rn. 67; EuG, Urt. v. 12.12.2006, Rs. T-155/04, Slg. 2006, II-4797 Rn. 61; *Gippini-Fournier/Mojzesowicz*, in: Loewenheim/Meessen/Riesenkampff, Kartellrecht, 2. Aufl. 2009, Art. 81 Abs. 1 EG Rn. 40; *Weiß*, in: Calliess/Ruffert, EUV/EGV, 3. Aufl. 2007, Art. 81 EG Rn. 25.

[57] Kommission, Entscheidung v. 26.5.1978, ABl. Nr. L-157 v. 15.6.1978, S. 39, 40 – *RAI/UNITEL*.

[58] EuGH, Urt. v. 29.10.1980, Rs. 209 bis 215 und 218/78, Slg. 1980, 3125 Rn. 88 – *Van Landewyck/Kommission*; EuGH, Urt. v. 16.11.1995, Rs. C-244/94, Slg. 1995, I-4022 Rn. 21 – *Fédération française des sociétés d'assurance u.a.*; *Weiß*, in: Calliess/Ruffert, EUV/EGV, 3. Aufl. 2007, Art. 81 EG Rn. 25; *Gippini-Fournier/Mojzesowicz*, in: Loewenheim/Meessen/Riesenkampff, Kartellrecht, 2. Aufl. 2009, Art. 81 Abs. 1 EG Rn. 40.

[59] *Weiß*, in: Calliess/Ruffert, EUV/EGV, 3. Aufl. 2007, Art. 81 EG Rn. 25; *Gippini-Fournier/Mojzesowicz*, in: Loewenheim/Meessen/Riesenkampff, Kartellrecht, 2. Aufl. 2009, Art. 81 Abs. 1 EG Rn. 43 f.; *Kluckert*, Gesetzliche Krankenkassen als Normadressaten des Europäischen Wettbewerbsrechts, 2009, S. 95.

[60] EuGH, Urt. v. 9.6.1977, Rs. C-90/76, Slg. 1977, 1091 Rn. 24 – *Van Ameyde/Uci*.

zugestalten. Im Rahmen des Systems der sozialen Sicherheit, um das es in den Ausgangsverfahren geht, besteht für die Selbständigen nichtlandwirtschaftlicher Berufe ein obligatorischer sozialer Schutz, der eigenständige gesetzliche Systeme umfasst, und zwar insbesondere das für alle Selbständigen der nichtlandwirtschaftlichen Berufe geltende Versicherungssystem für Krankheit und Mutterschaft und das Altersversicherungssystem für die handwerklichen Berufe, um die es hier geht. Diese Systeme dienen einem sozialen Zweck und beruhen auf dem Grundsatz der Solidarität. Sie sollen allen Personen, die ihnen angehören, unabhängig von ihrer Vermögenslage und ihrem Gesundheitszustand zum Zeitpunkt des Beitritts, Versicherungsschutz bei Krankheit, Alter, Tod und Invalidität gewähren.

Der Solidaritätsgrundsatz wird im Versicherungssystem für Krankheit und Mutterschaft dadurch konkretisiert, daß dieses System durch Beiträge nach Maßgabe der Einkünfte aus Berufstätigkeit und der Altersrenten finanziert wird; von der Beitragsleistung sind nur die Bezieher einer Invaliditätsrente und die versicherten Altersrentner befreit, deren Einkünfte unterhalb einer bestimmten Grenze liegen, während die Leistungen für alle Empfänger gleich sind. Ausserdem behalten die Personen, die diesem System nicht mehr angehören, ihre Leistungsansprüche unentgeltlich ein Jahr lang. Diese Solidarität bringt eine Einkommensumverteilung zwischen den Wohlhabenden und den Personen mit sich, denen angesichts ihrer Mittel und ihrer gesundheitlichen Lage ohne eine solche Regelung die notwendige soziale Absicherung fehlen würde.

Im System der Altersversicherung kommt die Solidarität dadurch zum Ausdruck, daß die Renten der im Ruhestand befindlichen Arbeitnehmer durch die von den erwerbstätigen Arbeitnehmern geleisteten Beiträge finanziert werden. Sie zeigt sich zudem in der Gewährung von Rentenansprüchen, denen keine Gegenleistung in Form von Beiträgen gegenübersteht und deren Höhe nicht von den geleisteten Beiträgen abhängt.

Zwischen den einzelnen Systemen der sozialen Sicherheit schließlich äussert sich die Solidarität dadurch, daß sich die Systeme, die Überschüsse erwirtschaften, an der Finanzierung der Systeme mit strukturellen finanziellen Schwierigkeiten beteiligen. Folglich beruhen die so gestalteten Systeme der sozialen Sicherheit auf einem System der Versicherungspflicht, das für die Anwendung des Solidaritätsgrundsatzes sowie für das finanzielle Gleichgewicht dieser Systeme unerläßlich ist.

Aus den Akten ergibt sich, daß die Verwaltung der Systeme, um die es in den Ausgangsverfahren geht, kraft Gesetzes Kassen der sozialen Sicherheit zugewiesen worden ist, deren Tätigkeit staatlicher Kontrolle unterliegt, die von dem für die soziale Sicherheit zuständigen Minister, dem für den Haushalt zuständigen Minister und öffentlichen Einrichtungen wie der Inspection générale des finances (Allgemeine Finanzaufsicht) und der Inspection générale de la sécurité sociale (Allgemeine Aufsicht für die soziale Sicherheit) ausgeuebt wird.

Die Kassen wenden bei der Wahrnehmung ihrer Aufgaben die Gesetze an und haben daher keine Möglichkeit, auf die Höhe der Beiträge, die Verwendung der Mittel oder die Bestimmung des Leistungsumfangs Einfluß zu nehmen. Im Rahmen der Verwaltung des Versicherungssystems für Krankheit und Mutterschaft können die regionalen Krankenkassen bestimmten Einrichtungen wie denen, die in Frankreich durch den Code de la mutualité (Gesetzbuch über die Versicherung auf Gegenseitigkeit)

1. Anwendungsvoraussetzungen

oder den Code des assurances (Gesetzbuch über das Versicherungswesen) geregelt sind, die Aufgabe übertragen, für ihre Rechnung die Beiträge einzuziehen und die Leistungen zu gewähren. Es ist jedoch davon auszugehen, daß sich die Vorlageurteile nicht auf diese Einrichtungen, die demnach nur als Bevollmächtigte der Krankenkassen tätig werden, beziehen.

… Die Krankenkassen oder die Einrichtungen, die bei der Verwaltung der öffentlichen Aufgabe der sozialen Sicherheit mitwirken, erfuellen […] eine Aufgabe mit ausschließlich sozialem Charakter. Diese Tätigkeit beruht nämlich auf dem Grundsatz der nationalen Solidarität und wird ohne Gewinnzweck ausgeuebt. Die Leistungen werden von Gesetzes wegen und unabhängig von der Höhe der Beiträge erbracht. Folglich ist diese Tätigkeit keine wirtschaftliche Tätigkeit, und die mit ihr betrauten Einrichtungen sind daher keine Unternehmen im Sinne der Artikel 85 und 86 EWG-Vertrag[61]."

Bestätigt hat der Gerichtshof die *Poucet*-Grundsätze in der Rs. *Cisal* in Bezug auf die italienische Berufsunfall- und Krankenversicherung, die ebenfalls auf dem Solidarprinzip basiert[62]. Eine andere Würdigung fand in der Rs. *FEDAC* ein in Frankreich durch Gesetz errichtetes Rentenversicherungssystem, das eine freiwillige Zusatzversicherung anbot und nach einem System der Kapitalisierung arbeitete. Der Gerichtshof sah darin eine wirtschaftliche Betätigung mit der Begründung, dass es sich um eine freiwillige Versicherung handelte, die auf einem Kapitalisierungssystem beruhte und deren Leistungen von der Höhe der Beiträge abhingen[63]. In der Rs. *AOK Bundesverband* bezog der Gerichtshof schließlich Stellung zu der deutschen gesetzlichen Krankenversicherung und bescheinigte auch ihr, auf dem Solidarprinzip zu fußen und demgemäß *grundsätzlich* kein Unternehmen i. S. d. Artt. 101, 102 AEUV (ex-Artt. 81, 82 EG) zu sein:

„Im Bereich der sozialen Sicherheit hat der Gerichtshof entschieden, dass bestimmte Einrichtungen, die mit der Verwaltung gesetzlicher Kranken- und Rentenversicherungssysteme betraut sind, einen rein sozialen Zweck verfolgen und keine wirtschaftliche Tätigkeit ausüben. Dies ist der Fall bei Krankenkassen, die nur die Gesetze anwenden und keine Möglichkeit haben, auf die Höhe der Beiträge, die Verwendung der Mittel und die Bestimmung des Leistungsumfangs Einfluss zu nehmen. Denn ihre auf dem Grundsatz der nationalen Solidarität beruhende Tätigkeit wird ohne Gewinnerzielungsabsicht ausgeübt, und die Leistungen werden von Gesetzes wegen und unabhängig von der Höhe der Beiträge erbracht (Urteil vom 17. Februar 1993 in den Rechtssachen C-159/91 und C-160/91, Poucet und Pistre, Slg. 1993, I-637, Randnrn. 15 und 18).

… Dagegen sind andere Einrichtungen, die gesetzliche Systeme der sozialen Sicherheit verwalten und nur einen Teil die in Randnummer 47 dieses Urteils genannten Merkmale aufweisen, nämlich fehlende Gewinnerzielungsabsicht, eine soziale Tätigkeit, die einer staatlichen Regelung unterliegt, die u. a. Solidaritätsanforderungen stellt, als Unternehmen angesehen worden, die eine wirtschaftliche Tätigkeit ausüben

---

[61] EuGH, Urt. v. 17.2.1993, Rs. C-159/91, C-160/91, Slg. 1993, I-637 Rn. 6 ff.
[62] EuGH, Urt. v. 22.1.2002, Rs. C-218/00, Slg. 2002, I-691 Rn. 34 ff.
[63] EuGH, Urt. v. 16.11.1995, Rs. C-244/94, Slg. 1995, I-4013.

34   III. Zu den Anwendungsvoraussetzungen des Vergaberechts

(Urteile vom 16. November 1995 in der Rechtssache C-244/94, Fédération française des sociétés d'assurance u. a., Slg. 1995, I-4013, Randnr. 22, und vom 21. September 1999 in der Rechtssache C-67/96, Albany, Slg. 1999, I-5751, Randnrn. 84 bis 87).

… Es ist festzustellen, dass die Krankenkassen der gesetzlichen Krankenversicherung in Deutschland wie die Einrichtungen, um die es in der Rechtssache Poucet und Pistre ging, an der Verwaltung des Systems der sozialen Sicherheit mitwirken. Sie nehmen insoweit eine rein soziale Aufgabe wahr, die auf dem Grundsatz der Solidarität beruht und ohne Gewinnerzielungsabsicht ausgeübt wird. Besonders hervorzuheben ist, dass die Krankenkassen gesetzlich verpflichtet sind, ihren Mitgliedern im Wesentlichen gleiche Pflichtleistungen anzubieten, die unabhängig von der Beitragshöhe sind. Die Krankenkassen haben somit keine Möglichkeit, auf diese Leistungen Einfluss zu nehmen. Der Bundesgerichtshof weist hierzu in seinen Vorlagebeschlüssen darauf hin, dass die Krankenkassen zu einer Art Solidargemeinschaft zusammengeschlossen seien, die es ihnen ermögliche, untereinander einen Kosten- und Risikoausgleich vorzunehmen. So erfolge nach den §§ 265 ff. SGB V ein Ausgleich zwischen den Krankenkassen mit den niedrigsten Gesundheitsausgaben und den Krankenkassen, die kostenträchtige Risiken versicherten und deren Ausgaben im Zusammenhang mit diesen Risiken am höchsten seien.

Die Krankenkassen konkurrieren somit weder miteinander noch mit den privaten Einrichtungen hinsichtlich der Erbringung der im Bereich der Behandlung oder der Arzneimittel gesetzlich vorgeschriebenen Leistungen, die ihre Hauptaufgabe darstellt. Aus diesen Merkmalen folgt, dass die Krankenkassen den Einrichtungen gleichen, um die es in den Rechtssachen Poucet und Pistre sowie Cisal ging, und dass ihre Tätigkeit nicht wirtschaftlicher Art ist[64]."

Andererseits entschied der EuGH in der Rs. *Ambulanz Glöckner* auch, dass Einrichtungen wie Sanitätsorganisationen, die Notfall- und Krankentransportleistungen erbringen, als Unternehmen im Sinne der Wettbewerbsregeln des AEUV anzusehen sein können. Zwar könnten Pflichten der Daseinsvorsorge die Leistungen einer Sanitätsorganisation gegenüber den Leistungen anderer Wirtschaftsteilnehmer, die keinen solchen Pflichten unterliegen, im Wettbewerb benachteiligen, doch hindere dies nicht daran, die fraglichen Tätigkeiten als wirtschaftliche Tätigkeiten anzusehen[65].

In diese Richtung deutet auch die Entscheidung des EuGH in der Rs. *FENIN*. Diese erging zwar zu Art. 102 AEUV (ex-Art. 82 EG), die Unternehmensbegriffe von Art. 101 AEUV (ex-Art. 81 EG) und Art. 102 AEUV (ex-Art. 82 EG) sind jedoch identisch[66]. In der Rs. *FENIN* klagte der spanische Industrieverband von Herstellern medizinischer Mittel *Federación Española de Empresas de Tecnología Sanitaria* (FENIN) gegen das staatliche System der sozialen Sicherheit *Sis-*

---

[64] EuGH, Urt. v. 16.3.2004, Rs. C-264/01, C-306/01, C-354/01, C-355/01, Slg. 2004, I-2493 Rn. 47 ff.

[65] EuGH, Urt. v. 25.10.2001, Rs. C-475/99, Slg. 2001, I-8089.

[66] EuG, Urt. v. 10.3.1992, Rs. T-68, 77, 78/89, Slg. 1992, II-1403 Rn. 358 – *SIV u. a./Kommission*; GA Lenz, Schlußanträge zu EuGH, Urt. v. 15.12.1995, Rs. C-415/93, Slg. 1995, I-4921 Ziff. 255 Fn. 313 – *Bosman*.

1. Anwendungsvoraussetzungen

tema Nacional de Salud (SNS), weil SNS Rechnungen unter Missbrauch einer marktbeherrschenden Stellung erst mit einer Verzögerung von 300 Tagen begleiche. Die SNS reichte die erworbenen medizinischen Mittel kostenlos an die Versicherten weiter. Kommission und EuG wiesen die Klage der FENIN ab, weil die SNS entsprechend der EuGH-Rechtsprechung in den Rs. *Poucet, Cisal* und *AOK Bundesverband* kein Unternehmen i. S. d. Art. 102 AEUV (ex-Art. 82 EG) sei. Der Gerichtshof bestätigt zwar diese Auffassung, betont aber:

„Das Gericht hat in Randnummer 35 des angefochtenen Urteils zu Recht daran erinnert, dass der Begriff des Unternehmens im Sinne des Wettbewerbsrechts der Gemeinschaft jede eine wirtschaftliche Tätigkeit ausübende Einrichtung unabhängig von ihrer Rechtsform und der Art ihrer Finanzierung umfasst (Urteile vom 23. April 1991 in der Rechtssache C-41/90, Höfner und Elser, Slg. 1991, I-1979, Randnr. 21, und vom 16. März 2004 in den Rechtssachen C-264/01, C-306/01, C-354/01 und C-355/01, AOK-Bundesverband u. a., Slg. 2004, I-2493, Randnr. 46). Außerdem hat es im Einklang mit der Rechtsprechung des Gerichtshofes in Randnummer 36 des angefochtenen Urteils darauf hingewiesen, dass es das Anbieten von Gütern oder Dienstleistungen auf einem bestimmten Markt ist, was den Begriff der wirtschaftlichen Tätigkeit kennzeichnet (Urteil vom 18. Juni 1998 in der Rechtssache C-35/96, Kommission/Italien, Slg. 1998, I-3851, Randnr. 36).

Das Gericht hat daraus in Randnummer 36 des angefochtenen Urteils zutreffend abgeleitet, dass bei der Beurteilung des Wesens der Einkaufstätigkeit der Kauf eines Erzeugnisses nicht von dessen späterer Verwendung zu trennen ist und dass der wirtschaftliche oder nichtwirtschaftliche Charakter der späteren Verwendung des erworbenen Erzeugnisses zwangsläufig den Charakter der Einkaufstätigkeit bestimmt.

Folglich ist der erste Teil des einzigen von der FENIN geltend gemachten Rechtsmittelgrundes, dass die Einkaufstätigkeit der das SNS verwaltenden Einrichtungen als solche eine von späteren Dienstleistungen trennbare wirtschaftliche Tätigkeit sei, unbegründet. Nach alledem ist das Rechtsmittel als teils unzulässig, teils unbegründet zurückzuweisen[67]."

Der Gerichtshof bestätigt seine frühere Rechtsprechung also keineswegs so eindeutig, wie es zunächst den Anschein erweckt. Indem nämlich allein die spätere Verwendung der erworbenen Mittel (kostenlose Abgabe an die Versicherten) dazu führt, dass die SNS nicht als Unternehmen anzusehen ist, ist zugleich klar, dass ohne diesen Verwendungszweck die SNS als Unternehmen einzustufen gewesen wäre[68]. Damit scheint es nicht generell undenkbar, Sozialversicherungsträger als „Unternehmen" i. S. d. Art. 101 AEUV (ex-Art. 81 EG) zu qualifizieren[69]. Erforderlich ist eine Einzelfallbetrachtung. Das hat der EuGH jüngst auch in der Rs. *Kattner* – das Urteil betraf die deutsche gesetzliche Unfallversicherung, was aus europäischer Sicht freilich unerheblich ist – bestätigt:

---

[67] EuGH, Urt. v. 11.7.2006, Rs. C-205/03 P, Slg. 2006, I-6295 Rn. 25 ff. = NZBau 2007, 190 – *FENIN*.
[68] s. auch die Anmerkung zur Rs. *FENIN* von *Scheffler*, EuZW 2006, 601, 603 ff.
[69] Zu diesem Schluss kommen auch *Kamann/Gey*, PharmR 2006, 255, 260.

III. Zu den Anwendungsvoraussetzungen des Vergaberechts

„Allerdings genügt der soziale Zweck eines Versicherungssystems als solcher nach der Rechtsprechung des Gerichtshofs nicht, um eine Einstufung der betreffenden Tätigkeit als wirtschaftliche Tätigkeit auszuschließen (vgl. in diesem Sinne Urteile vom 21. September 1999, Albany, C-67/96, Slg. 1999, I-5751, Randnr. 86, vom 12. September 2000, Pavlov u. a., C-180/98 bis C-184/98, Slg. 2000, I-6451, Randnr. 118, und Cisal, Randnr. 37).

Zu prüfen bleibt insbesondere, ob dieses System als Umsetzung des Grundsatzes der Solidarität angesehen werden kann und in welchem Umfang es staatlicher Aufsicht unterliegt; diese Umstände können den wirtschaftlichen Charakter einer Tätigkeit ausschließen (vgl. in diesem Sinne Urteil Cisal, Randnrn. 38 bis 44)[70]."

Das Urteil bildet den vorläufigen Schlusspunkt in der Rechtsprechung des EuGH zur unionsrechtlichen Unternehmereigenschaft von staatlichen Sozialversicherungsträgern in den Mitgliedstaaten und unterstreicht die bisherige Rechtsprechung, ohne jedoch neue dogmatische Pfade zu beschreiten.

Gegen eine danach grundsätzlich denkbare Anwendung des primärrechtlichen Wettbewerbsrechts auf die deutschen Sozialversicherungsträger könnte nicht eingewandt werden, dass nach Auffassung des BVerfG der Gesetzgeber bei der Organisation der Sozialversicherung den weitest nur denkbaren Spielraum besitzt und etwa auch die gesamte Sozialversicherung bei einer bundesunmittelbaren Stelle monopolisierte[71]. Es mag sein, dass dem Gesetzgeber dies grundrechtlich gestattet wäre. Auch mag dahinstehen, ob eine solche Marktabschottung mit dem europäischen Primärrecht, insbesondere den Grundrechten und Grundfreiheiten von Anbietern aus anderen Mitgliedstaaten vereinbar wäre. Entscheidend ist aus europäischer Sicht einzig und allein, dass es auf dem deutschen Sozialversicherungsmarkt nach derzeitiger Rechtslage mehrere Anbieter gibt und dass der Gesetzgeber den Wettbewerb – insbesondere in der gesetzlichen Krankenversicherung – stetig intensiviert. Aus der Sicht der EU ist es schon wegen des Vorrangs des Unionsrechts völlig unerheblich, ob das Grundgesetz abweichende Gestaltungen gestattet oder nicht, solange der Gesetzgeber von diesen keinen Gebrauch macht. Legt man die aufgezeigte Rechtsprechung des EuGH zugrunde, ist nicht *a priori* ausgeschlossen, dass Träger der deutschen gesetzlichen Sozialversicherung zumindest bei einer weiteren Intensivierung des Wettbewerbs durch den Gesetzgeber als öffentliche Unternehmen i. S. d. europäischen Wettbewerbsrechts zu qualifizieren sind.

Das AMNOG hat diesen entscheidenden Schritt zum 1.1.2011 wohl nicht getan, denn der Wettbewerb der Kassen untereinander wurde nicht in dem Maße intensiviert, dass sich im Vergleich zu der bis zum 31.12.2010 geltenden Rechtslage entscheidende Unterschiede ergeben hätten. Der gravierendste Unterschied besteht wohl noch in der Anordnung der Anwendung des nationalen Kartellver-

---

[70] EuGH, Urt. v. 5.3.2009, Rs. C-350/07, NJW 2009, 1325 Rn. 42 f. – *Kattner*.
[71] s. nur BVerfG, Urt. v. 9.4.1975 – 2 BvR 879/73, BVerfGE 39, 302 ff.

bots (§ 1 GWB). Dieses ist aber zumindest nach Ansicht der Bundesregierung[72] nicht Folge der Aufwertung der Kassen zu Unternehmen i.S.d. Kartellrechts, sondern soll gerade dieses Defizit der Kassen ausgleichen, indem das Kartellverbot – über das unionsrechtlich Gebotene hinaus – auf die Krankenkassen erstreckt wird. Würde man aus der Anordnung des nationalen Kartellverbots folgern, dass die Krankenkassen nunmehr Unternehmen i.S.d. Unionsrechts sind, würden Ursache und Wirkung vertauscht. Zumindest handelt es sich aber um ein Vabanquespiel, denn ob die Bundesregierung sich in Luxemburg mit einer solch fein ziselierten Differenzierung Gehör zu verschaffen vermögen wird, darf zumindest angezweifelt werden.

(2) Formen der Konzertierung

Zweite Voraussetzung für das Eingreifen des Kartellverbots nach Art. 101 Abs. 1 AEUV (ex-Art. 81 Abs. 1 EG) ist, dass eine Konzertierung zwischen verschiedenen Unternehmen stattfindet. Art. 101 Abs. 1 AEUV (ex-Art. 81 Abs. 1 EG) erfasst als verbotene Konzertierungsformen Vereinbarungen, abgestimmte Verhaltensweisen und Beschlüsse von Unternehmensvereinbarungen. Der EuGH hat schon früh entschieden, dass alle drei Varianten miteinander in Verbindung stehen und nicht separat geprüft werden müssen, wenn die Umstände eines Falles schwer voneinander zu lösen sind. So befand der Gerichtshof, dass „die Gesamtheit aller Umstände berücksichtigt werden kann, aus denen sich Vereinbarungen, Beschlüsse und Verhaltensweisen ergeben[73]." Die Europäische Kommission hat dies in der Praxis zu einem einheitlichen, sich wandelnden Verletzungstatbestand weiterentwickelt[74]. Dieses Konzept wiederum hat auch Eingang in die Rechtsprechung des EuG gefunden[75].

Gleichwohl dürfte es schon aus methodischen Gründen richtig sein, zumindest im Ansatz weiterhin zwischen den einzelnen Tatbestandsmerkmalen zu differenzieren[76]. Eine Vereinbarung liegt danach vor, wenn die betreffenden Unternehmen ihren gemeinsamen Willen zum Ausdruck gebracht haben, sich auf dem Markt in einer bestimmten Weise zu verhalten[77]. Ob eine Vereinbarung der

---

[72] BT-Drucks. 17/2413, S. 26 r. Sp.
[73] EuGH, Urt. v. 12.12.1967, Rs. C-23/67, Slg. 1967, 544, 555 – *Brasserie de Haecht I*.
[74] Exemplarisch Kommission, Entscheidung v. 21.10.1998, KOME 1999/60/EG, ABl. 1999 Nr. L-24/1 Rn. 131 f. – *Fernwärmetechnik*.
[75] EuG, Urt. v. 17.12.1991, Rs. T-7/89, Slg. 1991, II-1711 Rn. 254 ff.; EuG, Urt. v. 6.7.2000, Rs. T-62/98, Slg. 2000, II-2707 Rn. 237 – *Volkswagen*.
[76] So wohl auch *Weiß*, in: Calliess/Ruffert, EUV/EGV, 3. Aufl. 2007, Art. 81 EG Rn. 47 ff.; *Eilmansberger*, in: Streinz, EUV/EGV, 2003, Art. 81 EG Rn. 1 ff.; *Emmerich*, Kartellrecht, 11. Aufl. 2008, § 4 Rn. 3 ff.
[77] EuG, Urt. v. 26.10.2000, Rs. T-41/96, Slg. 2000, II-3383; Kommission, Entscheidung v. 22.11.2001, KOME 2003/2/EG, ABl. 2003 Nr. L 6/1 Rn. 554; Kommission, Entscheidung v. 5.12.2001, KOME 2002/742/EG, ABl. 2002 Nr. L-239/18 Rn. 137;

Rechtsverbindlichkeit bedarf, ist umstritten[78], jedoch praktisch bedeutungslos, da „*gentlemen's agreements*" jedenfalls ein abgestimmtes Verhalten darstellen[79]. Unter einem Beschluss einer Unternehmensvereinigung ist die in der Satzung vorgesehene und im Einklang mit den dort festgelegten Voraussetzungen zustande gekommene Bildung des Gesamtwillens der in der Unternehmensvereinigung zusammengefassten Mitglieder zu verstehen[80]. Ob der Beschluss für die Mitglieder verbindlich sein muss, ist unklar, die Rechtsprechung des EuGH schwankt[81]. Das abgestimmte Verhalten schließlich bildet einen Auffangtatbestand. Der EuGH definiert als abgestimmtes Verhalten „eine Form der Koordinierung zwischen Unternehmen [...], die zwar noch nicht bis zum Abschluss eines Vertrages im eigentlichen Sinne gediehen ist, jedoch bewusst eine praktische Zusammenarbeit an die Stelle des mit Risiken verbundenen Wettbewerbs treten lässt[82]." Für Einzelheiten muss auf die umfangreiche Kommentarliteratur verwiesen werden[83]. Besonderheiten, die nur für die Sozialversicherungsträger gelten, sind insoweit nicht ersichtlich.

(3) Beschränkung des Wettbewerbs

Dritte Voraussetzung für das Eingreifen des Kartellverbots nach Art. 101 Abs. 1 AEUV (ex-Art. 81 Abs. 1 EG) ist, dass eine Verhinderung, Einschränkung oder Verfälschung des Wettbewerbs bezweckt oder bewirkt wird oder dass die Maßnahme geeignet ist, den Handel zwischen den Mitgliedstaaten zu beeinträchtigen. Das Tatbestandsmerkmal der Wettbewerbsbeschränkung wird durch EuGH und Europäische Kommission einzelfallbezogen ausgelegt[84]. Eine Maßnahme ist

---

Kommission, Entscheidung v. 18.7.2001, KOME 2002/271/EG, ABl. 2002 Nr. L-100/1 Rn. 98.

[78] Dafür *Bunte,* in: Langen/Bunte, Kommentar zum deutschen und europäischen Kartellrecht, 10. Aufl. 2006, Art. 81 Generelle Prinzipien Rn. 20; *Gleiss/Hirsch,* Kommentar zum EG-Kartellrecht, Band I, 4. Aufl. 1993, Art. 85 I Rn. 74; dagegen EuG, Urt. v. 14.5.1998, Rs. T-347/94, Slg. 1998, II-1751 Rn. 65 – *Mayr-Melnhof/Kommission*; EuG, Urt. v. 6.4.1995, Rs. T-141/89, Slg. 1995, II-791 Rn. 96 – *Tréfileurope/Kommission.*

[79] So richtig *Weiß,* in: Calliess/Ruffert, EUV/EGV, 3. Aufl. 2007, Art. 81 EG Rn. 53; *Eilmansberger,* in: Streinz, EUV/EGV, 2003, Art. 81 EG Rn. 2.

[80] So oder ähnlich *Eilmansberger,* in: Streinz, EUV/EGV, 2003, Art. 81 EG Rn. 15; *Gippini-Fourier/Mojzesowicz,* in: Loewenheim/Meessen/Riesenkampff, Kartellrecht, 2. Aufl. 2009, Art. 81 Abs. 1 EG Rn. 103 m.w.N. zur Rspr.

[81] s. nur *Weiß,* in: Calliess/Ruffert, EUV/EGV, 3. Aufl. 2007, Art. 81 EG Rn. 56 m.w.N.

[82] EuGH, Urt. v. 14.7.1972, Rs. 48/69, Slg. 1972, 619 Rn. 64 – *ICI.*

[83] s. nur *Weiß,* in: Calliess/Ruffert, EUV/EGV, 3. Aufl. 2007, Art. 81 EG Rn. 59 ff.; *Eilmansberger,* in: Streinz, EUV/EGV, 2003, Art. 81 EG Rn. 16 ff.; *Gippini-Fourier/Mojzesowicz,* in: Loewenheim/Meessen/Riesenkampff, Kartellrecht, 2. Aufl. 2009, Art. 81 Abs. 1 EG Rn. 94 ff.; *Emmerich,* Kartellrecht, 11. Aufl. 2008, § 4 Rn. 18 ff.

[84] s. nur EuGH, Urt. v. 28.3.1984, Rs. C-29/83, C-30/83, Slg. 1984, 1679 Rn. 33 – *CRAM und Rheinzink/Kommission*; Kommission, Entscheidung v. 11.5.1973, KOME

geeignet, den Handel zwischen den Mitgliedstaaten zu beeinträchtigen, wenn sich anhand einer Gesamtheit objektiver rechtlicher und tatsächlicher Umstände mit hinreichender Wahrscheinlichkeit voraussehen lässt, dass sie den Waren- oder Dienstleistungsverkehr zwischen den Mitgliedstaaten unmittelbar oder mittelbar, tatsächlich oder potentiell in einer der Erreichung der Ziele eines einheitlichen zwischenstaatlichen Marktes nachteiligen Weise beeinflussen kann[85]. Erneut muss für Einzelheiten auf die weiterführende Literatur verwiesen werden[86]. Besonderheiten, die nur für die Sozialversicherungsträger gelten, sind insoweit ebenfalls nicht ersichtlich.

(4) Keine Freistellungsverordnung

Art. 101 Abs. 3 AEUV (ex-Art. 81 Abs. 3 EG) ermöglicht es der Europäischen Kommission, aus bestimmten Gründen durch eine Verordnung einzelne Unternehmen oder Gruppen von Unternehmen von dem Kartellverbot des Art. 101 Abs. 1 AEUV (ex-Art. 81 Abs. 1 EG) auszunehmen bzw. „freizustellen". Eine solche Freistellungsverordnung existiert für die Sozialversicherungsträger nicht[87].

(5) Rechtsfolgen

Verstoßen Unternehmen gegen das Kartellverbot des Art. 101 Abs. 1 AEUV (ex-Art. 81 Abs. 1 EG), sind getroffene Absprachen nach Art. 101 Abs. 2 AEUV (ex-Art. 81 Abs. 2 EG) nichtig. Ferner können Dritte, die einen Schaden aufgrund des Kartells erlitten haben, von den Kartellmitgliedern Schadensersatz verlangen[88]. In Deutschland folgt der Anspruch aus § 823 Abs. 2 BGB i.V.m. Art. 101 Abs. 1 AEUV (ex-Art. 81 Abs. 1 EG)[89]. Außerdem haben Betroffene nach h.L. aus § 1004 Abs. 1 BGB einen Unterlassungsanspruch gegen die Kar-

---

73/212/EWG, ABl. 1973 Nr. L-217/3, 4 – *Kali und Salz*; Kommission, Entscheidung v. 6.8.1984, KOME 84/405/EWG, ABl. 1984, Nr. L-220/27 Rn. 71 – *Zinc Producer Group*; vgl. auch EuGH, Urt. v. 21.2.1973, Rs. C-6/72, Slg. 1973, 215 Rn. 29 – *Europemballage und Continental Can/Kommission* zu Art. 82.

[85] Kommission, Entscheidung v. 20.7.1978, KOME 78/670/EWG, ABl. 1978 Nr. L-224/29 Rn. 91 – *FEDETAB*; EuGH, Urt. v. 11.12.1980, Rs. C-31/80, Slg. 1980, 3775 Rn. 18 – *L'Oréal/De nieuwe Amck*; EuG, Urt. v. 8.6.1995, Rs. T-7/93, Slg. 1995, II-1533 Rn. 119 – *Langnese-Iglo/Kommission*; *Weiß*, in: Calliess/Ruffert, EUV/EGV, 3. Aufl. 2007, Art. 81 EG Rn. 124.

[86] s. nur *Weiß*, in: Callies/Ruffert, EUV/EGV, 3. Aufl. 2007, Art. 81 EG Rn. 83 ff.; *Eilmansberger*, in: Streinz, EUV/EGV, 2003, Art. 81 EG Rn. 28 ff.; *Gippini-Fourier/Mojzesowicz*, in: Loewenheim/Meessen/Riesenkampff, Kartellrecht, 2. Aufl. 2009, Art. 81 Abs. 1 EG Rn. 104 ff.; *Emmerich*, Kartellrecht, 11. Aufl. 2008, § 4 Rn. 31 ff.

[87] s. dazu auch *Kamann/Gey*, PharmR 2006, 255, 256.

[88] EuGH, Urt. v. 20.9.2001, Rs. C-453/99, Slg. 2001, I-6297 Rn. 26 f.

[89] Statt vieler *Eilmansberger*, in: Streinz, EUV/EGV, 2003, Art. 81 EG Rn. 106; *Weiß*, in: Calliess/Ruffert, EUV/EGV, 3. Aufl. 2007, Art. 81 EG Rn. 150.

tellmitglieder[90]. Daneben kann die Europäische Kommission nach Art. 23 Abs. 1 VO (EG) Nr. 1/2003 Geldbußen festsetzen.

bb) Missbrauchsverbot, Art. 102 S. 1 AEUV (ex-Art. 82 S. 1 EG)

(1) Unternehmen

Erstes Tatbestandsmerkmal des Art. 102 S. 1 AEUV (ex-Art. 82 S. 1 EG)[91] ist erneut das des Unternehmens. Adressaten des Verbotes des Missbrauchs einer marktbeherrschenden Stellung sind eben diese. Es gilt im Rahmen des Art. 102 S. 1 AEUV (ex-Art. 82 EG) derselbe Unternehmensbegriff wie bei Art. 101 AEUV (ex-Art. 81 EG)[92]. Auf die Ausführungen zu Art. 101 AEUV (ex-Art. 81 EG) wird daher verwiesen (dazu oben Abschn. III. 1. a) der Darstellung).

(2) Marktbeherrschende Stellung

Zweitens muss für die Anwendung des Art. 102 S. 1 AEUV (ex-Art. 82 S. 1 EG) eine marktbeherrschende Stellung gegeben sein. Der Begriff der marktbeherrschenden Stellung ist gesetzlich nicht definiert, er wird in ständiger Rechtsprechung des EuGH verstanden als „die wirtschaftliche Machtstellung eines Unternehmens, die dieses in die Lage versetzt, die Aufrechterhaltung eines wirksamen Wettbewerbs auf dem relevanten Markt zu verhindern, indem sie ihm die Möglichkeit verschafft, sich seinen Wettbewerbern, seinen Abnehmern und letztlich den Verbrauchern gegenüber in einem nennenswerten Umfang unabhängig zu verhalten[93]." Für Einzelheiten sei auch hier auf die umfangreiche Kommen-

---

[90] Statt vieler *Eilmansberger*, in: Streinz, EUV/EGV, 2003, Art. 81 EG Rn. 119; *Weiß*, in: Calliess/Ruffert, EUV/EGV, 3. Aufl. 2007, Art. 81 EG Rn. 150.

[91] Die Artt. 81, 82 EG stehen in Idealkonkurrenz zueinander. Ein Verhalten kann beide Tatbestände erfüllen. s. statt aller nur *Eilmansberger*, in: Streinz, EUV/EGV, 2003, Art. 82 Rn. 78 m.w.N.

[92] EuG, Urt. v. 10.3.92, Rs. T-68, 77, 78/89, Slg. 1992, II-1403 Rn. 358 – *SIV u. a./ Kommission*; GA *Lenz*, Schlußantr. zu EuGH, Rs. C-415/93, Slg. 1995, I-4921, Ziff. 255, Fn. 313 – *Bosman*.

[93] Grundlegend EuGH, Urt. v. 14.2.1978, Rs. C-27/76, Slg. 1978, 207 Rn. 63/66 – *United Brands*; später EuGH, Urt. v. 13.2.1979, Rs. C-85/76, Slg. 1979, 461 Rdnr. 38 – *Hoffmann-La Roche*; EuGH, Urt. v. 11.12.1980, Rs. C-31/80, Slg. 1980, 3775 Rn. 26 – *L'Oréal*; EuGH, Urt. v. 9.11.1983, Rs. C-322/81, Slg. 1983, 3461 Rn. 30 – *Michelin*; EuGH, Urt. v. 4.5.1988, Rs. C-30/87, Slg. 1988, 2479 Rn. 26 – *Bodson*; EuGH, Urt. v. 15.12.1994, Rs. C-250/92, Slg. 1994, I-5641 Rn. 47 – *DLG*; EuGH, Urt. v. 5.10.1995, Rs. C-96/94, Slg. 1995, I-2883 Rn. 31 – *Centro Servizi Spediporto*; EuGH, Urt. v. 1.10.1998, Rs. C-38/97, Slg. 1998, I-5955 Rn. 27 – *Librandi*; EuG, Urt. v. 7.10.1999, Rs. T-228/97, Slg. 1999, II-2969 Rn. 70 – *Irish Sugar/Kommission*. Ebenso die Europäische Kommission: Entscheidung v. 14.12.1985, KOME 85/609/EWG, ABl. 1985 Nr. L 374/1 Rn. 67 – *ECS/AKZO II*; Entscheidung v. 5.12.1988, KOME 89/22/EWG, ABl. 1989 Nr. L 10/50 Rn. 114 – *BPB Industries PLC*; Entscheidung v. 19.12.1990, KOME 91/300/EWG, ABl. 1991 Nr. L 152/40 Rn. 41 – *Soda-ICI*; Entscheidung v. 26.2.1992,

1. Anwendungsvoraussetzungen

tarliteratur verwiesen[94]. Für die Sozialversicherungsträger ergeben sich insoweit keine Besonderheiten.

(3) Missbrauch

Drittes Tatbestandsmerkmal des Art. 102 S. 1 AEUV (ex-Art. 82 S. 1 EG) ist der Missbrauch der marktbeherrschenden Stellung. Der Begriff des Missbrauchs ist im AEUV nicht definiert, auch Art. 102 S. 2 AEUV (ex-Art. 82 S. 2 EG) nennt lediglich einige Beispiele missbräuchlichen Verhaltens, enthält jedoch keine allgemeine Umschreibung dessen, was als Missbrauch anzusehen ist[95]. Anerkannt ist, dass das Merkmal teleologisch anhand der Ziele des früheren EG-Vertrages und insbesondere des Art. 3 Abs. 1 lit. g) EG zu interpretieren ist. Vor diesem Hintergrund sieht die Europäische Kommission einen elementaren Bestandteil des Missbrauchs darin, dass „sich das Verhalten des Unternehmens im Hinblick auf die im Vertrag festgelegten Zielsetzungen objektiv als Fehlverhalten darstellt[96]„. Nach gefestigter Rspr. des EuGH und des EuG erfasst das Missbrauchsverbot des Art. 102 AEUV (ex-Art. 82 EG) „die Verhaltensweisen eines Unternehmens in beherrschender Stellung, die die Struktur des Marktes beeinflussen können, auf dem der Wettbewerb gerade wegen der Anwesenheit des fraglichen Unternehmens bereits geschwächt ist, und die die Aufrechterhaltung des auf dem Markt noch bestehenden Wettbewerbs oder dessen Entwicklung durch die Verwendung von Mitteln behindern, welche von den Mitteln eines normalen Produkt- oder Dienstleistungswettbewerbs auf der Grundlage der Leistungen der Marktbürger abweichen[97]". Da sich für die Sozialversicherungsträger auch hier keine Besonderheiten ergeben, wird zur Vertiefung auf die weiterführende Literatur verwiesen[98].

KOME 92/213/EWG, ABl. 1992 Nr. L 96/34 Rn. 21, 23 – *Aer Lingus*; Entscheidung v. 14.5.1997, KOME 97/624/EG, ABl. 1997 Nr. L 258/1 Rn. 100 – *Irish Sugar*.

[94] s. nur *Weiß*, in: Calliess/Ruffert, EUV/EGV, 3. Aufl. 2007, Art. 82 EG Rn. 7 ff.; *Eilmansberger*, in: Streinz, EUV/EGV, 2003, Art. 82 EG Rn. 4 ff.; *Jung*, in: Grabitz/Hilf, EGV, 39. Lfg. 2009, Art. 82 Rn. 53 ff.

[95] EuGH, Urt. v. , Rs. 6/72, Slg. 1973, 215 Rn. 26 – *Continental Can*; *Jung*, in: Grabitz/Hilf, EGV, 39. Lfg. 2009, Art. 82 Rn. 103.

[96] Europäische Kommission, Das Problem der Unternehmenskonzentration im Gemeinsamen Markt, Kollektion Studien, Reihe Wettbewerb Nr. 3, Brüssel 1966, Dritter Teil, Ziff. 25.

[97] EuGH, Urt. v. 13.2.1979, Rs. 85/76, Slg. 1979, 461 Rn. 91 – *Hoffmann-La Roche*; EuGH, Urt. v. 11.12.1980, Rs. 31/80, Slg. 1980, 3775 Rn. 27, 30 – *L'Oréal*; EuGH, Urt. v. 9.11.1983, Rs. 322/81, Slg. 1983, 3461 Rn. 70 – *Michelin*; EuGH, Urt. v. 3.7.1991, Rs. C-62/86, Slg. 1991, I-3359 Rn. 69 – *AKZO*; EuG, Urt. v. 1.4.1993, Rs. T-65/89, Slg. 1993, II-389 Rn. 118 – *BPB*; EuG, Urt. v. 7.10.1999, Rs. T-228/97, Slg. 1999, II-2969 Rn. 111 – *Irish Sugar/Kommission*; EuGH, Urt. v. 15.3.2007, Rs. C-95/04 P, Slg. 2007, I-2331 – *British Airways* = EuZW 2007, 306, 309 (Rn. 66).

[98] s. nur *Jung*, in: Grabitz/Hilf, EGV, 39. Lfg. 2009, Art. 82 Rn. 103 ff.; *Weiß*, in: Calliess/Ruffert, EUV/EGV, 3. Aufl. 2007, Art. 82 EG Rn. 24 ff.; *Eilmansberger*, in: Streinz, EUV/EGV, 2003, Art. 82 EG Rn. 19 ff.

III. Zu den Anwendungsvoraussetzungen des Vergaberechts

(4) Wettbewerbsverfälschung

Viertens muss der Missbrauch der marktbeherrschenden Stellung zu einer Verfälschung des Wettbewerbs führen. Obwohl mit dem Wortlaut von Art. 101 AEUV (ex-Art. 81 EG) nicht völlig identisch, verweist man in der Literatur meist auf die Ausführungen hierzu. Dem soll auch hier gefolgt werden (dazu oben Abschn. III. 1. a) der Darstellung).

(5) Rechtsfolgen

Obwohl Art. 102 AEUV (ex-Art. 82 EG) die Nichtigkeit von Verträgen, die den Missbrauchstatbestand erfüllen, anders als Art. 101 Abs. 2 AEUV (ex-Art. 81 Abs. 2 EG) nicht anordnet, soll Art. 102 AEUV (ex-Art. 82 EG) nach h. L. ein Verbotsgesetz i. S. d. § 134 BGB darstellen. Daneben soll es sich auch bei Art. 102 AEUV (ex-Art. 82 EG) um ein Schutzgesetz i. S. d. § 823 Abs. 2 BGB handeln, so dass Geschädigte Schadensersatz von dem herrschenden Unternehmen verlangen können. Auch ein Beseitigungs- und Unterlassungsanspruch aus § 1004 BGB soll gegeben sein[99]. Nach Art. 23 Abs. 1 VO (EG) Nr. 1/2003 hat die Kommission die Möglichkeit, Geldbußen zu verhängen[100].

b) Beihilfenverbot, Artt. 107 ff. AEUV (ex-Artt. 87 ff. EG)

aa) Unternehmen

Erste Voraussetzung für das Eingreifen des Verbotes staatlicher Beihilfen nach Art. 107 Abs. 1 AEUV (ex-Art. 87 Abs. 1 EG) ist, dass der Begünstigte ein Unternehmen ist. Obwohl die unterschiedliche Zwecksetzung von Wettbewerbsregeln (Artt. 101 ff. AEUV [ex-Artt. 81 ff. EG]) und Beihilfenverbot (Artt. 107 ff. AEUV [ex-Artt. 87 f. EG]) im Detail unterschiedliche Bewertungen hinsichtlich der Unternehmenseigenschaft erfordern mögen[101], sind die Unternehmensbegriffe beider Regelungsbereiche doch weitgehend kongruent. In der Literatur für das Beihilfenrecht wird auf die Rechtsprechung des EuGH zur Unternehmenseigenschaft der Sozialversicherungsträger abgestellt[102].

---

[99] Ausführlich *Eilmansberger,* in: Streinz, EUV/EGV, 2003, Art. 82 EG Rn. 80 ff.; *Jung,* in: Grabitz/Hilf, EGV, 39. Lfg. 2009, Art. 82 Rn. 276 ff.

[100] Dazu *Jung,* in: Grabitz/Hilf, EGV, 39. Lfg. 2009, Art. 82 Rn. 275.

[101] So *Koenig/Kühling,* in: Streinz, EUV/EGV, 2003, Art. 87 EG Rn. 48 f.; a. A. *v. Wallenberg,* in: Grabitz/Hilf, EGV, 39. Lfg. 2009, Art. 87 Rn. 43.

[102] *Cremer,* in: Calliess/Ruffert, EUV/EGV, 3. Aufl. 2007, Art. 87 EG Rn. 16; *v. Wallenberg,* in: Grabitz/Hilf, EGV, 39. Lfg. 2009, Art. 87 Rn. 43; *Kamann/Gey,* PharmR 2006, 291.

Für die Sozialversicherung von besonderem Interesse ist insoweit allerdings die Entscheidung des EuGH in der Rs. *Nazairdis*. Darin ging es um Zahlungen des französischen Staates an bedürftige Mittelständler, die durch eine Abgabe finanziert wurden, die das Handelsgewerbe ab einer gewissen Größe traf. Der Überschuss aus den Einnahmen abzüglich der Zahlungen kam bestimmten sozialen Sicherungssystemen zugute. Die Kläger sahen unter anderem in der Verwendung der Abgabe eine nach Art. 107 Abs. 1 AEUV (ex-Art. 87 Abs. 1 EG) unzulässige Beihilfe und verlangten die von ihnen gezahlten Beträge zurück. Dazu führt der Gerichtshof aus:

„Was sodann die Verwendung eines Teils des Aufkommens aus der TACA für die Systeme der Basisaltersversicherung der Selbständigen der Handwerksberufe und der Selbständigen der Industrie- und Handelsberufe angeht (siehe Randnrn. 12 bis 14 des vorliegenden Urteils), ist festzustellen, dass die begünstigten Kassen (Organic und Cancava) eine Tätigkeit der Verwaltung eines Basissystems der sozialen Sicherheit ausüben, das auf einem Mechanismus der Solidarität beruht. Da die von den betroffenen Kassen ausgeübte Tätigkeit keine wirtschaftliche Tätigkeit darstellt (Urteil vom 16. März 2004 in den Rechtssachen C-264/01, C-306/01, C-354/01 und C-355/01, AOK-Bundesverband u. a., Slg. 2004, I-2493, Randnr. 47), fällt die Finanzierung dieser Tätigkeit nicht unter Artikel 87 Absatz 1 EG[103]."

Der Gerichtshof übernimmt also seine für die Artt. 101, 102 AEUV (ex-Artt. 81, 82 EG) aufgestellten Kriterien hinsichtlich der Unternehmenseigenschaft von Sozialversicherungsträgern auch für den Anwendungsbereich des Art. 107 AEUV (ex-Art. 87 EG), so dass auf obige Ausführungen verwiesen werden kann (oben Abschn. III. 1. a) aa) (1) der Darstellung). Nicht ausgeschlossen wird durch diese Rechtsprechung allerdings, dass die Sozialversicherungsträger nicht als Unternehmen, sondern als die Beihilfe gewährende staatliche Stelle dem Art. 107 Abs. 1 AEUV (ex-Art. 87 Abs. 1 EG) unterfallen.

bb) Staatliche Beihilfe

Zweitens muss eine Beihilfe gegeben sein, damit Art. 107 Abs. 1 AEUV (ex-Art. 87 Abs. 1 EG) zur Anwendung kommt. Das Merkmal der Beihilfe ist nicht gesetzlich definiert, aber nach Auffassung von EuGH und Literatur weit auszulegen. Maßgeblich sind nicht die Beweggründe, sondern die ökonomischen Wirkungen der staatlichen Maßnahme[104]. Unabhängig von ihrer Form und Ausgestaltung ist eine staatliche Maßnahme dann als Begünstigung i. S. d. Art. 107 Abs. 1 AEUV (ex-Art. 87 Abs. 1 EG) anzusehen, wenn das Unternehmen eine

---

[103] Urt. v. 27.10.2005, Rs. C-266/04, Slg. 2005, I-9481 Rn. 54 – *Nazairdis*.
[104] EuGH, Urt. v. 24.2.1987, Rs. C-310/85, Slg. 1987, 901, 924 Rn. 8 – *Deufil/Kommission*; EuGH, Urt. v. 2.4.1974, Rs. C-173/73, Slg. 1974, 709, 718 Rn. 26, 28 – *Italien/Kommission*; *v. Wallenberg*, in: Grabitz/Hilf, EGV, 39. Lfg. 2009, Art. 87 Rn. 12; *Koenig/Kühling*, in: Streinz, EUV/EGV, 2003, Art. 87 EG Rn. 29.

44   III. Zu den Anwendungsvoraussetzungen des Vergaberechts

Leistung ohne angemessene, d.h. marktübliche Gegenleistung erlangt und dadurch die Belastungen verringert werden, die es normalerweise zu tragen hat[105]. Als „staatlich" sind nicht nur Leistungen anzusehen, die unmittelbar durch die Gebietskörperschaften gewährt werden, sondern auch solche, die „aus staatlichen Mitteln" stammen. Das können auch Leistungen von öffentlichen oder privaten Einrichtungen sein, wenn sie vom Staat zur Durchführung der Beihilfegewährung errichtet oder benannt worden sind[106]. Insofern besteht die Möglichkeit, dass die Sozialversicherungsträger als Beihilfen gewährende Stelle in Erscheinung treten. Für die Sozialversicherungsträger ergeben sich hier aber keine Besonderheiten, auf die weiterführende Literatur wird daher verwiesen[107].

cc) Wettbewerbsverfälschung oder Handelsbeeinträchtigung

Drittens muss für das Vorliegen einer verbotenen Beihilfe eine Wettbewerbsverfälschung eintreten oder drohen oder der Handel zwischen den Mitgliedstaaten beeinträchtigt werden. Nicht nur dem Wortlaut nach, sondern auch in seiner Bedeutung unterscheidet sich Art. 107 Abs. 1 AEUV (ex-Art. 87 Abs. 1 EG) von den Artt. 101, 102 AEUV (ex-Artt. 81, 82 EG)[108]. Eine Wettbewerbsverfälschung ist gegeben, wenn der Wettbewerbsablauf verändert, d.h. Marktfindungsprozesse beeinflusst werden[109]. In der Regel kommt es dabei zu einer Stärkung des begünstigten Unternehmens[110]. Erfasst ist durch die Tatbestandsvariante „drohend" auch die bloße Möglichkeit einer Wettbewerbsverfälschung. Eine Handelsbeeinträchtigung liegt vor, wenn die Beihilfe durch die wettbewerbsverfälschende Begünstigung bestimmter Unternehmen den Handel beeinflusst, also die Ein- oder Ausfuhr durch die Beihilfe erschwert bzw. erleichtert wird[111]. Zur Eingrenzung des Art. 107 Abs. 1 AEUV (ex-Art. 87 Abs. 1 EG) hat die Kommission sogenannte „*De-minimis*-Beihilfen" durch die Gruppenfreistellungsverordnung VO

---

[105] EuGH, Urt. v. 7.3.2002, Rs. C-310/99, Slg. 2002, I-2289 Rn. 51; EuGH, Urt. v. 27.6.2000, Rs. C-404/97, Slg. 2000, I-4897 Rn. 44; EuGH, Urt. v. 17.6.1999, Rs. C-75/97, Slg. 1999, I-3671 Rn. 23; *Cremer,* in: Calliess/Ruffert, EUV/EGV, 3. Aufl. 2007, Art. 87 EG Rn. 9; *Koenig/Kühling,* in: Streinz, EUV/EGV, 2003, Art. 87 EG Rn. 27.

[106] EuGH, Urt. v. 13.3.2001, Rs. C-379/98, Slg. 2001, I-2099 – *PreussenElektra*; EuGH, Urt. v. 30.11.1993, Rs. C-189/91, Slg. 1993, I-6185 – *Kirsammer-Hack*; *Cremer,* in: Calliess/Ruffert, EUV/EGV, 3. Aufl. 2007, Art. 87 EG Rn. 18 m.w.N.

[107] s. nur *Cremer,* in: Calliess/Ruffert, EUV/EGV, 3. Aufl. 2007, Art. 87 EG Rn. 16 ff.; *v. Wallenberg,* in: Grabitz/Hilf, EGV, 39. Lfg. 2009, Art. 87 Rn. 12 ff., 35 ff.; *Koenig/Kühling,* in: Streinz, EUV/EGV, 2003, Art. 87 EG Rn. 27 ff.

[108] *v. Wallenberg,* in: Grabitz/Hilf, EGV, 39. Lfg. 2009, Art. 87 Rn. 52 unter Verweis auf EuGH, Urt. v. 17.9.1980, Rs. C-730/79 – Slg. 1980, 2671 – *Philip Morris*.

[109] *v. Wallenberg,* in: Grabitz/Hilf, EGV, 39. Lfg. 2009, Art. 87 Rn. 54; *Koenig/Kühling,* in: Streinz, EUV/EGV, 2003, Art. 87 EG Rn. 55.

[110] EuGH, Urt. v. 17.9.1980, Rs. C-730/79 – Slg. 1980, 2671 Rn. 11 – *Philip Morris*.

[111] *Cremer,* in: Calliess/Ruffert, EUV/EGV, 3. Aufl. 2007, Art. 87 EG Rn. 26; *v. Wallenberg,* in: Grabitz/Hilf, EGV, 39. Lfg. 2009, Art. 87 Rn. 47 m.w.N.

(EG) Nr. 69/2001/EG legalisiert (dazu sogleich), so dass das Beihilfenverbot nicht eingreift, wenn die Gesamtsumme der einem Unternehmen innerhalb von drei gewährten Beihilfen 100.000 Euro nicht übersteigt[112].

dd) Keine Freistellungsverordnung

Wie nach Art. 101 Abs. 3 AEUV (ex-Art. 81 Abs. 3 EG) (dazu oben Abschn. III. 1. a) aa) (4) der Darstellung) kann die Kommission nach Art. 106 Abs. 2 AEUV (ex-Art. 86 Abs. 2 EG) für den Anwendungsbereich des Art. 107 Abs. 1 AEUV (ex-Art. 87 Abs. 1 EG) Freistellungsentscheidungen erlassen und damit bestimmte staatliche Beihilfen legalisieren. Nach der so genannten Gruppenfreistellungs-Entscheidung der Kommission über Dienstleistungen von allgemeinem wirtschaftlichen Interesse[113] sind Ausgleichszahlungen an Krankenhäuser sowie an sonstige Unternehmen mit einem Jahresumsatz von weniger als 100 Mio. Euro vom Beihilfeverbot freigestellt, wenn die Voraussetzungen der Entscheidung (Betrauung mit einer Dienstleistung von allgemeinem wirtschaftlichen Interesse, Erforderlichkeit der Ausgleichszahlung, Transparenz der Rechnungslegung) erfüllt sind[114]. Daneben hat die Kommission aufgrund der nach Art. 109 AEUV (ex-Art. 89 EG) erlassenen Ermächtigungsverordnung VO (EG) Nr. 994/98 die Möglichkeit, auch für den Bereich des Art. 107 Abs. 1 AEUV (ex-Art. 87 Abs. 1 EG) Gruppenfreistellungsverordnungen zu erlassen[115].

ee) Rechtsfolgen

Nach Art. 108 Abs. 3 AEUV (ex-Art. 88 Abs. 3 EG) muss die Kommission von jeder beabsichtigten Einführung oder Umgestaltung von Beihilfen so rechtzeitig unterrichtet werden, dass sie sich dazu äußern kann. Obwohl in Art. 108 AEUV (ex-Art. 88 EG) nicht angeordnet, verpflichtet bereits der *effet utile* (dazu oben Abschn. II. 2. a) aa) der Darstellung) die Mitgliedstaaten, materiell rechtswidrige Beihilfen zurückzufordern[116]. Die Pflicht zur Rückforderung wird auch in Art. 14 Abs. 1 VO (EG) Nr. 659/1999/EG ausdrücklich festgeschrieben. Dane-

---

[112] Ausführlich *Cremer*, in: Calliess/Ruffert, EUV/EGV, 3. Aufl. 2007, Art. 87 EG Rn. 21 ff.; *v. Wallenberg*, in: Grabitz/Hilf, EGV, 39. Lfg. 2009, Art. 87 Rn. 51.

[113] Entscheidung 2005/842/EG der Kommission vom 28. November 2005 über die Anwendung von Artikel 86 Absatz 2 EG-Vertrag auf staatliche Beihilfen, die bestimmten mit der Erbringung von Dienstleistungen von allgemeinem wirtschaftlichem Interesse betrauten Unternehmen als Ausgleich gewährt werden, ABl. Nr. L-312 v. 29.11. 2005, S. 67.

[114] *Kamann/Gey*, PharmR 2006, 291.

[115] Dazu etwa *Bartosch*, NJW 2001, 921 ff.

[116] EuGH, Urt. v. 12.7.1973, Rs. 70/72, Slg. 1973, 813 Rn. 13; EuGH, Urt. v. 14.1. 1997, Rs. C-169/95, Slg. 1997, I-135 Rn. 47; EuGH, Urt. v. 20.3.1997, Rs. C-24/95, Slg. 1997, I-1591 Rn. 22 – *Alcan*.

ben droht dem jeweiligen Mitgliedstaat ein Vertragsverletzungsverfahren nach Art. 258 AEUV (ex-Art. 226 EG).

2. Anwendungsvoraussetzungen der RL 2004/18/EG und der §§ 97 ff. GWB

a) Persönlicher Anwendungsbereich – öffentlicher Auftraggeber

Für die Anwendung des Vergaberechts i. e. S. – also der §§ 97 ff. GWB i.V.m. der RL 2004/18/EG – auf die Sozialversicherungsträger ist zunächst erforderlich, dass der persönliche Anwendungsbereich des Vergaberechts eröffnet ist. Der persönliche Anwendungsbereich des Vergaberechts ist nach § 97 Abs. 1 GWB eröffnet, wenn es sich bei den Sozialversicherungsträgern um öffentliche Auftraggeber handelt. Wer öffentlicher Auftraggeber ist, definieren § 98 GWB, Art. 1 Abs. 9 RL 2004/18 EG i.V.m. Anhang II RL 2004/18/EG.

aa) § 98 Nr. 1 GWB, Art. 1 Abs. 9 S. 1 RL 2004/18/EG

Öffentliche Auftraggeber sind nach § 98 Nr. 1 GWB, Art. 1 Abs. 9 S. 1 RL 2004/18/EG zunächst die Gebietskörperschaften und deren Sondervermögen. Darunter fallen in Deutschland der Bund, die Länder, Kreise und Gemeinden[117]. Soweit Art. 1 Abs. 9 S. 1 RL 2004/18/EG auch die Einrichtungen des öffentlichen Rechts und die Verbände, die aus einer oder mehreren dieser Körperschaften oder Einrichtungen des öffentlichen Rechts bestehen, erfasst, haben diese in § 98 Nr. 2 GWB, Art. 1 Abs. 9 S. 2 RL 2004/18/EG eine Sonderregelung erfahren.

bb) § 98 Nr. 2 GWB, Art. 1 Abs. 9 S. 2 RL 2004/18/EG

§ 98 Nr. 2 GWB, Art. 1 Abs. 9 S. 2 RL 2004/18/EG statuieren vier Voraussetzungen, die kumulativ erfüllt sein müssen, damit die betreffende Einrichtung als öffentlicher Auftraggeber qualifiziert werden kann.

(1) Juristische Person

Erstens muss die entsprechende Einrichtung des öffentlichen Rechts nach Art. 1 Abs. 9 S. 2 lit. b) RL 2004/18/EG Rechtspersönlichkeit besitzen. Der deutsche Gesetzgeber übersetzt dies dergestalt in die Terminologie des nationalen Rechts, dass von § 98 Nr. 2 GWB juristische Personen des öffentlichen

---

[117] *Otting*, in: Bechtold, Kartellrecht, 5. Aufl. 2008, § 98 GWB Rn. 5; *Dreher*, in: Immenga/Mestmäcker, Wettbewerbsrecht, 4. Aufl. 2007, § 98 GWB Rn. 16.

Rechts erfasst sind. Darunter fallen die bundes-, landes- und gemeindeunmittelbaren Körperschaften, Anstalten und Stiftungen des öffentlichen Rechts[118]. Unionsrechtlich unerheblich ist, ob die juristische Person durch ein formelles Gesetz, durch verwaltungsrechtliche Vorschriften, Verwaltungsakte oder andere Errichtungsakte geschaffen sind[119]. Das entbindet freilich in Deutschland nicht vom Erfordernis demokratischer Rückkoppelung der mittelbaren Staatsverwaltung[120]. Anhang III der RL 2004/18/EG enthält ein Verzeichnis derjenigen nationalen Einrichtungen des öffentlichen Rechts, die dem Vergaberecht unterfallen. Der Anhang wird von der Kommission entsprechend der Anzeige der Mitgliedstaaten erstellt. Nach Auffassung des EuGH hat er aber nur indizielle Bedeutung, das Vorliegen der Eigenschaften einer Einrichtung des öffentlichen Rechts muss gleichwohl geprüft werden. Es sei nach Art. 267 AEUV (ex-Art. 234 EG) Sache des Gemeinschaftsrichters, sich zu vergewissern, dass die RL 2004/18/EG kohärent ist, indem er prüft, ob die Nennung einer bestimmten Einrichtung in Anhang III RL 2004/18/EG eine zutreffende Anwendung der in Art. 1 Abs. 9 RL 2004/18/EG festgelegten materiellen Kriterien erkennen lässt, wenn ihm von einem nationalen Gericht ein dahin gehend begründetes Ersuchen unterbreitet wird. Dieses Vorgehen des Gerichtshofs sei im Interesse der Rechtssicherheit geboten, die ein allgemeiner Grundsatz des Unionsrechts sei[121].

(2) Aufgaben im Allgemeininteresse

Zweitens muss es sich bei der von der öffentlichen Einrichtung wahrgenommenen Aufgabe um eine solche handeln, die im Allgemeininteresse liegt, § 98 Nr. 2 GWB, Art. 1 Abs. 9 S. 2 lit. a) RL 2004/18/EG. Eine allgemeingültige Definition dessen, was eine im Allgemeininteresse liegende Aufgabe i. S. d. Richtlinie darstellt, ist der Rechtsprechung des EuGH bis dato nicht zu entnehmen[122]. Ge-

---

[118] *Otting*, in: Bechtold, Kartellrecht, 5. Aufl. 2008, § 98 GWB Rn. 8; *Bungenberg*, in: Loewenheim/Meessen/Riesenkampff, Kartellrecht, 2. Aufl. 2009, § 98 GWB Rn. 12. Zu den Begriffen Körperschaft, Anstalt und Stiftung des öffentlichen Rechts statt aller *Maurer*, Allgemeines Verwaltungsrecht, 17. Aufl. 2009, § 23 Rn. 30 ff.

[119] EuGH, Urt. v 10.12.1998, Rs. C-360/96, Slg. 1998, I-6867 f. Rn. 59 ff. – *Gemeinde Arnhem*; *Dreher*, in: Immenga/Mestmäcker, Wettbewerbsrecht, 4. Aufl. 2007, § 98 GWB Rn. 24.

[120] BVerfG, Beschl. v. 5.12.2002 – 2 BvL 5/98, BVerfGE, 107, 59, 94; BVerfG, Beschl. v. 13.7.2004 – 1 BvR 1298/94, BVerfGE 111, 191, 216 ff.

[121] EuGH, Urt. v. 11.6.2009, Rs. C-300/07, NJW 2009, 2427, 2428 Rn. 45 – *Oymanns*; ferner EuGH, Urt. v. 18.11.2008, Rs. C-158/07, Slg. 2008, I-0000 Rn. 67 – *Förster*; EuGH, Urteil v. 25.3.2004, Rs. C-480/00 (u. a.), Slg. 2004 I-2943 Rn. 43 – *Acienda Agricola*.

[122] *Otting*, in: Bechtold, Kartellrecht, 5. Aufl. 2008, § 98 GWB Rn. 14; *Bungenberg*, in: Loewenheim/Meessen/Riesenkampff, Kartellrecht, 2. Aufl. 2009; § 98 GWB Rn. 20; unzutreffend a. A. *Koenig/Klahn/Schreiber*, ZESAR 2008, 5, 7 mit schlicht falschen Nachweisen zur EuGH-Rechtsprechung in Fn. 14.

III. Zu den Anwendungsvoraussetzungen des Vergaberechts

sichert scheint bislang nur, dass der Auftraggeber zu dem besonderen Zweck gegründet worden sein muss, die ihm übertragene Aufgabe zu erfüllen. Dem Gründungszweck steht eine spätere Zweckänderung gleich, wenn diese objektiv feststellbar ist[123]. Maßgeblich ist nach Auffassung des EuGH allein der Gründungszweck, nicht die aktuelle Tätigkeit[124]. Daher ist es auch unerheblich, wenn die Einrichtung bei im Allgemeininteresse liegendem Gründungszweck im Laufe der Zeit auch andere Aufgaben übernommen hat. Selbst wenn die im Allgemeininteresse liegende Aufgabe nur einen kleinen Teil der Tätigkeit der Einrichtung ausmacht, ist das Merkmal zu bejahen („Infizierungstheorie")[125]. Im Allgemeininteresse liegende Aufgaben sind nach der Rechtsprechung des EuGH beispielsweise: Leistungen auf dem Gebiet des Bestattungswesens; die Vergabe von Leistungen zur Förderung der Ansiedlung von Privatunternehmen auf dem Gebiet einer bestimmten Gebietskörperschaft; die Bildung, Verwaltung und Abwicklung des mit dem Strafvollzug zusammenhängenden Vermögens eines Mitgliedstaats; die Versorgung mit Fernwärme; der staatliche Rundfunk sowie die Wahrnehmung von Aufgaben im Zusammenhang mit der Gesundheit der Bevölkerung[126].

(3) Nichtgewerblichkeit

Drittens muss die im Allgemeininteresse liegende Aufgabe nicht-gewerblicher Art sein. Dem Merkmal der Nichtgewerblichkeit kommt angesichts der Weite des Tatbestandsmerkmals „Allgemeininteresse" eine Korrektivfunktion zu[127]. Das Merkmal der Nichtgewerblichkeit wird nur vor dem Hintergrund des Zwecks des Vergaberechts deutlich: Das Vergaberecht dient dazu, trotz der von Wettbewerbseinflüssen und wirtschaftlichen Zwängen grundsätzlich befreiten Ressourcenallokation durch den Staat zu gewährleisten, dass staatliche Mittel nach wirtschaftlichen Kriterien optimal alloziert werden[128]. Der Gerichtshof fragt zur Auslegung des Tatbestandsmerkmals folgerichtig in einer wertenden Gesamtschau

---

[123] EuGH, Urt. v. 12.12.2002, Rs. C-470/99, Slg. 2002, I-11617 Rn. 60 ff. – *Universale-Bau AG*; *Otting*, in: Bechtold, Kartellrecht, 5. Aufl. 2008, § 98 GWB Rn. 12.

[124] EuGH, Urt. v. 15.6.1998, Rs. C-44/96, WuW/E Verg 23 – *Mannesmann Anlagenbau Austria AG*; *Otting*, in: Bechtold, Kartellrecht, 5. Aufl. 2008, § 98 GWB Rn. 12.

[125] EuGH, Urt. v. 15.6.1998, Rs. C-44/96, NJW 1998, 3261 – *Mannesmann Anlagenbau Austria AG* ; *Otting*, in: Bechtold, Kartellrecht, 5. Aufl. 2008, § 98 GWB Rn. 12.

[126] EuGH, Urt. v. 27.2.2003, Rs- C-373/00, Slg. 2003, I-1931 – *Adolf Truley GmbH*; EuGH, Urt. v. 22.5.2003, Rs. C-18/01, Slg. 2003, I-5321; EuGH, Urt. v. 16.10.2003, Rs. C-283/00, Slg. 2003, I-11697; EuGH, Urt. v. 10.4.2008, Rs. C-393/06, Slg. 2008, I-2339 – *Aigner*; EuGH, Urt. v. 13.12.2007, Rs. C-337/06, Slg. 2007, I-11173 – *Bayerischer Rundfunk*; EuGH, Urt. v. 11.6.2009 – C-300/07, NJW 2009, 2427 – *Oymanns*.

[127] Zutreffend *Otting*, in: Bechtold, Kartellerecht, 5. Aufl. 2008, § 98 GWB Rn. 18; *Bungenberg*, in: Loewenheim/Meessen/Riesenkampff, Kartellrecht, 2. Aufl. 2009; § 98 GWB Rn. 23.

[128] *Bungenberg*, in: Loewenheim/Meessen/Riesenkampff, Kartellrecht, 2. Aufl. 2009; *Dreher*, in: Immenga/Mestmäcker, Wettbewerbsrecht, 4. Aufl. 2007, Vor §§ 97 ff. Rn. 2.

danach, ob eine Gewinnerzielungsabsicht besteht, die Einrichtung einem Wettbewerbsdruck ausgesetzt ist und ob sie das Verlustrisiko selber trägt[129].

(4) Überwiegende staatliche Finanzierung oder staatliche Beherrschung

Viertens muss die Einrichtung nach § 98 Nr. 2 GWB, Art. 1 Abs. 9 S. 2 lit. c) RL 2004/18/EG entweder überwiegend durch staatliche Mittel finanziert sein oder sie muss hinsichtlich ihrer Leitung der staatlichen Aufsicht unterliegen oder die Mitglieder des Verwaltungs-, Leitungs- oder Aufsichtsorgans der Einrichtung müssen überwiegend vom Staat ernannt werden. Es genügt, wenn eines dieser drei Kriterien (alternativ) erfüllt ist.

Von einer überwiegenden staatlichen Finanzierung ist nach Auffassung des Gerichtshofes auszugehen, wenn mehr als 50 % der Mittel der Einrichtung aus staatlichen Quellen stammen und die Zahlungen keine Gegenleistung für eine besondere Leistung des Empfängers darstellen[130]. Umstritten war lange, ob es genügt, dass die Finanzierung zwar durch Private, aber aufgrund staatlicher Anordnung und damit mittelbar durch den Staat erfolgt[131]. Der EuGH hat dies in jüngster Zeit mehrfach bejaht, auch in der Rs. *Oymanns*[132]. Dem stehe noch nicht einmal entgegen, dass der Staat keinen direkten Einfluss auf die Auftragsvergabe durch die jeweilige Einrichtung habe – konkret ging es hierbei um die deutschen öffentlich-rechtlichen Rundfunkanstalten[133].

Für eine „Aufsicht über die Leitung" muss eine Verbindung mit der öffentlichen Hand geschaffen werden, die einer Verbindung gleichwertig ist, die besteht, wenn eines der beiden anderen Merkmale erfüllt ist[134]. Die Einflussnahmemöglichkeit muss eine Verbindung schaffen, kraft derer die öffentliche Hand die Ent-

---

[129] EuGH, Urt. v. 22.5.2003, Rs. C-18/01, Slg. 2003, I-5321 Rn. 51 ff. – *Korhonen*; EuGH, Urt. v. 16.10.2001, Rs. C-283/00, Slg. 2003, I-11697 Rn. 81; EuGH, Urt. v. 27.2.2003, Rs. C-373/00, Slg. 2003, I-1931 Rn. 50 und 60; EuGH, Urt. v. 10.11.1998, Rs. C-360/96, Slg. 1998, I-6821 Rn. 49; s. ferner OLG Hamburg, Beschl. v. 19.12.2003 – 1 Verg 6/03, NZBau 2004, 519; KG Berlin, Beschl. v. 27.7.2006 – 2 Verg 5/06, NZBau 2006, 725; *Otting*, in: Bechtold, Kartellrecht, 5. Aufl. 2008, § 98 GWB Rn. 20; *Bungenberg*, in: Loewenheim/Meessen/Riesenkampff, Kartellrecht, 2. Aufl. 2009; § 98 GWB Rn. 25 f.

[130] EuGH, Urt. v. 3.10.2000, Rs. C-380/98, Slg. 2000, I-8035 Rn. 34 ff. – *University of Cambridge*; EuGH, Urt. 13.12.2007, Rs. C-337/06, Slg. 2007, I-11173.

[131] Dazu unten Abschn. VI. 1. b) aa) (4), (S. 54) der Darstellung.

[132] EuGH, Urt. v. 11.6.2009, Rs. C-300/07, NJW 2009, 2427, 2428 Rn. 45 – *Oymanns*; EuGH, Urt. v. 13.12.2007, Rs. C-337/06, Slg. 2007, I-11173 – *Bayerischer Rundfunk u.a.*

[133] EuGH, Urt. v. 13.12.2007, Rs. C-337/06, Slg. 2007, I-11173 Rn. 52 – *Bayerischer Rundfunk u.a.*

[134] EuGH, Urt. v. 1.2.2001, Rs. C-237/99; Slg. 2001, I-939; EuGH, Urt. v. 27.2.2003, Rs. C-373/00, Slg. 2003, I-1931; *Bungenberg*, in: Loewenheim/Meessen/Riesenkampff, Kartellrecht, 2. Aufl. 2009; § 98 GWB Rn. 31; *Otting*, in: Bechtold, Kartellrecht, 5. Aufl. 2008, § 98 GWB Rn. 21 f.

scheidungen der Einrichtung in Bezug auf die Auftragsvergabe beeinflussen kann[135]. Diesen Anforderungen genügt eine *Ex-post*-Kontrolle nicht[136]. Es genügt jedoch, wenn die Kontrolle sich auf das laufende Verhalten und die Zweckmäßigkeit des Handelns der Einrichtung bezieht (Fachaufsicht)[137]. Auch die Überwachung der Einhaltung hinreichend detaillierter Rechtsvorschriften über die Führung der Geschäfte (Rechtsaufsicht) begründet eine staatliche Aufsicht i. S. d. Vorschrift, soweit dies im Ergebnis zu einer ständigen staatlichen Kontrolle führt. Im Einzelfall kann eine bloße Rechtsaufsicht aber auch unzureichend zur Erfüllung des Tatbestandsmerkmals sein[138]. Maßgeblich ist erneut eine Gesamtwürdigung darüber, ob die öffentliche Hand die Auftragsvergabe beeinflussen kann oder nicht[139].

b) Sachlicher Anwendungsbereich – Vergabe öffentlicher Aufträge

Handelt ein öffentlicher Auftraggeber, ist das Vergaberecht i. e. S. – also die §§ 97 ff. GWB i.V. m. der RL 2004/18/EG – weiter nur dann anwendbar, wenn auch ein öffentlicher Auftrag gegeben ist. Öffentliche Aufträge sind nach der Legaldefinition in § 99 Abs. 1 GWB, Art. 1 Abs. 2 RL 2004/18/EG entgeltliche Verträge von öffentlichen Auftraggebern mit Unternehmen über die Beschaffung von Leistungen, die Liefer-, Bau- oder Dienstleistungen zum Gegenstand haben, Baukonzessionen und Auslobungsverfahren, die zu Dienstleistungsaufträgen führen sollen. Bauaufträge und Baukonzessionen können für die Zwecke dieser Darstellung außer Betracht bleiben. Errichtet ein Sozialversicherungsträger etwa ein Verwaltungsgebäude, handelt es sich um fiskalische Hilfsgeschäfte, die unstreitig dem Vergaberecht unterfallen[140]. Von Interesse sind damit nur Liefer- und Dienstleistungsaufträge.

---

[135] EuGH, Urt. v. 1.2.2001, C-237/99; Slg. 2001, I-939; *Bungenberg,* in: Loewenheim/Meessen/Riesenkampff, Kartellrecht, 2. Aufl. 2009; § 98 GWB Rn. 31; *Otting,* in: Bechtold, Kartellrecht, 5. Aufl. 2008, § 98 GWB Rn. 22.

[136] EuGH, Urt. v. 27.2.2003, Rs. C-373/00, Slg. 2003, I-1931 Rn. 74 – *Adolf Truley*; *Bungenberg,* in: Loewenheim/Meessen/Riesenkampff, Kartellrecht, 2. Aufl. 2009; § 98 GWB Rn. 31; *Otting,* in: Bechtold, Kartellrecht, 5. Aufl. 2008, § 98 GWB Rn. 22.

[137] EuGH, Urt. v. 27.2.2003, Rs. C-373/00, Slg. 2003, I-1931 Rn. 74 – *Adolf Truley*; *Bungenberg,* in: Loewenheim/Meessen/Riesenkampff, Kartellrecht, 2. Aufl. 2009; § 98 GWB Rn. 31.

[138] EuGH, Urt. v. 1.2.2001, Rs. C-237/99, Slg. 2001, I-939 Rn. 59 – *Kommission/Frankreich;* BayObLG, Beschl. v. 21.10.2004 – Verg 17/04, NZBau 2005, 173 – *LVA*; *Bungenberg,* in: Loewenheim/Meessen/Riesenkampff, Kartellrecht, 2. Aufl. 2009; § 98 GWB Rn. 31; *Dreher,* in: Immenga/Mestmäker, GWB, 4. Aufl. 2007, § 98 Rn. 100.

[139] OLG Düsseldorf, Beschl. v. 30.4.2003 – Verg 67/02, NZBau 2003, 400 – *Kampfstiefel; Bungenberg,* in: Loewenheim/Meessen/Riesenkampff, Kartellrecht, 2. Aufl. 2009; § 98 GWB Rn. 31; *Dreher,* in: Immenga/Mestmäker, GWB, 4. Aufl. 2007, § 98 Rn. 100. s. dazu ausführlich unten Abschn. VI. 1. b) bb) (S. 57 ff.) der Darstellung.

[140] *Klöck,* NZS 2008, 178, 180; *Heßhaus,* VergabeR 2007, 333, 334 m.w. N.

2. Anwendungsvoraussetzungen der RL 2004/18/EG und der §§ 97 ff. GWB

aa) Vertrag

Erstens muss ein Vertrag vorliegen, wenn das Vergaberecht i. e. S. Anwendung finden soll. Ein Vertrag setzt ein Gleichordnungsverhältnis zwischen den Parteien voraus. Nicht erfasst sind damit hoheitlich auferlegte Leistungsbeziehungen[141]. Demgegenüber ist nach klärender Stellungnahme des EuGH heute – früher war dies umstritten – gleichgültig, ob es sich um einen privatrechtlichen oder einen öffentlich-rechtlichen Vertrag (dazu §§ 54 ff. VwVfG-B) handelt[142]. Das ist insoweit bedeutsam, als die Rechtsbeziehungen zwischen Sozialhilfeträgern und Leistungserbringern nach Auffassung des BSG seit dem 1.1.2000 als öffentlich-rechtliche Verträge zu qualifizieren sind[143]. Aus § 99 Abs. 1 GWB, Art. 1 Abs. 2 RL 2004/18/EG folgt weiter, dass der Vertrag dem öffentlichen Auftraggeber zur Beschaffung dienen muss. Der öffentliche Auftraggeber muss damit auf Nachfragerseite tätig werden und darf nicht Anbieter sein[144]. Schließlich muss der Vertragspartner auf Anbieterseite ein Unternehmen sein. Unternehmen in diesem Sinne sind alle natürlichen Personen und sonstigen Teilnehmer des Rechtsverkehrs, die weder allein dem Endverbrauch noch allein der hoheitlichen Sphäre zuzurechnen sind[145]. Besser als § 99 Abs. 1 GWB formuliert hier Art. 1 Abs. 2 lit. a) RL 2004/18/EG, indem er von „Wirtschaftsteilnehmern" (en: *economic operators*; fr: *opérateurs économiques*) spricht. Eine teleologische Auslegung dieser Definition führt zu dem Ergebnis, dass aufgrund der unionsrechtskonformen Auslegung „Unternehmen" auch i. S. d. § 99 Abs. 1 GWB jeder Anbieter von Leistungen an einem Markt ist[146].

---

[141] VK Südbayern, Beschl. v. 8.4.2004 – 120.3-3194-1-07-03/04; *Dreher*, in: Immenga/Mestmäcker, Wettbewerbsrecht, 4. Aufl. 2007, § 99 GWB Rn. 6; *Otting*, in: Bechtold, GWB, 5. Aufl. 2008, § 99 GWB Rn. 1; *Dreher*, DB 1998, 2579, 2587.

[142] EuGH, Urt. v. 12. 7. 2001 – Rs. C-399/98, Slg. 2001, I-5409 Rdnr. 73 – *Teatro alla Bicocca*; BayObLG, Beschl. v. 28.5.2003 – Verg 7/03, VergabeR 2003, 563 ff.; aus der Literatur etwa *Otting*, in: Bechtold, GWB, 5. Aufl. 2008, § 99 GWB Rn. 3; *Dreher*, in: Immenga/Mestmäcker, Wettbewerbsrecht, 4. Aufl. 2007, § 99 GWB Rn. 18; *Bungenberg*, in: Loewenheim/Meessen/Riesenkampff, Kartellrecht, 2. Aufl. 2009; § 99 GWB Rn. 3; *Klöck*, NZS 2008, 178, 182 Fn. 45 („allgemeine Meinung") m.w.N.; *Schäffer*, ZESAR 2009, 374, 378; a. A. noch BT-Drucks. 13/9340, S. 15; *Dreher*, DB 1998, 2579, 2587; s. ferner *Kunze/Kreikebohm*, NZS 2003, 5, 8 Fn. 28 m.w.N. zum früheren Streitstand.

[143] BSG, Urt. v. 25.9.2001 – B 3 KR 3/01 R, BSGE 89, 24, 33 f. = NJW-RR 2002, 1691, 1694.

[144] OLG Düsseldorf, Beschl. v. 28.4.2004 – VII-Verg 2/04, NZBau 2004, 400; *Bungenberg*, in: Loewenheim/Meessen/Riesenkampff, Kartellrecht, 2. Aufl. 2009; § 99 GWB Rn. 5; *Dreher*, in: Immenga/Mestmäcker, Wettbewerbsrecht, 4. Aufl. 2007, § 99 GWB Rn. 10 ff., dort auch zu hier nicht relevanten Ausnahmen.

[145] *Bungenberg*, in: Loewenheim/Meessen/Riesenkampff, Kartellrecht, 2. Aufl. 2009; § 99 GWB Rn. 7; *Emmerich*, Kartellrecht, 11. Aufl. 2008, § 20 Rn. 5; *Zeiss*, in: jurisPK-GWB, 2. Aufl. 2008, § 99 Rn. 15; *Schäffer*, ZESAR 2009, 374, 377.

[146] Ähnlich *Bungenberg*, in: Loewenheim/Meessen/Riesenkampff, Kartellrecht, 2. Aufl. 2009; § 99 GWB Rn. 7; *Emmerich*, Kartellrecht, 11. Aufl. 2008, § 20 Rn. 5;

III. Zu den Anwendungsvoraussetzungen des Vergaberechts

bb) Entgeltlichkeit

Zweitens muss es sich für das Vorliegen eines öffentlichen Auftrages bei dem Vertrag um einen entgeltlichen handeln. Entgeltlich ist nur ein Vertrag, der ein Gegenseitigkeitsverhältnis, *do ut des,* Synallagma begründet[147]. Der öffentliche Auftraggeber muss seinerseits eine Leistung erbringen, gerade weil er von dem Anbieter eine Lieferung oder Dienstleistung erhalten hat. Die Gegenleistung des öffentlichen Auftraggebers muss jedoch nicht in Geld bestehen, wie schon daraus erhellt, dass auch Baukonzessionen erfasst sind. Dem Zweck des Vergaberechts entspricht es, jede Art von Vergütung zu erfassen, die einen Geldwert haben kann[148]. Die englische Fassung des Art. 1 Abs. 2 lit. a) RL 2004/18/EG bringt dies sehr schön zum Ausdruck: „Public contracts are contracts for *pecuniary* interest ..." (Herv. d. Verf.). Im Sozialversicherungsrecht ist das Merkmal der Entgeltlichkeit wegen des „sozialversicherungsrechtlichen Dreiecks" (dazu oben Abschn. II. 1. der Darstellung) besonders problematisch. Darauf ist zurückzukommen (dazu unten Abschn. VI. 1. b) bb) (2) der Darstellung).

cc) Schriftform

Nach Art. 1 Abs. 2 lit. a) RL 2004/18/EG muss der Vertrag schriftlich geschlossen werden. § 99 Abs. 1 GWB setzt dies nicht in deutsches Recht um. Vielmehr ist das deutsche Recht strenger, indem es auch den nichtschriftlichen Vertrag dem Vergaberecht unterstellt. Das ist unionsrechtlich zulässig, handelt es sich bei der RL 2004/18/EG doch um eine Mindest-, nicht um eine Höchstregelung[149].

Marx, NZBau 2002, 311. In diesem Sinne auch die Begriffsverwendung in Art. 4 RL 2004/18/EG.

[147] VG BezR Münster, Beschl. v. 22.6.2004, RsDE 57 (2005), S. 75, 88 f.; VG BezR Münster, Beschl. v. 18.8.2004, RsDE 58 (2005), S. 100; *Neumann/Nielandt/Philipp,* Erbringung von Sozialleistungen nach Vergaberecht?, 2004, S. 58; *Neumann/Biertz-Harder,* RsDE 48 (2001), S. 1, 9; a. A. *Schäffer,* ZESAR 2009, 374, 378, weil sich Sozialleistungsträger aufgrund des sozialversicherungsrechtlichen Dreiecks sonst beliebig dem Vergaberecht entziehen könnten. Dazu, dass dieser Schluss nicht zwingend ist, unten Abschn. VI. 1. a) bb) (2) (S. 59) der Darstellung.

[148] EuGH, Urt. v. 12.7.2001, Rs. C-399/98, Slg. 2001, I-5409; OLG Düsseldorf, Beschl. v. 12.1.2004 – VII-Verg 71/03, NZBau 2004, 343; OLG Naumburg, Beschl. v. 4.12.2001 – 1 Verg 10/01, NZBau 2002, 235; *Dreher,* in: Immenga/Mestmäcker, Wettbewerbsrecht, 4. Aufl. 2007, § 99 GWB Rn. 20; *Otting,* in: Bechtold, GWB, 5. Aufl. 2008, § 99 GWB Rn. 7.

[149] So i. E. auch BayObLG, Beschl. v. 10.10.2000 – Verg 5/00, VergabeR 2001, 55, 58; *Dreher,* in: Immenga/Mestmäcker, Wettbewerbsrecht, 4. Aufl. 2007, § 99 GWB Rn. 23; *Bungenberg,* in: Loewenheim/Meessen/Riesenkampff, Kartellrecht, 2. Aufl. 2009; § 99 GWB Rn. 33; a. A. (unionsrechtskonforme Auslegung) *Jestaedt/Kemper/Marx/Prieß,* Das Recht der Auftragsvergabe, 1999, S. 45.

dd) Lieferauftrag, § 99 Abs. 2 GWB

Die weiteren Absätze von § 99 GWB, Art. 1 RL 2004/18/EG definieren näher, welche Leistungen welchem Vertragstyp zuzuordnen sind. Das ist insoweit rechtserheblich, als sich für die verschiedenen Vertragstypen verschiedene vergaberechtliche Folgepflichten einstellen. Besonders augenfällig wird dies etwa bei den Schwellenwerten (dazu unten Abschn. III. 2. c) der Darstellung). Lieferaufträge sind nach § 99 Abs. 2 GWB, Art. 1 Abs. 2 lit. c) S. 1 RL 2004/18/EG andere als Bauaufträge, die den Kauf, das Leasing, die Miete, die Pacht oder den Ratenkauf, mit oder ohne Kaufoption, von Waren betreffen. Die Aufzählung ist nach h.L. nicht abschließend, erfasst sind etwa auch Werklieferungsverträge und Forschungs- und Entwicklungsaufträge[150]. Problematisch – und so auch in der Rs. *Oymanns*[151] – ist die Abgrenzung des Liefer- vom Dienstleistungsauftrag, wenn die Lieferung auch Dienstleistungen umfasst. Nach § 99 Abs. 7 GWB, Art. 1 Abs. 2 lit. d) S. 2 RL 2004/18/EG gilt ein öffentlicher Auftrag als „öffentlicher Dienstleistungsauftrag", wenn der Wert der betreffenden Dienstleistungen den Wert der in den Auftrag einbezogenen Waren übersteigt.

ee) Dienstleistungsauftrag, § 99 Abs. 4 GWB

Dienstleistungsaufträge sind nach § 99 Abs. 4 GWB, Art. 1 Abs. 2 lit. d) S. 1 RL 2004/18/EG öffentliche Aufträge, die keine Bau- oder Lieferaufträge sind. Neben der Abgrenzung des Dienstleistungsauftrages vom Lieferauftrag ist vor allem die Abgrenzung des Dienstleistungsauftrages von der Dienstleistungskonzession bedeutsam. Auf Letztere findet das Vergaberecht i.e.S. nach Art. 17 RL 2004/18/EG keine Anwendung. In der Rs. *Oymanns* hatte der EuGH sich gerade mit dieser Abgrenzung zu befassen (dazu unten Abschn. IV. der Darstellung). Darauf ist zurückzukommen. An dieser Stelle bereits sei darauf hingewiesen, dass Dienstleistungskonzessionen nach Art. 1 Abs. 4 RL 2004/18/EG Verträge sind, die von öffentlichen Dienstleistungsaufträgen nur insoweit abweichen, als die Gegenleistung für die Erbringung der Dienstleistungen ausschließlich in dem Recht zur Nutzung der Dienstleistung oder in diesem Recht zuzüglich der Zahlung eines Preises besteht. Gemeint ist mit dieser etwas kryptischen Formulierung, dass der Dienstleistungskonzessionär das Recht zur wirtschaftlichen Verwertung seiner eigenen Leistung als Gegenleistung erhält. Charakteristisch für die Dienstleistungskonzession ist deshalb, dass der Konzessionär das wirtschaftliche Risiko trägt[152]. Der deutsche Gesetzgeber hat diese Bestimmung nicht in

---

[150] *Bungenberg*, in: Loewenheim/Meessen/Riesenkampff, Kartellrecht, 2. Aufl. 2009; § 99 GWB Rn. 15; *Dreher*, in: Immenga/Mestmäcker, Wettbewerbsrecht, 4. Aufl. 2007, § 99 GWB Rn. 93; *Eisermann*, ZVgR 1997, 201 ff.

[151] Dazu unten Abschn. IV. der Darstellung.

[152] So auch EuGH, Urt. v. 18.7.2007, Rs. C-382/05, Slg. 2007, I-6657 = BeckRS 2007, 70527 Rn. 34 – *Kommission/Italien* und die dort angeführte Rspr.; EuGH, Urt. v.

§ 99 GWB aufgenommen, gleichwohl haben die deutschen Gerichte im Einklang mit der Rechtsprechung des EuGH schon vor der Neufassung der unionsrechtlichen Regelungen im Jahr 2004 die Dienstleistungskonzession aus dem Anwendungsbereich des Vergaberechts ausgeschieden[153].

c) Schwellenwerte

Das Vergaberecht i.e.S. findet nur Anwendung, wenn bestimmte Schwellenwerte überschritten werden. Die maßgeblichen Schwellenwerte sind für Bau-, Lieferungs- und Dienstleistungsaufträge unterschiedlich definiert. Maßgeblich ist Art. 7 RL 2004/18/EG, dessen Schwellenwerte nach Art. 78 RL 2004/18/EG im Abstand von zwei Jahren durch die Europäische Kommission neu festgesetzt werden. Die letzte Anpassung erfolgte durch die VO (EG) Nr. 1177/2009. Danach beträgt der Schwellenwert für im Sozialversicherungsrecht interessierende Lieferungen und Dienstleistungen 193.000 Euro. Die deutschen Umsetzungsnormen der Richtlinie, § 100 Abs. 1 GWB i.V.m. § 2 VgV, haben diese Änderung nachvollzogen.

d) Kein Ausschluss durch § 22 Abs. 1 S. 1 Halbs. 2 SVHV

Angenommen, ein Vertrag zwischen einem Sozialversicherungsträger, der öffentlicher Auftraggeber i.S.d. § 98 Nr. 2 GWB, Art. 1 Abs. 9 RL 2004/18/EG ist und einem Leistungserbringer erfüllt die vorstehenden Merkmale eines öffentlichen Auftrages i.S.d. § 99 Abs. 1 GWB, Art. 1 Abs. 2 RL 2004/18/EG und überschreitet zudem die Schwellenwerte des Art. 7 RL 2004/18/EG. Ist das danach durchzuführende Vergabeverfahren durch § 22 Abs. 1 S. 1 Halbs. 2 SVHV ausgeschlossen, wenn man mit der überwiegenden und richtigen (dazu oben Abschn. II. 2. c) cc) der Darstellung) Auffassung davon ausgeht, dass dieser auch die Grundverträge zwischen Sozialversicherungsträger und Leistungserbringer erfasst und eben nicht nur solche zwischen Versichertem und Leistungserbringer? Nein. Dafür gibt es zwei Gründe: Erstens hätte § 22 SVHV als bloße Rechtsverordnung (Art. 80 GG) bereits nach nationalem Recht nicht die Kraft, die §§ 97 ff. GWB, die formelle Gesetze (Artt. 70 ff. GG) darstellen, zu verdrängen. Zweitens gebietet der Vorrang des Unionsrechts eine unionsrechtskonforme

---

13.10.2005, Rs. C-458/03, Slg. 2005, I-8585; EuGH, Urt. v. 7.12.2000, Rs. C-324/98, Slg. 2000, I-10745; EuGH, Urt. v. 11.6.2009, Rs. C-300/07, NJW 2009, 2427; *Bungenberg,* in: Loewenheim/Meessen/Riesenkampff, Kartellrecht, 2. Aufl. 2009; § 99 GWB Rn. 59; *Schäffer,* ZESAR 2009, 374, 379.

[153] EuGH, Urt. v. 7.12.2000, Rs. C-324/98, Slg. 2000, I-10745; EuGH, Beschl. v. 30.5.2002, C-358/00, ABl. EG 2002, Nr. C 191, 12; OLG Brandenburg, Beschl. v. 3.8.2001 – Verg 3/01, VergabeR 2002, 45, 48; dazu auch *Bungenberg,* in: Loewenheim/Meessen/Riesenkampff, Kartellrecht, 2. Aufl. 2009; § 99 GWB Rn. 56 ff.

Auslegung nationalen Rechts (oben Abschn. II. 2. a) aa) der Darstellung). Wo diese nicht möglich ist und eine nationale Norm mit Unionsrecht unvereinbar ist, ist die nationale Norm – sofern es sich nicht um einen Streit zwischen Privaten handelt – unanwendbar[154]. Liegen die Voraussetzungen der RL 2004/18/EG also vor, ist § 22 Abs. 1 S. 1 Halbs. 2 SVHV insoweit unionsrechtswidrig und damit nicht anwendbar auf solche Sozialversicherungsleistungen, die dem unionsrechtlichen Vergaberecht unterliegen[155]. Der hier vertretenen Auffassung kann nicht entgegengehalten werden, der Gesetzgeber habe in § 22 SVHV die Geltung des Vergaberechts anordnen können, so dass dieses im Umkehrschluss nicht gilt[156]. Diese Argumentation verkennt den Vorrang des Unionsrechts.

3. Anwendungsvoraussetzungen sonstigen Vergaberechts

a) Grundrechte

Die Grundrechte von Leistungserbringern aus den Art. 3 Abs. 1, 12 Abs. 1 GG binden Einrichtungen der öffentlichen Hand nach Artt. 1 Abs. 3, 20 Abs. 3 GG unmittelbar und zwingend. Zwischen Privaten gelten sie mittelbar über die zivilrechtlichen Generalklauseln bzw. indem sie eine objektive Wertordnung errichten, die bei der Auslegung des einfachen Rechts zu berücksichtigen ist[157]. Da die gesetzlichen Sozialversicherungsträger durchweg Einrichtungen der öffentlichen Hand sind, sind sie allerdings unmittelbar an die Grundrechte gebunden. Voraussetzung dafür, dass sich ein Leistungserbringer auf die Grundrechte berufen kann, ist, dass deren persönlicher und sachlicher Anwendungsbereich eröffnet ist.

Art. 3 Abs. 1 GG verbietet die nicht aus hinreichend gewichtigen Gründen[158] gerechtfertigte Ungleichbehandlung des wesentlich Gleichen sowie die Gleichbehandlung des wesentlich Ungleichen durch denselben Hoheitsträger[159]. Der sach-

---

[154] s. nur EuGH, Urt. v. 19.1.2010 – C-555/07, NJW 2010, 427 Tz. 48 – *Kücükdeveci*; EuGH, Urt. v. 9.3.1978, Rs. C-106/77, Slg. 1978, 629 Rn. 13 ff. – *Simmenthal II*; *Wegener*, in: Calliess/Ruffert, EUV/EGV, 3. Aufl. 2007, Art. 220 Rn. 28.

[155] Ebenso i. E. *Moosecker*, Öffentliche Auftragsvergabe der gesetzlichen Krankenkassen, 2009, 28 ff.; *Rixen*, GesR 2006, 49, 54; *Klöck*, NZS 2008, 178, 182; *Goordazi/Schmid*, NZS 2008, 518, 520. Das besagt freilich noch nichts über die Anwendbarkeit des § 22 Abs. 1 S. 1 SVHV außerhalb des von der RL 2004/18/EG geregelten Bereichs (dazu unten Abschn. III. 3. c) (S. 46) der Darstellung).

[156] So *Engelmann*, SGb 2008, 133, 143.

[157] Grundlegend BVerfG, Urt. v. 15.1.1958 – 1 BvR 400/51, BVerfGE 7, 198 – *Lüth*; s. ferner *Jarass*, in: Jarass/Pieroth, GG, 9. Aufl. 2007, Art. 1 Rn. 46 f. m.w.N.

[158] Die Anforderungen variieren je nach Sachverhaltsgestaltung, dazu *Jarass*, in: Jarass/Pieroth, GG, 9. Aufl. 2007, Art. 3 Rn. 18 ff.

[159] BVerfG, Urt. v. 24.4.1991 – 1 BvR 1341/90, BVerfGE 84, 133, 158; BVerfG, Beschl. v. 4.4.2001 – 2 BvL 7/98, BVerfGE 103, 310, 318; BGH, Beschl. v. 30.7.1990 – NotZ 2/90, BGHZ 112, 163, 173; BSG, Urt. v. 25.8.1999 – B 6 KA 14/98 R, BSGE 84, 235, 238; *Jarass*, in: Jarass/Pieroth, GG, 9. Aufl. 2007, Art. 3 Rn. 4 ff.

56   III. Zu den Anwendungsvoraussetzungen des Vergaberechts

liche Schutzbereich ist umfassend, insbesondere wird auch die Wettbewerbsgleichheit garantiert[160]. Jeder Mitbewerber muss eine faire Chance erhalten, nach Maßgabe der für den spezifischen Auftrag wesentlichen Kriterien und des vorgesehenen Verfahrens berücksichtigt zu werden. Eine Abweichung von solchen Vorgaben kann eine Verletzung des Art. 3 Abs. 1 GG bedeuten. Insofern verfügt jeder Mitbewerber über ein subjektives Recht, für das effektiver Rechtsschutz gewährleistet werden muss[161]. Art. 3 Abs. 1 GG schützt in personeller Hinsicht natürliche Personen – gleich, ob In- oder Ausländer – sowie inländische juristische Personen des Privatrechts (Art. 19 Abs. 3 GG).

Art. 12 Abs. 1 GG schützt die Berufswahl- und Berufsausübungsfreiheit sowie die Freiheit der Berufsausbildung, die das BVerfG jedoch als einheitliches Grundrecht der Berufsfreiheit interpretiert[162]. Das Grundrecht sichert „die Freiheit des Bürgers, jede Tätigkeit, für die er sich geeignet glaubt, als Beruf zu ergreifen, d.h. zur Grundlage seiner Lebensführung zu machen[163]". In der bestehenden Wirtschaftsordnung schützt das Freiheitsrecht des Art. 12 Abs. 1 GG das berufsbezogene Verhalten einzelner Personen oder Unternehmen am Markt[164]. Erfolgt die unternehmerische Berufstätigkeit am Markt nach den Grundsätzen des Wettbewerbs, wird die Reichweite des Freiheitsschutzes auch durch die rechtlichen Regeln mitbestimmt, die den Wettbewerb ermöglichen und begrenzen. Art. 12 Abs. 1 GG sichert in diesem Rahmen die Teilhabe am Wettbewerb nach Maßgabe seiner Funktionsbedingungen[165]. Dagegen umfasst das Grundrecht keinen Anspruch auf Erfolg im Wettbewerb und auf Sicherung künftiger Erwerbsmöglichkeiten[166]. Vielmehr unterliegen die Wettbewerbsposition und damit auch der Umsatz und die Erträge dem Risiko laufender Veränderung je nach den Marktverhältnissen. Daraus folgt, dass die Begünstigung von Konkurrenten durch den Staat einen Grundrechtseingriff begründet[167]. Allerdings geht das BVerfG in einer neueren Entscheidung davon aus, dass die staatliche Vergabetätigkeit den Schutzbereich des Grundrechts aus Art. 12 Abs. 1 GG nicht

---

[160] BVerfG, Urt. v. 13.10.1976 – 1 BvR 92/76, BVerfGE 43, 48; *Jarass*, in: Jarass/Pieroth, GG, 9. Aufl. 2007, Art. 3 Rn. 6.
[161] BVerfG, Beschl. v. 23.5.2006 – 1 BvR 2530/04, BVerfGE 116, 1; BVerfG, Beschl. v. 13.6.2006 – 1 BvR 1160/03, NVwZ 2006, 1396, 1399.
[162] BVerfG, Urt. v. 11.6.1958 – 1 BvR 596/56, BVerfGE 7, 377, 400 ff.; BVerfG, Beschl. v. 26.2.1997 – 1 BvR 1864/94, BVerfGE 95, 193, 214.
[163] BVerfG, Urt. v. 16.3.1971 – 1 BvR 52/66, BVerfGE 30, 292, 334.
[164] BVerfG, Beschl. v. 26.6.2002 – 1 BvR 558/91, BVerfGE 105, 252, 265 ff.; BVerfG, Urt. v. 17.12.2000 – 1 BvL 28/95, BVerfGE 106, 275, 298 f.
[165] BVerfG, Beschl. v. 26.6.2002 – 1 BvR 558/91, BVerfGE 105, 252, 265; BVerfG, Beschl. v. 14.3.2006 – 1 BvR 2087/03, BVerfGE 115, 205.
[166] BVerfG, Urt. v. 16.10.1968 – 1 BvR 241/66, BVerfGE 24, 236, 251; BVerfG, Urt. v. 1.2.1973 – 1 BvR 426/72, BVerfGE 34, 252, 256.
[167] BVerfG, Beschl. v. 12.6.1990 – 1 BvR 355/86, BVerfGE 82, 209, 223 ff.

3. Anwendungsvoraussetzungen sonstigen Vergaberechts

berühre, da das Vergaberecht allein der Haushaltsdisziplin, nicht wettbewerblichen Zwecken diene[168]. Das ist vor dem Hintergrund des ErwG 2 RL 2004/18/EG nicht haltbar, der über das Gebot der unionsrechtskonformen Auslegung auch im nationalen Recht zu beachten ist (oben Abschn. II. 2. a) aa) der Darstellung). Danach soll das Vergaberecht ausdrücklich auch die „Öffnung des öffentlichen Beschaffungswesens für den Wettbewerb" garantieren. Das Grundrecht steht Deutschen (Artt. 116 GG) sowie inländischen juristischen Personen (Art. 19 Abs. 3 GG) zu[169]. EU-Ausländer sind geschützt, soweit es das EU-Recht gebietet (Art. 18 Abs. 1 AEUV [ex-Art. 12 Abs. 1 EG])[170].

Ob die Grundrechte aus Artt. 3 Abs. 1, 12 Abs. 1 GG auch juristischen Personen aus dem EU-Raum zustehen, ist umstritten. Der Wortlaut des Art. 19 Abs. 3 GG spricht dagegen, denn danach können sich ausdrücklich nur „inländische" juristische Personen auf die Grundrechte berufen. Das BVerfG lehnte eine Grundrechtsberechtigung von juristischen Personen aus dem EU-Raum früher kategorisch ab, weicht seinen Standpunkt aber immer mehr auf[171]. In der Literatur geht man inzwischen überwiegend davon aus, dass jedenfalls wegen des Diskriminierungsverbotes in Art. 18 Abs. 1 AEUV (ex-Art. 12 Abs. 1 EG) juristischen Personen aus dem EU-Raum ein gleichwertiger Schutz gewährt werden müsse[172]. Das trifft in der Sache das Richtige, denn der Vorrang des Unionsrechts (oben Abschn. II. 2. a) aa) der Darstellung) gilt auch gegenüber dem GG. Im Ergebnis können sich damit auch juristische Personen aus dem EU-Raum auf die Grundrechte aus Artt. 3 Abs. 1, 12 Abs. 1 GG berufen – sei es unmittelbar über Art. 18 AEUV (ex-Art. 12 EG), sei es über den „Umweg" des Art. 2 Abs. 1 GG[173].

b) SGB-Tatbestände

Die Voraussetzungen für ein Eingreifen der Ausschreibungsregeln des SGB sind so heterogen wie die SGB-Tatbestände selbst. Deshalb sind allgemeingültige Aussagen kaum möglich, es ist auf diese im Zusammenhang mit den einzelnen Versicherungssparten zurückzukommen (unten Abschn. VI. der Darstellung).

---

[168] BVerfG, Beschl. v. 13.6.2006 – 1 BvR 1160/03, NVwZ 2006, 1396, 1398 f.
[169] BVerfG, Urt. v. 17.2.1998 – 1 BvF 1/91, BVerfGE 97, 228, 253; BVerfG, Beschl. v. 26.6.2002 – 1 BvR 558/91, BVerfGE 105, 252, 265.
[170] *Jarass*, in: Jarass/Pieroth, GG, 9. Aufl. 2007, Art. 12 Rn. 10; *Breuer*, in: Isensee/Kirchhof, Handbuch des Staatsrechts, Band VI, 3. Auflage 2009, 895 f.
[171] BVerfG. Beschl. v. 1.3.1967 – 1 BvR 46/66, BVerfGE 21, 207; BVerfG, Urt. v. 14.11.1985 – 1 BvR 585/85; NVwZ 2008, 670 Rn. 12.
[172] *Jarass*, in: Jarass/Pieroth, GG, 9. Aufl. 2007, Art. 19 Rn. 21; *Sachs*, in: Sachs, GG, 5. Aufl. 2009 Art. 19 Rn. 55; *Dreier*, in: Dreier, GG, Band I, 2. Aufl. 2004, Art. 19 III Rn. 20 f.
[173] Dafür *Huber*, in: Mangoldt/Klein/Starck, GG, 5. Aufl. 2005, Art. 19 Rn. 311.

c) § 22 Abs. 1 SVHV

Nach hier vertretener Auffassung gilt die Ausschreibungspflicht nach § 22 Abs. 1 S. 1 Halbs. 1 SVHV nur für fiskalische Hilfsgeschäfte der Sozialversicherungsträger. § 22 Abs. 1 S. 1 Halbs. 2 SVHV schließt Verträge zwischen Sozialversicherungsträgern und Leistungserbringern von der Ausschreibungspflicht aus, ist jedoch insoweit unionsrechtswidrig und unanwendbar, als die Voraussetzungen der §§ 97 ff. GWB i.V.m. RL 2004/18/EG erfüllt sind (oben Abschn. II. 2. b) cc) und III. 2. der Darstellung). Anwendbar bleibt § 22 Abs. 1 S. 1 Halbs. 2 SVHV danach nur insoweit, als die Voraussetzungen der §§ 97 ff. GWB i.V.m. RL 2004/18/EG nicht vorliegen. Das ist insbesondere unterhalb der Schwellenwerte (dazu oben Abschn. III. 2. c) der Darstellung) der Fall[174].

---

[174] So auch *Moosecker*, Öffentliche Auftragsvergabe der gesetzlichen Krankenkassen, S. 29; *Gabriel*, NZS 2007, 344, 345; *Koenig/Busch*, NZS 2003, 461, 462; *Koenig/Klahn/Schreiber*, PharmR 2008, 182, 187; *Kreikebohm*, NZS 2003, 62, 67.

IV. Die Rechtsprechung des EuGH in der Rs. *Oymanns*

Vor diesem Paravent ist die Entscheidung des EuGH in der Rs. *Oymanns* zu betrachten[175]. Die AOK Rheinland/Hamburg hatte durch eine Annonce Orthopädie-Schuhtechniker zur Abgabe von Angeboten über die Anfertigung und Lieferung von Schuhwerk zur integrierten Versorgung im Sinne der §§ 140a ff. SGB V aufgefordert. Die zu erbringenden Leistungen waren je nach Aufwand in unterschiedliche Pauschalgruppen eingeteilt, für die der Bieter seine Preise einzutragen hatte. Die Anzahl der zu liefernden Schuhe war nicht festgelegt. Versicherte sollten sich unmittelbar an die jeweiligen Orthopädie-Schuhtechniker wenden. Deren Aufgabe bestand in der Anfertigung und Kontrolle eines individuell angepassten orthopädischen Schuhs, wobei vor und nach Auslieferung jeweils ausführliche Beratungen stattzufinden hatten. Die Kasse übernahm dann die Zahlung der jeweiligen Leistung. Der Orthopädie-Schuhmacherbetrieb *Hans & Christophorus Oymanns* GbR reichte ein Angebot ein, rügte aber sodann einen Verstoß gegen unionsrechtliches und deutsches Vergaberecht. In dem nachfolgenden Rechtsstreit legte der Vergabesenat des OLG Düsseldorf dem EuGH drei Fragen zur Entscheidung vor: Erstens, ob die deutschen gesetzlichen Krankenkassen als „öffentliche Auftraggeber" i. S. d. Art. 1 Abs. 9 RL 2004/18/EG anzusehen seien. Zweitens, ob es sich bei der ausgeschriebenen Leistung um einen Dienstleistungsauftrag oder um einen Lieferungsauftrag handele und ob bei der Berechnung des Wertes die Herstellung orthopädischen Schuhwerks seinem Wert nach dem Lieferungsanteil oder dem Dienstleistungsanteil zuzurechnen sei. Drittens, ob es sich bei dem Auftrag um einen Dienstleistungsauftrag oder um eine Dienstleistungskonzession handele, sofern man davon ausgehe, dass der Wert der Dienstleistung im Rahmen des Auftrags überwiege. Die Relevanz dieser Abgrenzung wurde eingangs dargelegt (s. oben Abschn. III. 2. b) ee) der Darstellung).

Auf die erste Vorlagefrage antwortet der EuGH, dass die deutschen gesetzlichen Krankenkassen als „öffentliche Auftraggeber" einzustufen seien. Das ergebe sich – entgegen der Auffassung der Kommission – aber nicht allein daraus, dass die deutschen gesetzlichen Krankenkassen in Anhang III RL 2004/18/EG als Einrichtungen des öffentlichen Rechts genannt seien, denn der Anhang müsse seinerseits mit den von Art. 1 Abs. 9 RL 2004/18/EG aufgestellten, materiellen Kriterien eines öffentlichen Auftraggebers kohärent sein. Deshalb bedürfe es ei-

---

[175] s. zum Folgenden auch *Kingreen*, NJW 2009, 2417, 2418.

ner Prüfung der materiellen Voraussetzungen dieser Vorschrift[176], die kumulativ vorliegen müssten. Zweifellos seien die deutschen gesetzlichen Krankenkassen juristische Personen des öffentlichen Rechts (Art. 1 Abs. 9 S. 2 lit. a) RL 2004/18/EG), die auch nicht gewerblich tätig würden (Art. 1 Abs. 9 S. 2 lit. b) RL 2004/18/EG), da sie keine Gewinnerzielungsabsicht hätten. Fraglich sei allein, ob die deutschen gesetzlichen Krankenkassen überwiegend staatlich finanziert seien bzw. von einem Träger öffentlicher Gewalt beaufsichtigt oder beherrscht würden (Art. 1 Abs. 9 S. 2 lit. c) RL 2004/18/EG. Der Gerichtshof bejaht eine überwiegende staatliche Finanzierung mit der Erwägung, dass die Kassen überwiegend durch gesetzlich definierte Pflichtbeiträge finanziert werden, denen keine konkrete Gegenleistung zugunsten der Versicherten gegenübersteht, dass die Beitragssätze der Genehmigung der Aufsichtsbehörde bedürfen und dass die Versicherten keine Möglichkeit haben, wider den Abzug der Versicherungsbeiträge vom Bruttolohn zu intervenieren.

Auf die zweite Vorlagefrage antwortet der EuGH, dass Art. 1 Abs. 2 lit. d) S. 2 RL 2004/18/EG eine Sonderregel zur Einordnung gemischter Aufträge enthalte, die auf den Wert der jeweils einbezogenen Waren oder Dienstleistungen abstelle. Dieses Kriterium habe quantitativen Charakter, stelle also konkret auf den Wert der Gegenleistung ab, die als Vergütung für den Bestandteil „Waren" und den Bestandteil „Dienstleistungen" geschuldet werde, die in den fraglichen Auftrag einbezogen sind. Fraglich sei allerdings, ob die Anfertigung von Waren anhand individueller Bedürfnisse des Kunden eine „Lieferung" oder eine „Dienstleistung" sei. Nach Art. 1 Abs. 2 lit. c) S. 1 RL 2004/18/EG beziehe sich der Begriff „öffentliche Lieferaufträge" auf Geschäfte wie beispielsweise Kauf und Miete, die weiter nicht spezifizierte „Waren" beträfen, ohne dass danach unterschieden würde, ob die fraglichen Waren standardmäßig oder für den Einzelfall, d.h. nach den konkreten Wünschen und Bedürfnissen des Kunden, hergestellt wurden. Der Warenbegriff, auf den diese Vorschrift allgemein abstelle, schließe folglich auch ein Anfertigungsverfahren ein, unabhängig davon, ob die betreffende Ware den Verbrauchern bereits in fertigem Zustand zur Verfügung gestellt oder nach deren Anforderungen hergestellt worden sei. Bei der Zurverfügungstellung von Waren, die individuell nach den Bedürfnissen des jeweiligen Kunden hergestellt und angepasst werden und über deren Nutzung die jeweiligen Kunden individuell zu beraten sind, sei die Anfertigung der genannten Waren deshalb dem Auftragsteil der „Lieferung" für die Berechnung des Werts des jeweiligen Bestandteils zuzuordnen.

Auf die dritte Frage antwortet der Gerichtshof, dass es sich bei dem von der *AOK Rheinland/Hamburg* abgeschlossenen Vertrag um eine Rahmenvereinbarung

---

[176] Ähnlich schon EuGH, Urt. v. 27.2.2003, Rs. C-373/00, Slg. 2003, I-1931 Rn. 44 – *Adolf Truley*; EuGH, Urt. v. 16.10.2003, Rs. C-283/00, Slg. 2003, I-11697 Rn. 77 – *Kommission/Spanien*, zu Anhang I RL 93/37/EWG.

i.S.d. Art. 1 Abs. 5 RL 2004/18/EG handelt. Der EuGH konzediert, dass die Abgrenzung der Dienstleistungskonzession von der Rahmenvereinbarung anhand der Definitionen schwierig sei. Er sieht das entscheidende Merkmal der Dienstleistungskonzession in Übereinstimmung mit seiner früheren Rechtsprechung[177] darin, dass der Konzessionär eine weitgehende wirtschaftliche Freiheit behält, dafür aber auch das wirtschaftliche Risiko trägt. Demgegenüber sei der Vertragspartner bei der Rahmenvereinbarung verpflichtet, sämtliche an ihn gerichteten Aufträge zu erfüllen und genieße daher ein geringeres Maß an wirtschaftlicher Freiheit[178]. Ein „Vertrag über die integrierte Versorgung" nach den §§ 140a bis 140e SGB V sei demnach als Rahmenvereinbarung anzusehen, da der Leistungserbringer sich verpflichte, die Versicherten zu versorgen und zugleich die Preise sowie die Vertragsdauer festgelegt würden. Das wirtschaftliche Risiko sei demgegenüber gering, da der Leistungserbringer einen liquiden Schuldner habe und der Bedarf nach seinen Leistungen vorhersehbar sei.

---

[177] EuGH, Urt. v. 18.7.2007, Rs. C-382/05, Slg. 2007, I-6657 = BeckRS 2007, 70527 Rn. 34 – *Kommission/Italien* und die dort angeführte Rspr.
[178] EuGH, Urt. v. 11.6.2009, Rs. C-300/07, NJW 2009, 2427.

V. Teleologische Reduktion der §§ 97 ff. GWB bei Kollektivverträgen?

Unterstellt man einmal, dass das Vergaberecht auf die Leistungen der gesetzlichen Sozialversicherungsträger Anwendung findet, stellt sich das Problem, dass insbesondere die gesetzlichen Krankenkassen oftmals keine Auswahl unter den Leistungserbringern treffen, sondern grundsätzlich jeden leistungsbereiten Marktakteur in die Leistungserbringung mit einbeziehen.[179] Die Auswahl unter den Akteuren erfolgt durch die Versicherten. Das SGB fördert diese Marktstruktur teilweise dadurch, dass die sozialrechtlichen Anliegen der individuellen und wohnortnahen Versorgung sowie der leistungsrechtlichen Wahlfreiheit betont werden (z.B. in §§ 33 Abs. 6, 127 Abs. 1 S. 2 und 4 SGB V). Diesem Befund ist nicht in befriedigender Weise dadurch Beizukommen, dass man das Instrument des Rahmenvertrages nach Art. 1 Abs. 5 RL 2004/18/EG nutzt, denn dieser setzt einen geschlossenen Teilnehmerkreis voraus, Art. 32 Abs. 2 S. 2 RL 2004/18/EG. In der Literatur wird daher teilweise angezweifelt, ob das Vergaberecht tatsächlich auf die Sozialversicherungssysteme Anwendung finden kann bzw. ob es sich empfiehlt, es anzuwenden[180].

Weitere rechtliche Konsequenzen zieht man nicht. Geht man aber davon aus, dass grundsätzlich alle gesetzlichen Tatbestandsmerkmale der §§ 97 ff. GWB i.V.m. RL 2004/18/EG erfüllt sind und stellt man sodann fest, dass ein Vergabeverfahren völlig unnötig wäre, weil ohnehin jeder Interessent zum Zug kommt, lässt sich daraus nur ein Schluss ziehen: Die gesetzlichen Tatbestände sind planwidrig zu weit geraten. Das ist durchaus nicht abwegig, denn der vergaberechtliche Gesetzgeber hatte sicher nicht primär die Sozialversicherungsträger vor Augen, als er die RL 2004/18/EG erließ. Diese Diagnose lässt sich freilich mit dem Instrumentarienkasten der Rechtsmethodik leicht beheben. Ist eine Norm planwidrig zu weit geraten und soll sie daher auf einen Sachverhalt keine Anwendung finden, der nach dem Wortlaut der Norm erfasst wäre, ist die Norm teleologisch zu reduzieren[181]. Dem steht nicht entgegen, dass die §§ 97 ff. GWB

---

[179] s. zu den Vor- und Nachteilen von Kollektiv- und Selektivverträgen unter Wettbewerbsgesichtspunkten Monopolkommission, 18. Hauptgutachten v. 14.7.2010, S. 433, 449 ff., 458 ff. (Tz. 1086 ff. und 1120 ff.), abrufbar unter www.monopolkommission.de (Stand: 19.7.2010).

[180] *Kingreen,* NJW 2009, 2417, 2418; *Schäffer,* ZESAR 2009, 374, 380; *Mrozynski,* ZFSH/SGB 2004, 451, 461.

[181] Ausführlich *Larenz,* Methodenlehre der Rechtswissenschaft, 6. Aufl. 1991, S. 391 ff.

V. Teleologische Reduktion der §§ 97 ff. GWB bei Kollektivverträgen?

auf unionsrechtlichen Vorgaben beruhen, denn auch im Unionsrecht ist die teleologische Reduktion anerkannt und wurde vom EuGH bereits auf Richtlinien angewandt[182].

Daraus sollte man allerdings nicht den Schluss ziehen, dass das Vergaberecht im Sozialversicherungsrecht generell unanwendbar wäre. Nur dann, wenn alle Voraussetzungen eines Vergabeverfahrens vorliegen, dieses jedoch faktisch ohne jeden Nutzen wäre, weil ausnahmslos alle Leistungserbringer in die Leistungserbringung des Sozialversicherungsträgers einbezogen werden, kann über eine teleologische Reduktion des Gesetzes – und zwar auch der RL 2004/18/EG – nachgedacht werden. Eine teleologische Reduktion oder gar Eingrenzung allein der §§ 97 ff. GWB wäre hingegen unionsrechtswidrig. Denkbar ist dies vor allem bei den sogenannten Kollektivverträgen[183], etwa zwischen den Krankenkassen und den Kassenärztlichen Vereinigungen. Diese stellen zwar einen Vertrag dar und könnten insoweit den §§ 97 ff. GWB i.V.m. RL 2004/18/EG unterfallen, jedoch hat jeder zugelassene Arzt[184] einen Anspruch auf Teilnahme an dem Kollektivvertragssystem, so dass keine Auswahl erfolgt. Der Gesetzgeber hat dem dadurch beizukommen versucht, dass er in § 69 Abs. 2 S. 2 SGB V die in § 69 Abs. 2 S. 1 SGB V angeordnete partielle Anwendung der §§ 97 ff. GWB nicht auf Kollektivverträge erstreckt. Darauf ist zurückzukommen (unten Abschn. VI. 1. b) dd) der Darstellung). Entsprechendes gilt, wenn zwar kein Kollektivvertrag abgeschlossen wird, es aber an einer bedarfsgesteuerten Auswahl von Leistungserbringern fehlt, also die Sozialversicherungsträger mit jedem qualifizierten und leistungsbereiten Leistungserbringer einen Vertrag abschließen und diese möglicherweise sogar einen Anspruch auf Vertragsschluss haben. Praktisch wird dies etwa bei Verträgen nach § 72 SGB XI (dazu unten Abschn. VI. 4. b) bb) der Darstellung) oder § 75 Abs. 3 SGB XII (dazu unten Abschn. VI. 7. b) bb) der Darstellung).

---

[182] EuGH, Urt. v. 10.1.1985, Rs. C-229/83, Slg. 1985, 1, 35 – *Leclerc/Au blé vert*; EuGH, Urt. v. 28.2.1984, Rs. C-294/82, Slg. 1984, 1177 – *Senta Einberger*; zum Ganzen *Forst*, NZG 2009, 687, 688.

[183] Dazu *Heinemann*, Die Erbringung sozialer Dienstleistungen durch Dritte nach deutschem und europäischem Vergaberecht, 2009, S. 232 f.; *Gassner*, NZS 2007, 281, 283.

[184] Es könnte allenfalls sein, dass die deutschen Zulassungsvorschriften mit den Unionsrechtlichen Freizügigkeitsregeln unvereinbar sind. Diese Frage würde allerdings den Rahmen dieser Untersuchung sprengen.

VI. Anwendbarkeit auf einzelne Versicherungssparten und deren Leistungen

Nachdem damit der allgemeine Rechtsrahmen des nationalen und unionsrechtlichen Vergaberechts im engeren wie im weiteren Sinne abgesteckt ist, ist nun der Frage nachzugehen, inwieweit das Vergaberecht auf die einzelnen Sozialversicherungsträger und ihre Leistungen Anwendung findet.

1. Krankenversicherung (SGB V)

a) Anwendbarkeit der Artt. 101 ff., 107 ff. AEUV (ex-Artt. 81 ff., 87 ff. EG)

In der gesetzlichen Krankenversicherung stellt sich zuerst die Frage, ob ihre Träger den Artt. 101 ff., 107 ff. AEUV (ex-Artt. 81 ff., 87 ff. EG) unterliegen.[185] Durch das AMNOG und die damit verbundene Anordnung der Anwendung des nationalen Kartellverbots auf die gesetzliche Krankenversicherung hat diese Frage nicht an Bedeutung verloren, denn die Bundesregierung geht davon aus, dass es sich hierbei um einen unionsrechtlich *nicht* gebotenen Schritt handelt.[186] Demnach könnte dieser Schritt auch wieder rückgängig gemacht werden, was wegen des Vorrangs des Unionsrechts jedoch unzulässig wäre oder zumindest nicht zu einer Entbindung von dem Kartellverbot führen würde, wenn sich das Kartellverbot schon aus den Artt. 101 ff. AEUV (Ex-Artt. 811 ff. EG) ergäbe.

Bedeutung erlangen das Kartell- und Beihilfenverbot insoweit, als etwa die Bildung von Einkaufskartellen durch mehrere Versicherungsträger unter Verstoß gegen Art. 101 AEUV (ex-Art. 81 EG) denkbar ist[187] oder die Versicherungsträger bei der Vergabe von Aufträgen unzulässige Beihilfen nach Art. 107 AEUV (ex-Art. 87 EG) an die Leistungserbringer gewähren könnten, wenn Leistung und Gegenleistung nicht paritätisch sind. Träger der gesetzlichen Krankenversicherung sind nach § 21 Abs. 1 SGB I die Krankenkassen. Die Krankenkassen sind rechtsfähige Körperschaften des öffentlichen Rechts mit Selbstverwaltung, § 4 Abs. 1 SGB V.

---

[185] Vgl. hierzu auch Monopolkommission, 18. Hauptgutachten v. 14.7.2010, S. 433, 484 ff. (Tz. 1193 ff.), abrufbar unter www.monopolkommission.de (Stand: 19.7.2010).

[186] BT-Drucks. 17/2413, S. 26 r. Sp.

[187] *Eilmansberger*, in: Streinz, EUV/EGV, 2003, Art. 82 EG Rn. 59 sieht etwa Arzneimittelrabattverträge als erfasst an.

Fraglich ist in erster Linie, inwieweit die gesetzlichen Krankenkassen „Unternehmen" i. S. d. Artt. 101 ff. AEUV (ex-Artt. 81 ff. EG) sind. Die sonstigen Tatbestandsvoraussetzungen der Artt. 101 ff., 107 ff. AEUV (ex-Artt. 81 ff., 87 ff. EG) sind nicht anders zu bestimmen als bei privaten Akteuren auch. Ganz überwiegend wird die Unternehmenseigenschaft der Krankenkassen unter Verweis auf die EuGH-Rechtsprechung in den Rs. *Poucet, Cisal* und vor allem *AOK Bundesverband* (dazu oben Abschn. III. 1. a) aa) (1) der Darstellung) verneint. Die gesetzlichen Krankenkassen seien Solidarsysteme i. S. d. Rechtsprechung des Gerichtshofes und übten daher keine wirtschaftliche Tätigkeit aus. Dass die gesetzlichen Krankenkassen infolge der Neufassung des SGB V durch das GKV-WSG nach § 53 SGB V einem schärferen Wettbewerb unterliegen, sei unerheblich, da es sich weiterhin um eine gesetzliche Pflichtversicherung handele und nach §§ 266 ff. SGB V weiterhin ein Risikostrukturausgleich stattfinde[188].

Andere argumentieren gerade mit der stetigen Intensivierung des Wettbewerbs in der GKV durch den Gesetzgeber (dazu oben Abschn. II. 1. der Darstellung) und gehen davon aus, dass auch die gesetzlichen Krankenkassen an die Artt. 101 ff., 107 ff. AEUV (ex-Artt. 81 ff., 87 ff. EG) gebunden sind, um etwa ein System von „Hoflieferanten" zu verhindern[189]. Schließlich finden sich differenzierende Stellungnahmen, die darauf hinweisen, dass die Rechtsprechung des EuGH keineswegs so kategorisch gegen die Unternehmenseigenschaft der Krankenkassen spreche, wie teilweise vertreten werde. Im Einzelfall sei es durchaus denkbar, die Krankenkassen als „Unternehmen" i. S. d. Artt. 101 ff., 107 ff. AEUV (ex-Artt. 81 ff., 87 ff. EG) zu qualifizieren[190].

Die letztgenannte Auffassung trifft wohl das Richtige. Es wäre falsch, aus der Rechtsprechung des EuGH den Schluss zu ziehen, dieser Stelle die gesetzlichen Sozialversicherungsträger generell von der Anwendung der Artt. 101 ff., 107 ff. AEUV (ex-Artt. 81 ff., 87 ff. EG) frei. Die Rs. *Ambulanz Glöckner* hat ebenso wie die Rs. *FENIN* und *Kattner* gezeigt, dass der EuGH grundsätzlich davon aus-

---

[188] So BSG, Urt. v. 22.6.2010 – B 1 A 1/09 R, juris Rn. 22 ff.; ferner die Vorinstanz LSG Baden-Württemberg, Beschl. v. 23.1.2009 – L 11 WB 5971/08, VergabeR 2009, 452 ff. Rn. 164 f.; i. E. auch *Stelzer*, WzS 2009, 267; *Bernhardt*, ZESAR 2008, 128, 131; wohl auch BSG, Urt. v. 11.10.2006 – B 6 KA 1/05 R, BSGE 97, 158; *Ebsen*, BKK 2010, 76, 78.

[189] *Kingreen*, SGb 2004, 659, 664; ders., MedR 2004, 188, 195 f.; *Gabriel*, VergabeR 2007, 630, 634; *Axer*, NZS 2002, 57, 62; wohl auch *Emmerich*, in: Immenga/Mestmäcker, Wettbewerbsrecht, 4. Aufl. 2007, Art. 81 EG Rn. 28.

[190] *Kluckert*, Gesetzliche Krankenkassen als Normadressaten des Europäischen Wettbewerbsrechts, 2009, S. 278 f.; *Frenz*, NZS 2007, 233, 234; *Kamann/Gey*, PharmR 2006, 255, 258; *dies.*, PharmR 2006, 291, 292; *Burgi*, NZBau 2008, 480, 482; wohl auch BVerfG, Beschl. v. 9.6.2004 – 2 BvR 1249/03, NZS 2005, 139; BSG, Urt. v. 24.1.2003 – B 12 KR 19/01 R, NZS 2003, 537; *Engelmann*, in: jurisPK-SGB V, 2008, § 69 Rn. 125 ff. *Becker/Kingreen*, NZS 2010, 417, 422 lehnen die Unternehmenseigenschaft derzeit ab, halten dies aber für möglich, dass die Kassen durch weitere Reformen zu Unternehmen werden. Ähnlich schon *Kingreen*, ZESAR 2007, 139, 143 ff.

geht, dass auch die Sozialversicherungsträger Unternehmen sein *können* (oben Abschn. III. 1. a) aa) (1) der Darstellung). Meist fehlt es aber am wirtschaftlichen Tätigwerden und damit an der Unternehmenseigenschaft. Das dürfte auch (noch) für die Leistungserbringung durch die gesetzlichen Krankenkassen in Deutschland gelten. Zwar sehen diese sich infolge des GKV-WSG einem verschärften Wettbewerb ausgesetzt und können nach § 242 SGB V ihre Beiträge zumindest teilweise autonom festlegen, was bei dem Sozialsystem in der Rs. *Poucet* nicht der Fall war. Gleichwohl sind die Krankenkassen durch Gesetz errichtet worden, werden nach den Gesetzen tätig, unterliegen staatlicher Aufsicht (dazu noch unten Abschn. VI. 1. b) aa) (5) der Darstellung) und basieren auf dem Solidarprinzip, wie der Risikostrukturausgleich nach den §§ 266 ff. SGB V zeigt. Sie erfüllen damit weiterhin die meisten der in der Rs. *Poucet* und den Folgeentscheidungen aufgestellten Kriterien und sind damit nach derzeitiger Rechtslage keine Unternehmen i. S. d. Artt. 101 ff., 107 ff. AEUV (ex-Artt. 81 ff., 87 ff. EG). Mit zunehmender Liberalisierung der gesetzlichen Krankenversicherung könnte sich dies allerdings ändern.

Das Bundeskartellamt scheint bereits jetzt davon auszugehen, dass die Träger der gesetzlichen Krankenversicherung „Unternehmen" i. S. d. (nationalen) Kartellrechts sind. Es hat am 17.2.2010 ein Untersuchungsverfahren wegen verbotener Kartellabsprachen (§ 1 GWB) gegen neun gesetzliche Krankenkassen eingeleitet, die nach gemeinsamer Ankündigung nach § 242 SGB V Zusatzbeiträge von ihren Versicherten erhoben hatten.[191]

Noch weiter gehen die Überlegungen der Monopolkommission in ihrem 18. Hauptgutachten vom 14.7.2010: „Mit der sukzessiven Einführung von Wettbewerbselementen in das Gesundheitswesen hat sich das Erfordernis, gegen wettbewerbsbeschränkende Verhaltensweisen vorzugehen, deutlich verschärft. Unstrittig ist, dass die Prozesse auf Wettbewerbsmärkten eines kartellrechtlichen Schutzes bedürfen, da es anderenfalls zu Fehlentwicklungen kommen kann, welche die effizienzsteigernden Wirkungen des Wettbewerbs konterkarieren können. Dieser Schutzbedarf betrifft sowohl die Rolle der Krankenkassen im Vertikalverhältnis zu ihren Mitgliedern auf dem Versicherungsmarkt als auch zu den Leistungserbringern auf dem Leistungsmarkt. Weiterhin ist das Verhältnis der Krankenkassen untereinander zu prüfen, da eine zunehmende Konzentration der Kassen ebenfalls den Wettbewerb stören kann."[192] Die Monopolkommission spricht sich dafür aus, dass die Tätigkeit der Krankenkassen im Rahmen ihrer individuellen Handlungsoptionen auf sämtlichen Märkten als wirtschaftliche Tätigkeit im Sinne des Unternehmensbegriffs des GWB zu bewerten ist.[193] Sie hält es ferner für angebracht, schon jetzt von der gegebenen

---

[191] Pressemitteilung des Bundeskartellamts vom 22.2.2010, abrufbar unter http://www.bundeskartellamt.de/wDeutsch/aktuelles/presse/2010_02_22.php (Stand: 29.4.2010).

[192] Monopolkommission, 18. Hauptgutachten v. 14.7.2010, S. 433, 484 (Tz. 1195), abrufbar unter www.monopolkommission.de (Stand: 19.7.2010).

[193] Monopolkommission, 18. Hauptgutachten v. 14.7.2010, S. 433, 488 (Tz. 1204), abrufbar unter www.monopolkommission.de (Stand: 19.7.2010).

Unternehmenseigenschaft der gesetzlichen Krankenkassen nach europäischem Recht auszugehen.[194]

Das vorstehend Gesagte gilt freilich nicht, soweit die Krankenkassen – unter Verstoß gegen ihren gesetzlichen Auftrag aus § 21 Abs. 1 SGB I, § 4 Abs. 4 SGB V – außerhalb der Leistungserbringung wirtschaftlich tätig werden. Darin kann ein Verstoß gegen Wettbewerbsrecht liegen, denn hier werden die Krankenkassen nicht aufgrund des Solidarprinzips als Versicherungsträger tätig, sondern treten wie ein privater Wettbewerber am Markt auf[195].

b) Anwendbarkeit der RL 2004/18/EG und der §§ 97 ff. GWB

aa) Persönlicher Anwendungsbereich – öffentlicher Auftraggeber

Voraussetzung für die Anwendung der §§ 97 ff. GWB i.V.m. der RL 2004/18/EG auf die gesetzlichen Krankenversicherungsträger ist zunächst, dass es sich bei diesen um einen „öffentlichen Auftraggeber" handelt. Zwar hat die Bundesrepublik Deutschland die gesetzlichen Krankenkassen der Europäischen Kommission als „öffentliche Einrichtung" gemeldet, so dass diese in Anhang III Punkt III.1.1 RL 2004/18/EG geführt werden. Indes hat der EuGH in der Rs. *Oymanns* zu Recht angemerkt, dass diesem Umstand nur indizielle Bedeutung zukommt und dass die Tatbestandsmerkmale eines öffentlichen Auftraggebers gleichwohl zu prüfen sind (oben Abschn. IV. der Darstellung).

Auch das AMNOG hat daran nichts geändert: Die Bundesregierung äußert sich nämlich nicht dazu, ob die Träger der gesetzlichen Krankenversicherung ihrer Auffassung nach nunmehr als „öffentliche Auftraggeber" i.S.d. RL 2004/18/EG anzusehen sind oder nicht. Deshalb ist davon auszugehen, dass aus der Sicht der Bundesregierung wie schon zu § 69 SGB V in der bis zum 31.12.2010 geltenden Fassung die Anordnung der Anwendung der §§ 97 ff. GWB nicht aufgrund unionsrechtlicher Vorgaben, sondern freiwillig erfolgt. Wäre dies richtig, könnte die Anwendung der §§ 97 ff. GWB auch durch eine bloße Änderung des § 69 SGB V wieder zurückgenommen werden. Sind die Träger der gesetzlichen Krankenversicherung hingegen öffentliche Auftraggeber i.S.d. Unionsrechts, wäre ein solcher Schritt unzulässig oder zumindest unbeachtlich.

---

[194] Monopolkommission, 18. Hauptgutachten v. 14.7.2010, S. 433, 489 (Tz. 1205 a.E.), abrufbar unter www.monopolkommission.de (Stand: 19.7.2010).
[195] BGH, Beschl. v. 19.12.2002 – I ZB 24/02, NJW 2003, 1194; BSG, Urt. v. 31.3.1998 – B 1 KR 9/95 R, BSGE 82, 78; *Frenz*, NZS 2007, 233, 234; *Bernhardt*, ZESAR 2008, 128, 132.

68 VI. Anwendbarkeit auf einzelne Versicherungssparten und deren Leistungen

(1) Juristische Person

Da die Krankenkassen als Versicherungsträger keine Gebietskörperschaften i. S. d. § 98 Nr. 1 GWB, Art. 1 Abs. 9 S. 1 RL 2004/18/EG darstellen, können sie nur öffentliche Auftraggeber nach § 98 Nr. 2 GWB, Art. 1 Abs. 9 S. 2 RL 2004/18/EG sein. Nach allgemeiner Ansicht[196] erfüllen die Krankenkassen jedenfalls das Merkmal einer „juristischen Person", denn sie sind nach § 29 Abs. 1 SGB IV, § 4 Abs. 1 SGB V rechtsfähige Körperschaften des öffentlichen Rechts.

(2) Aufgaben im Allgemeininteresse

Damit die Krankenkassen als öffentlicher Auftraggeber qualifiziert werden können, müssen sie nach § 98 Nr. 2 GWB, Art. 1 Abs. 9 S. 2 RL 2004/18/EG im Allgemeininteresse liegende Aufgaben erfüllen. Die Krankenversicherung als Solidargemeinschaft hat nach § 1 S. 1 SGB V die Aufgabe, die Gesundheit der Versicherten zu erhalten, wiederherzustellen oder ihren Gesundheitszustand zu bessern. Die Krankenkassen haben den Versicherten bei der Erhaltung ihrer Gesundheit nach § 1 S. 3 SGB V durch Aufklärung, Beratung und Leistungen zu helfen und auf gesunde Lebensverhältnisse hinzuwirken. Nach allgemeiner Ansicht nehmen die gesetzlichen Krankenkassen damit eine im Allgemeininteresse liegende Aufgabe wahr und wurden auch zu diesem Zweck gegründet[197].

(3) Fehlende Gewerblichkeit

Nach wohl ebenfalls allgemeiner Auffassung werden die Krankenkassen auch nicht gewerblich tätig[198]. Der EuGH fragt danach, ob eine Gewinnerzielungsab-

---

[196] s. statt aller nur EuGH, Urt. v. 11.6.2009, Rs. C-300/07, NJW 2009, 2427 – *Oymanns*; BayObLG, Beschl. v. 24.5.2004 – Verg 006/04, NVwZ 2005, 117; *Heinemann*, Die Erbringung sozialer Dienstleistungen durch Dritte nach deutschem und europäischem Vergaberecht, 2009, S. 205; *Bernhardt*, ZESAR 2008, 128, 135; *Ebsen*, BKK 2010, 76, 79; *Koenig/Klahn/Schreiber*, ZESAR 2008, 5, 7; *Goordazi/Schmid*, NZS 2008, 518, 521.

[197] EuGH, Urt. v. 11.6.2009, Rs. C-300/07, NJW 2009, 2427 – *Oymanns*; BayObLG, Beschl. v. 24.5.2004 – Verg 006/04, NVwZ 2005, 117; *Heinemann*, Die Erbringung sozialer Dienstleistungen durch Dritte nach deutschem und europäischem Vergaberecht, 2009, S. 205 f.; *Kingreen*, SGb 2004, 659, 662; *ders.*, MedR 2004, 188, 193; *Goordazi/Junker*, NZS 2007, 632, 634; *Kamann/Gey*, PharmR 2006, 255, 262; *Sieben*, MedR 2007, 706, 707; *Klöck*, NZS 2008, 178, 180; *Bernhardt*, ZESAR 2008, 128, 135; *Frenz*, NZS 2007, 233, 235; *Koenig/Klahn/Schreiber*, ZESAR 2008, 5, 6; *Goordazi/Schmid*, NZS 2008, 518, 521 („einhellig").

[198] EuGH, Urt. v. 11.6.2009, Rs. C-300/07, NJW 2009, 2427 – *Oymanns*; BayObLG, Beschl. v. 24.5.2004 – Verg 006/04, NVwZ 2005, 117; *Heinemann*, Die Erbringung sozialer Dienstleistungen durch Dritte nach deutschem und europäischem Vergaberecht, 2009, S. 206; *Kingreen*, SGb 2004, 659, 662; *Goordazi/Junker*, NZS 2007, 632, 634; *Heßhaus*, VergabeR Sonderheft 2a/2007, 333, 337 m.w.N. Fn. 26; *Kamann/Gey*, PharmR 2006, 255, 262; *Sieben*, MedR 2007, 706, 707; *Klöck*, NZS 2008, 178, 180;

sicht besteht, die Einrichtung einem Wettbewerbsdruck ausgesetzt ist und ob sie das Verlustrisiko selber trägt (oben Abschn. III. 2. a) bb) (3) der Darstellung). Die Krankenkassen verfolgen keine Gewinnerzielungsabsicht, sie finanzieren sich nach § 220 Abs. 1 S. 1 SGB V aus den Beiträgen der Versicherten und der Arbeitgeber. Überschüsse können nach § 242 Abs. 2 SGB V nur an die Versicherten ausgeschüttet werden. Auch sehen sich die gesetzlichen Krankenkassen trotz des GKV-WSG nur einem rudimentären Wettbewerb untereinander und im Verhältnis zu den Privatkassen ausgesetzt. Die GKV bieten nämlich ein gesetzlich definiertes Leistungspaket an und haben daher nur die Möglichkeit zum Preiswettbewerb. Dieser besteht aber nur im sehr begrenzten Rahmen des Zusatzbeitrages nach § 242 Abs. 1 SGB V. Erfahrungsgemäß besteht auch keinerlei Anreiz für nicht der gesetzlichen Versicherung Unterworfene, den GKV statt einer privaten Versicherung beizutreten[199], so dass hier faktisch ebenfalls kein Wettbewerb existiert. Schließlich tragen die Kassen das Verlustrisiko nicht selber, da nach § 265a SGB V eine Insolvenzsicherung besteht und über den Gesundheitsfonds ein Risikostrukturausgleich nach § 266 SGB V erfolgt.

(4) Überwiegende staatliche Finanzierung

Als problematisch erwies sich lange Zeit die Frage, ob die gesetzlichen Krankenkassen überwiegend staatlich finanziert werden. Eine auch vom BayObLG vertretene Auffassung weist darauf, dass die Krankenkassen nicht überwiegend durch staatliche Zahlungen, sondern durch die Beiträge der Versicherten und der Arbeitgeber finanziert werden. Die staatlichen Zuschüsse nach § 221 Abs. 1 SGB V und der Staatsbeitrag für Wehr- und Zivildienstleistende (§ 251 Abs. 4 SGB V) machten nur einen kleinen Teil der Einnahmen aus. Von einer überwiegenden staatlichen Finanzierung könne aber erst ab einer staatlichen Quote von mehr als 50 % gesprochen werden. Mittelbare Zahlungen von Privaten, auch aufgrund zwingenden Rechts, seien von Art. 1 Abs. 9 S. 2 RL 2004/18/EG nicht erfasst, weil der Wortlaut „überwiegend [...] vom Staat finanziert" (en: *financed [...] by the State*; fr: *financée majoritairement par l'État*) dem entgegenstehe[200]. Die Gegenauffassung hielt dem entgegen, dass die Beiträge der Versicherten und der Arbeitgeber kraft zwingenden Rechts (§§ 220 ff. SGB V) zu zahlen seien und dass die Höhe der Beiträge durch den Staat festgelegt werde. Deshalb genüge

---

Bernhardt, ZESAR 2008, 128, 135; *Koenig/Klahn/Schreiber,* ZESAR 2008, 5, 7 f.; *Goordazi/Schmid,* NZS 2008, 518, 521.

[199] Dazu *Thüsing/v. Medem,* Vertragsfreiheit und Wettbewerb in der privaten Krankenversicherung, 2008 S. 42.

[200] *BayObLG,* Beschl. v. *24.5.2004* – Verg 006/04, NVwZ 2005, 117, 118; *Byok/Jansen,* NVwZ 2005, 53, 55; *Dreher,* NZBau 2005, 297, 302; *Kingreen,* SGb 2004, 659, 663; *Heßhaus,* VergabeR Sonderheft 2a/2007, 333, 338 f.; *Bernhardt,* ZESAR 2008, 128, 135.

auch eine bloß mittelbare Finanzierung durch Private, zumindest aufgrund zwingenden Rechts, um den Tatbestand zu erfüllen[201].

Der EuGH hat diese Rechtsfrage zunächst in der Rs. *Bayerischer Rundfunk* sowie später in der Rs. *Oymanns* im Sinne der letztgenannten Auffassung für die Praxis entschieden[202]. Zu Recht: Der Wortlaut gibt im europäischen Recht meist nur ein schwaches Argument ab, bedeutsamer ist der Zweck einer Regelung (oben Abschn. II. 2. a) bb) der Darstellung). Bereits der Wortlaut des Art. 1 Abs. 9 S. 2 lit. c) RL 2004/18/EG schließt aber nicht aus, auch Zahlungen, die mittelbar aufgrund staatlicher Weisung erfolgen, als erfasst anzusehen, denn die Norm verlangt gerade keine unmittelbare Finanzierung durch den Staat. Aus teleologischer Sicht ohnehin überzeugender ist es, auch mittelbare Zahlungen dem Tatbestandsmerkmal zu subsumieren, denn anderenfalls könnte der Tatbestand allzu leicht umgangen werden. Zudem muss man spätestens seit der Errichtung des „Gesundheitsfonds" (§ 271 SGB V) davon ausgehen, dass die Kassen überwiegend staatlich finanziert sind. Der Gesundheitsfonds zieht nämlich zunächst sämtliche Beiträge ein, um sie dann an die Kassen wieder auszuschütten (§§ 252 Abs. 2 S. 2, 266 Abs. 1 S. 1 SGB V)[203]. Damit sind die Krankenkassen überwiegend staatlich finanziert und bereits deshalb „öffentliche Auftraggeber".

(5) Staatliche Kontrolle

Umstritten ist, ob die Kassen auch staatlicher Aufsicht unterliegen. Der EuGH hat dies in der Rs. *Oymanns* offen gelassen[204] – und konnte das auch, da dies ja

---

[201] LSG Berlin-Brandenburg, Beschl. v. 7.5.2010 – L 1 SF 95/10 B Verg, juris Rn. 46; LSG Nordrhein-Westfalen, Beschl. v. 28.1.2010 – L 21 KR 68/09 SFB, juris Rn. 38; LSG Nordrhein-Westfalen, Beschl. v. 10.2.2010 – L 21 KR 60/09 SFB, juris Rn. 47; LSG Nordrhein-Westfalen, Beschl. v. 10.3.2010 – L 21 SF 41/10 Verg, juris Rn. 35; OLG Düsseldorf, EuGH-Vorlage v. 21.7.2006 – VII-Verg 13/06, NZBau 2006, 731, 734; VK Lüneburg, Beschl. v. 21.9.2004 – 203-VgK 42/2004, n. v. (juris); *Heinemann*, Die Erbringung sozialer Dienstleistungen durch Dritte nach deutschem und europäischem Vergaberecht, 2009, S. 207 f.; *Sormani-Bastian*, Vergaberecht und Sozialrecht, 2007, S. 103 ff.; *Kaeding*, PharmR 2007, 239, 243; *Kamann/Gey*, PharmR 2006, 255, 262; *Rixen*, GesR 2006, 49, 53; *Sieben*, MedR 2007, 706, 708 m.w.N.; *Klöck*, NZS 2008, 178, 180; *Wollenschläger*, NZBau 2004, 655, 659 f.; *Koenig/Klahn/Schreiber*, ZESAR 2008, 5, 9 f.; *Goordazi/Schmid*, NZS 2008, 518, 521; *Schäffer*, ZESAR 2009, 374, 377.

[202] EuGH, Urt. v. 13.12.2007, Rs. C337/06, Slg. 2007, I-11173 Rn. 34 und 49 – *Bayerischer Rundfunk*; EuGH, Urt. v. 11.6.2009, Rs. C-300/07, NJW 2009, 2427 – *Oymanns*; dem folgend jetzt LSG Nordrhein-Westfalen, Beschl. v. 14.4.2010 – L 21 KR 69/09 SFB, VergabeR 2010, 1026; LSG Nordrhein-Westfalen, Beschl. v. 8.10.2009 – L 21 KR 39/09 SFB, juris Rn. 28; LSG Nordrhein-Westfalen, Beschl. v. 8.10.2009 – L 21 KR 44/09 SFB, juris Rn. 89; *Ebsen*, BKK 2010, 76, 79; *Sormani-Bastian*, ZESAR 2010, 13, 14.

[203] Zum Gesundheitsfonds *Pfohl/Sichert*, NZS 2009, 71 ff.

[204] EuGH, Urt. v. 11.6.2009, Rs. C-300/07, NJW 2009, 2427.

nach Art. 1 Abs. 9 lit. c) RL 2004/18/EG nur eine *alternative* Voraussetzung zur überwiegenden staatlichen Finanzierung ist. Zwar besetzt der Staat nicht die Leitungsorgane der Krankenkassen (Verwaltungsrat und Vorstand, § 31 Abs. 3a SGB IV), denn diese werden nach Maßgabe der §§ 43 ff. SGB IV gewählt. Fraglich ist aber, ob die Leitung der Krankenkassen der staatlichen Aufsicht unterliegt. Dies wird teilweise mit dem Argument verneint, dass die Krankenkassen nach § 29 Abs. 1 SGB IV, § 4 Abs. 1 SGB V Selbstverwaltungskörperschaften seien und nach § 87 Abs. 1 S. 2 SGB IV lediglich einer Rechtsaufsicht unterlägen. Eine reine Rechtsaufsicht genüge aber nicht den Anforderungen von § 98 Nr. 2 GWB, Art. 1 Abs. 9 S. 2 lit. c) RL 204/18/EG, weil hier keine präventive, sondern nur eine repressive Kontrolle möglich sei[205]. Andere nehmen eine Gesamtschau vor und führen an, dass die Satzung der Kasse nach § 195 SGB V der Genehmigung bedürfe. Ferner bestehe nach § 88 Abs. 1 SGB IV, § 274 Abs. 1 S. 1 und 4 SGB V ein umfassendes Prüfungsrecht bezüglich der Geschäfts-, Rechnungs- und Betriebsführung, und zwar hinsichtlich der Gesetzmäßigkeit und Wirtschaftlichkeit des gesamten Geschäftsbetriebs. Außerdem prüfe nach § 274 Abs. 4 SGB V der Bundesrechnungshof die Haushalts- und Wirtschaftsführung der gesetzlichen Krankenkassen sowie ihre Verbände und Arbeitsgemeinschaften. Die Krankenkassen seien nach § 88 Abs. 2 SGB IV zur Vorlage von Unterlagen und Auskunft verpflichtet. § 37 SGB IV räume der Aufsichtsbehörde sogar die Möglichkeit ein, die Geschäfte der Krankenkasse selbst oder durch einen Beauftragten zu führen. Zudem würden die Beiträge der Versicherten und der Arbeitgeber nach § 241 Abs. 1 SGB V durch die Bundesregierung festgesetzt. Bei wertender Gesamtbetrachtung sei daher von einer staatlichen Aufsicht auszugehen[206].

Klarheit kann nur das Unionsrecht bringen. Autonomie und Vorrang des Unionsrechts lassen es als wenig überzeugend erscheinen, die staatliche Aufsicht von den Begriffskategorien „Rechtsaufsicht" und „Fachaufsicht" abhängig zu ma-

---

[205] BayObLG, Beschl. v. 24.5.2004 – Verg 006/04, NZBau 2004, 623, 625; *Dreher*, in: Immenga/Mestmäcker, Wettbewerbsrecht, 4. Aufl. 2007, § 98 GWB Rn. 99; *ders.*, NZBau 2005, 207, 299 f.; *Kingreen*, SGb 2004, 659, 664; *Heßhaus*, VergabeR Sonderheft 2a/2007, 333, 340.

[206] VK Bund, Beschl. v. 5.9.2001 – VK 1-23/01, IBR 2001, 685; VK Hamburg, Beschl. v. 16.4.2004, VgKFB 1/04, juris; VK Südbayern, Beschl. v. 8.4.2004, 07 bis 12-03/04, juris; *Heinemann*, Die Erbringung sozialer Dienstleistungen durch Dritte nach deutschem und europäischem Vergaberecht, 2009, S. 208; *Sormani-Bastian*, Vergaberecht und Sozialrecht, 2007, S. 112 ff.; *Hartmann/Suoglu*, SGb 2007, 404, 409; *Goordazi/Junker*, NZS 2006, 632, 634; *Rixen*, GesR 2006, 49, 54; *Sieben*, MedR 2007, 706, 708; *Klöck*, NZS 2008, 178, 181 f.; *Bernhardt*, ZESAR 2008, 128, 136; *Koenig/Klahn/Schreiber*, ZESAR 2008, 5, 11 f.; *Goordazi/Schmid*, NZS 2008, 518, 521; *Byok/Jansen*, NVwZ 2005, 53, 55. Von einer „engmaschigen" staatlichen Aufsicht spricht das LSG Nordrhein-Westfalen, Beschl. v. 28.1.2010 – L 21 KR 68/09 SFB, juris Rn. 38; LSG Nordrhein-Westfalen, Beschl. v. 10.2.2010 – L 21 KR 60/09 SFB, juris Rn. 47; LSG Nordrhein-Westfalen, Beschl. v. 10.3.2010 – L 21 SF 41/10 Verg, juris Rn. 35; dem folgend LSG Berlin-Brandenburg, Beschl. v. 7.5.2010 – L 1 SF 95/10 B Verg, juris Rn. 46.

chen, denn dabei handelt es sich um die Terminologie des deutschen Verwaltungsrechts[207], die auf gemeineuropäischer Ebene keinerlei Bedeutung besitzt. Ausgehend von einer autonom-europäischen, teleologisch geprägten Begriffsbildung muss man mit dem EuGH danach fragen, ob der Staat auf die Vergabeentscheidung Einfluss nehmen kann (oben Abschn. III. 2. a) bb) (4) der Darstellung). Das ist jedenfalls der Fall, soweit der Staat die Leitung der Krankenkasse nach § 37 SGB IV übernommen hat, doch dies bildet die praktisch wenig relevante Ausnahme. Die vielfältigen Prüfungsrechte des Staates sowie seine Einflussnahme auf die Finanzplanung führen zwar über das Kassenbudget zu einer Beeinflussung der Vergabebedingungen insgesamt, jedoch wird dadurch nicht eine einzelne Vergabeentscheidung konkret beeinflusst, was gegen eine staatliche Aufsicht spricht. Andererseits hat der EuGH in der Rs. *Kattner* zur Bejahung einer staatlichen Aufsicht über die gesetzlichen Unfallkassen genügen lassen, dass der Staat die Festlegung der Satzung, die Höhe der Beiträge und der Leistungen „kontrolliert"[208]. Vor dem Hintergrund dieser Entscheidung wird man auch hier von einer staatlichen Aufsicht auszugehen haben.

bb) Sachlicher Anwendungsbereich – Vergabe öffentlicher Aufträge

Wenn die gesetzlichen Krankenversicherungen demnach als öffentliche Auftraggeber i.S.d. § 98 Nr. 2 GWB, Art. 1 Abs. 9 S. 2 RL 2004/18/EG anzusehen sind, stellt sich in einem zweiten Schritt die Frage, ob der sachliche Anwendungsbereich des Vergaberechts eröffnet ist, ob also ein öffentlicher Auftrag vorliegt. Auch diese Fragestellung ist unabhängig vom Inkrafttreten des AMNOG zu beantworten (s. oben unter Abschn. VI. 1. b) aa) der Darstellung). Sie lässt sich nicht pauschal für die gesamte GKV beantworten, sondern nur mit Blick auf die einzelnen zur Leistungserbringung abgeschlossenen Verträge. Sogenannte Kollektivverträge fallen dabei von vornherein aus dem Anwendungsbereich von §§ 97 ff. GWB i.V.m. RL 2004/18/EG heraus, weil hier keine Leistungserbringer ausgewählt werden, sondern jeder Leistungserbringer grundsätzlich Anspruch auf Partizipation an der Leistungsvergabe hat (§§ 96, 97 SGB V)[209]. Insoweit hat der Gesetzgeber die Anwendung des Vergaberechts durch § 69 Abs. 2 S. 2 SGB V unionsrechtskonform ausgeschlossen (dazu unten Abschn. VI. 1. b) dd) der Darstellung)[210].

---

[207] Dazu *Maurer*, Allgemeines Verwaltungsrecht, 17 Aufl. 2009, § 23 Rn. 18 ff., 23.
[208] EuGH, Urt. v. 5.3.2009, Rs. C-350/07, NJW 2009, 1325 Rn. 64 – *Kattner*.
[209] Ausführlich *Heinemann*, Die Erbringung sozialer Dienstleistungen durch Dritte nach deutschem und europäischem Vergaberecht, 2009, S. 233; *Sormani-Bastian*, Vergaberecht und Sozialrecht, 2007, S. 121.
[210] I.E. auch *Heinemann*, Die Erbringung sozialer Dienstleistungen durch Dritte nach deutschem und europäischem Vergaberecht, 2009, S. 233; *Bloch/Pruns*, SGb 2007, 645, 649; *Bieback*, RsDE 2001, 1, 26 f., die davon ausgehen, dass es sich bei den Kollektivverträgen um Dienstleistungskonzessionen handelt, die nach Art. 17 RL 2004/

1. Krankenversicherung (SGB V) 73

(1) Vertrag

Danach verbleiben als potentiell dem Vergaberecht unterliegende, im SGB V geregelte Vereinbarungen (Individualvereinbarungen, Selektivverträge) insbesondere[211]:

- Verträge zur Sicherstellung der hausarztzentrierten Versorgung (§ 73b Abs. 4 SGB V);
- Versorgungsverträge mit Vorsorge- und Rehabilitationseinrichtungen (§ 111 Abs. 2 SGB V);
- Verträge über die Hilfsmittel-Leistungserbringung (§ 127 SGB V);
- Arzneimittel-Rabattvereinbarungen (§ 130a Abs. 8 SGB V);
- Verträge über integrierte Versorgung (§ 140a SGB V).

Diese Verträge sind daraufhin zu überprüfen, ob sie die sonstigen Tatbestandsmerkmale eines „öffentlichen Auftrages" erfüllen. Erinnert sei erneut daran, dass für die Anwendung des Vergaberechts unerheblich ist, ob es sich bei den genannten Verträgen um privatrechtliche oder um öffentlich-rechtliche Verträge handelt (oben Abschn. III. 2. b) aa) der Darstellung)[212].

(2) Entgeltlichkeit

Zunächst muss es sich bei den genannten Verträgen um „entgeltliche" Verträge handeln. Entgeltliche Verträge sind synallagmatische Verträge, bei denen die Ge-

---

18/EG nicht dem Vergaberecht i. e. S. unterliegen. Das überzeugt nicht, denn die Dienstleistungskonzession wurde nur deshalb aus dem Anwendungsbereich der RL 2004/18/EG ausgenommen, weil die Unterschiede im Recht der Mitgliedstaaten so groß waren, dass rechtstechnisch eine Regelung unmöglich erschien, EuGH, Urt. v. 7.12.2000, Rs. C-324/98, Slg. 2000, I-10745 Rn. 46 ff. Anders als bei den Kollektivverträgen ist hier also kein *sachlicher* Grund für den Ausschluss aus dem Vergaberecht ersichtlich.

[211] Zu nennen sind ferner Vereinbarungen über Modellvorhaben nach § 64 SGB V, Strukturverträge nach § 73a SGB V; Verträge zur Umsetzung der besonderen ambulanten ärztlichen Versorgung nach § 73c SGB V; Verträge über die ambulante Behandlung im Krankenhaus nach § 116b SGB V; Verträge über eine Versorgung mit Heilmitteln nach § 125 Abs. 2 SGB V; Verträge mit Apothekenverbänden oder Apothekern nach § 129 Abs. 5 ff. SGB V – dazu LSG Berlin-Brandenburg, Beschl. v. 7.5.2010 – L 1 SF 95/10 B Verg, juris –; Verträge über die häusliche Krankenpflege nach § 132a Abs. 2 SGB V; Verträge über die sozialmedizinische Nachsorge nach § 132c SGB V; Verträge über die Erbringung von Rettungsdiensten oder Krankentransporten nach § 133 Abs. 1 SGB V; Verträge über die Beteiligung von Leistungserbringern an strukturierten Behandlungsprogrammen nach § 137f SGB V sowie Verträge mit Leistungserbringern im EU- oder EWR-Ausland nach § 140e SGB V. Die Rechtsfragen sind jeweils dieselben, zu manchen dieser Verträge monographisch *Heinemann,* Die Erbringung sozialer Dienstleistungen durch Dritte nach deutschem und europäischem Vergaberecht, 2009, S. 234 passim; ferner *Wigge/Harney,* MedR 2008, 139 ff.; *Dreher/Hoffmann,* NZBau 2009, 273 ff.

[212] So speziell für die Krankenversicherung auch *Bernhardt,* ZESAR 2008, 128, 136; *Lorff,* ZESAR 2007, 104, 107.

genleistung allerdings nicht in Geld bestehen muss (oben Abschn. III. 2. b) bb) der Darstellung). In der Literatur wird teilweise zu den einzelnen Vertragsarten, teilweise vertragsartübergreifend zum Merkmal der Entgeltlichkeit Stellung bezogen. Manche Autoren lehnen die Entgeltlichkeit unter Verweis auf das sozialversicherungsrechtliche Dreieck (dazu oben Abschn. II. 1. der Darstellung) ab. Zwar würden selektivvertraglich sowohl die Versorgungsleistung als auch die Vergütung vereinbart, der Entgeltanspruch konkretisiere sich jedoch erst in dem Zeitpunkt, in dem der Versicherte einen Leistungserbringer auswähle und von diesem eine Leistung beziehe. Damit bleibe der Krankenkasse nur eine „Vorauswahl", die für einen gegenseitigen Vertrag nicht ausreichend sei[213]. Nach *Rixen* ist sogar erforderlich, dass das Entgelt mit dem Vertragsschluss „definitiv durch den öffentlichen Auftraggeber zugeordnet wird[214]." Die überwiegende Gegenauffassung[215] argumentiert, da die Krankenkassen ihre Leistungen als Sachleistungen anbieten müssten (§ 2 SGB V), seien sie selbst Nachfrager der Leistung. Im Übrigen beziehe sich die für öffentliche Verträge charakteristische Konkurrentenauswahl nicht auf die Inanspruchnahme der vereinbarten Leistung, sondern auf die Auswahl des Leistungserbringers, der sich zur Erbringung dieser Leistung verpflichte. Gerade diese Wahl treffe aber die Krankenkasse. Den Versicherten verbleibe oft nur eine sehr eingeschränkte Auswahl durch eine sozialversicherungsrechtlich bedingte Einschränkung des Wunsch- und Wahlrechts. Außerdem würden die Krankenkassen letztlich die von dem Leistungserbringer an den Versicherten erbrachten Leistungen finanzieren und diesen damit auch von dem Insolvenzrisiko freistellen, das in der Person der Versicherten bestehe. Gerade dies spreche entschieden gegen eine Dienstleistungskonzession. Dieser letztgenannten Auffassung sind auch das OLG Düsseldorf sowie der EuGH in der Rs. *Oymanns* gefolgt, ohne allerdings auf die Frage der Entgeltlichkeit näher einzugehen[216]. Vielmehr stuft der Gerichtshof Selektivverträge als Rahmenvereinbarungen i. S. d. Art. 1 Abs. 5 RL 2004/18/EG und nicht als Dienstleistungskonzessionen ein, weil der Leistungserbringer nicht in hinreichendem Maße über wirtschaftliche Freiheit verfügt und auch nicht in hinreichendem Maße einem wirtschaftlichen Risiko ausgesetzt ist, als dass die Verträge als Dienstleistungskonzession angesehen werden könnten[217]. Als Kritikpunkt bleibt, dass der Ge-

---

[213] *Gabriel*, NZS 2007, 344, 348; *Rixen*, GesR 2006, 49, 55; *Bloch/Pruns*, SGb 2007, 645, 649; *Lorff*, ZESAR 2007, 104, 107.

[214] *Rixen*, GesR 2006, 49, 55.

[215] *Schäffer*, ZESAR 2009, 374, 378; *Bernhardt*, ZESAR 2008, 128, 137; *Prieß*, VSSR 2006, 399, 410 ff.; *Hartmann/Suoglu*, SGb 2007, 404, 412 f.; *Gabriel*, VergabeR 2007, 630, 633; *Goordazi/Junker*, NZS 2007, 632, 635; *Kaeding*, PharmaR 2007, 239, 244, 246; wohl auch *Sieben*, MedR 2007, 706, 708 f.

[216] OLG Düsseldorf, EuGH-Vorlage v. 23.5.2007 – VII-Verg 50/06, VergabeR 2007, 622 = MedR 2007, 725 = GesR 2007, 429 Rn. 28 ff.

[217] EuGH, Urt. v. 11.6.2009, Rs. C-300/07, NJW 2009, 2427 – *Oymanns*.

richtshof die Frage der Entgeltlichkeit im sozialversicherungsrechtlichen Dreieck nicht hinreichend klar beantwortet[218].

Dass das Synallagma und damit die Entgeltlichkeit (oben Abschn. III. 2. b) bb) der Darstellung) nicht durch das „sozialversicherungsrechtliche Dreieck" ausgeschlossen wird, erhellt, wenn man sich die vertragliche Konstruktion vor Augen hält, die zwischen Krankenkasse und Leistungserbringer gewählt wird: Der Leistungserbringer verpflichtet sich gegenüber der Krankenkasse, eine Leistung an einen Dritten (den Versicherten) zu erbringen. Der Dritte erhält dabei gegen den Leistungserbringer einen eigenen Anspruch auf Leistung. Zivilrechtlich ist dies nichts anderes als ein echter Vertrag zugunsten Dritter i. S. d. § 328 BGB. Tatsächlich hat der BGH schon vor über zwanzig Jahren unter Beifall des (damaligen) Schrifttums ausführlich dargelegt, dass die zwischen Krankenkassen und Leistungserbringern geschlossenen Verträge solche Verträge zugunsten Dritter darstellen[219]. Niemand würde aber daran zweifeln, dass es sich bei einem Vertrag zugunsten Dritter um einen synallagmatischen Vertrag handelt, nur weil ein Dritter begünstigt wird[220]. Es erstaunt, dass dieser Umstand im sozialrechtlichen Schrifttum ignoriert wird. Man mag dies darauf zurückführen, dass das BSG die im Sozialrecht geschlossenen Verträge seit dem 1.1.2000 als öffentlich-rechtliche Verträge einordnet[221]. Das ändert an der rechtlichen Bewertung jedoch nichts. Der öffentlich-rechtliche Vertrag ist für das Sozialrecht in den §§ 53 ff. SGB X geregelt. Sonderregelungen zum Vertrag zugunsten Dritter finden sich in den §§ 53 bis 60 SGB X nicht. Das bedeutet, dass nach § 61 S. 2 SGB X ergänzend die §§ 328 ff. BGB zur Anwendung kommen[222]. Bestätigt wird dies auch durch § 69 Abs. 1 S. 3 SGB V.

Neben diesem eher technischen Argument gilt es, ein Weiteres zu bedenken: Es wurde dargelegt, dass das Unionsrecht in erster Linie teleologisch zu interpretieren ist (oben Abschn. II. 2. a) bb) der Darstellung). Der Zweck des Vergaberechts besteht darin, den Wettbewerb bei der Vergabe öffentlicher Aufträge unter Achtung der Grundfreiheiten zu stärken und dadurch Chancengleichheit zu ermöglichen und Diskriminierung entgegenzutreten (ErwG 2 RL 2004/18/EG). Vor diesem Hintergrund kann es nicht darauf ankommen, ob bei der Vergabe öffentlicher Aufträge nach nationalem Recht ein Dritter – der gesetzlich Versicherte – zwischengeschaltet ist oder nicht[223]. Anderenfalls hätten die Mitglied-

---

[218] Kritisch deshalb auch LSG Nordrhein-Westfalen, Beschl. v. 14.4.2010 – L 21 KR 69/09 SFB, VergabeR 2010, 1026.

[219] BGH, Urt. v. 10.1.1984 – VI ZR 297/81, BGHZ 89, 250.

[220] Statt aller *Gottwald,* in: MüKo, BGB, 5. Aufl. 2007, § 328 Rn. 20; *Stadler,* in: Jauernig, BGB, 13. Aufl. 2009, § 328 Rn. 8.

[221] BSG, Urt. v. 25.9.2001 – B 3 KR 3/01 R, BSGE 89, 24, 33 f.

[222] s. nur *Engelmann,* in: von Wulffen, SGB X, 6. Aufl. 2008, § 61 Rn 4 f.; ferner *Bonk,* in: Stelkens/Bonk/Sachs, VwVfG, 7. Aufl. 2008, § 62 Rn. 33.

[223] So auch *Kingreen,* VSSR 2006, 379, 383 f. m. w. N.

staaten es in der Hand, durch die Ausgestaltung des nationalen Rechts der RL 2004/18/EG ihre praktische Wirksamkeit zu nehmen. Das aber wäre nicht nur mit den Zielen der Richtlinie, sondern auch mit den Grundfreiheiten sowie den Artt. 288 Abs. 3 AEUV, Art. 4 Abs. 3 UAbs. 2 EG (ex-Artt. 249 Abs. 3, 10 EG) unvereinbar.

(3) Einzelne Verträge

(a) Verträge nach § 73b SGB V

Nach § 73b Abs. 1 SGB V haben die Krankenkassen ihren Versicherten eine besondere hausärztliche Versorgung (hausarztzentrierte Versorgung) anzubieten. Zur flächendeckenden Sicherstellung des Angebots haben Krankenkassen nach § 73b Abs. 4 S. 1 SGB V allein oder in Kooperation mit anderen Krankenkassen spätestens bis zum 30.6.2009 Verträge mit Gemeinschaften zu schließen, die mindestens die Hälfte der an der hausärztlichen Versorgung teilnehmenden Allgemeinärzte des Bezirks der Kassenärztlichen Vereinigung vertreten. Findet sich kein solcher Partner, haben die Krankenkassen nach § 73b Abs. 4 S. 4 SGB V diese Verträge unmittelbar mit den teilnehmenden Ärzten zu schließen. In diesen Verträgen ist nach § 73b Abs. 5 SGB V das Nähere über den Inhalt und die Durchführung der hausarztzentrierten Versorgung sowie die Vergütung zu regeln. Es ist umstritten, ob diese Verträge einen öffentlichen Auftrag bilden[224] oder ob sie als Dienstleistungskonzession einzustufen sind[225]. Nachdem der EuGH in der Rs. *Oymanns* festgestellt hat, dass Verträge nach § 140a SGB V als Rahmenverträge und nicht als Dienstleistungskonzession einzustufen sind, wird man bei den Verträgen nach § 73b Abs. 4 S. 4 SGB V ebenso werten müssen. Das wirtschaftliche Risiko und die wirtschaftliche Freiheit des Leistungserbringers sind bei den Verträgen nach § 73b Abs. 4 S. 4 SGB V nämlich dem wirtschaftlichen Risiko und der wirtschaftlichen Freiheit des Leistungserbringers bei den Verträgen nach § 140a SGB V vergleichbar. Anders ist es bei den Verträgen nach § 73b Abs. 4 S. 1 SGB V: Hier wird es in einem relevanten Markt meist nur einen potentiellen Leistungserbringer (Gemeinschaft) geben, mit dem ein Vertrag geschlossen werden kann, so dass es bereits an einem Selektionsprozess fehlt und mithin der

---

[224] Dafür *Goordazi/Schmid,* NZS 2008, 518, 523; *Klöck,* NZS 2008, 178, 185; *Wigge/Harney,* MedR 2008, 139, 148; wohl auch *VK Bund,* Beschl. vom 9.5.2007 – VK 1-26/07, IBR 2007, 396; ähnlich *Heßhaus,* VergabeR 2007, 333, 341; i.E. auch *Ebsen,* KrV 2010, 189, 192.

[225] Dafür *Heinemann,* Die Erbringung sozialer Dienstleistungen durch Dritte nach deutschem und europäischem Vergaberecht, 2009, S. 235; *Sormani-Bastian,* Vergaberecht und Sozialrecht, S. 125; *Engelmann,* SGb 2008, 133, 135, 141 ff. *Kingreen/Temizel,* ZMGR 2009, 134, 138 lehnen die Anwendung des Vergaberechts ab, weil dieses auf medizinische Dienstleistungen nach Art. 21 RL 2004/18/EG „weitgehend [sic!] unanwendbar" sei. *Insoweit* ist es aber anwendbar, die Argumentation also ein *circulus vitiosus.*

Zweck des Vergabeverfahrens nicht eingreift. Dass es regelmäßig nur einen Leistungserbringer geben kann, der die Kriterien des § 73b Abs. 4 S. 1 SGB V erfüllt, folgt daraus, dass der Leistungserbringer mindestens die Hälfte der an der hausärztlichen Versorgung teilnehmenden Allgemeinärzte des Bezirks der Kassenärztlichen Vereinigung vertreten muss[226]. Anders wäre es nur dann, wenn auf Seiten der Ärzte in nennenswerter Zahl eine Mehrfachmitgliedschaft in verschiedenen Gemeinschaften vorhanden wäre – rechtlich zulässig wäre dies wohl[227]. Ob dies der Fall ist, kann hier nicht empirisch nachgewiesen werden. Fehlt es jedoch mangels potentieller Vertragspartner an einer Selektion, ist die Rechtslage derjenigen bei den Kollektivverträgen vergleichbar (oben Abschn. V. der Darstellung). Allerdings bleibt danach die Frage, ob § 73b Abs. 4 S. 1 SGB V selbst unionsrechtskonform ist. Dadurch, dass es meist nur einen Leistungserbringer (Gemeinschaft) gibt, die die Vertragsschlusskriterien erfüllt und dadurch, dass diese Gemeinschaft den Zuschlag erhält, werden die nicht dieser Gemeinschaft angehörenden Allgemeinärzte von der hausarztzentrierten Versorgung ausgeschlossen. Das könnte sowohl mit den europäischen Grundrechten und Grundfreiheiten als auch mit der RL 2004/18/EG unvereinbar sein, muss aber einer Klärung an anderer Stelle vorbehalten bleiben.

(b) Verträge nach § 111 SGB V

Reicht bei Versicherten eine ambulante Krankenbehandlung nicht aus, um die in § 11 Abs. 2 SGB V beschriebenen Ziele zu erreichen, erbringt die Krankenkasse nach § 40 Abs. 2 SGB V aus medizinischen Gründen erforderliche stationäre Rehabilitationsleistungen in Rehabilitationseinrichtungen (§ 107 Abs. 2 SGB V), für die ein Versorgungsvertrag nach § 111 Abs. 2 SGB V besteht. Den Inhalt dieser Versorgungsverträge schreibt das SGB V nicht vor, sondern überlässt diesen der Ausgestaltung durch die Parteien. Nach § 111 Abs. 5 SGB V treffen diese auch eine Vereinbarung über die Vergütung. In der Literatur qualifiziert man diese Verträge vor allem deshalb als ausschreibungspflichtige „öffentliche Aufträge", weil die Krankenkassen selbst nach § 40 Abs. 3 SGB V die Einrichtung, in der der Versicherte behandelt werden soll, bestimmen können[228]. Da-

---

[226] Dies verkennen *Dreher/Hoffmann*, NZBau 2009, 273, 281. Als Selektivvertrag stuft auch diesen Vertrag ein Monopolkommission, 18. Hauptgutachten v. 14.7.2010, S. 433, 460 (Tz. 1125), abrufbar unter www.monopolkommission.de (Stand: 19.7. 2010). s. aber auch Monopolkommission a.a.O., S. 433, 461 (Tz. 1127): „Wettbewerbliche Effizienzvorteile sind im Rahmen der hausarztzentrierten Versorgung deshalb nicht zu erwarten, da die kollektiven Strukturen der Regelversorgung lediglich durch andere kollektiv-vertragliche Strukturen ersetzt wurden."

[227] Zu den eher lose organisierten Gemeinschaften s. *Walter*, NZS 2009, 307, 309 f.

[228] *Heinemann*, Die Erbringung sozialer Dienstleistungen durch Dritte nach deutschem und europäischem Vergaberecht, 2009, S. 248; *Sormani-Bastian*, Vergaberecht und Sozialrecht, S. 169; *Rixen*, GesR 2006, 49, 55.

78 VI. Anwendbarkeit auf einzelne Versicherungssparten und deren Leistungen

hinter verbirgt sich die Vorstellung, die „Vorauswahl" einer Gruppe von Leistungserbringern durch die Krankenkassen genüge für die Entgeltlichkeit nicht. Dass dies nicht zutrifft, wurde dargelegt (oben Abschn. VI. 1. b) bb) (2) der Darstellung). Im Ergebnis besteht aber Einigkeit darüber, dass Verträge nach § 111 Abs. 2 SGB V ausschreibungspflichtige öffentliche Aufträge i.S.d. § 99 GWB, Art. 1 Abs. 2 lit. a) RL 2004/18/EG sind[229].

(c) Verträge nach § 127 SGB V

Versicherte haben nach § 33 SGB V Anspruch auf Versorgung mit Hilfsmitteln. Hilfsmittel dürfen an Versicherte nach § 126 Abs. 1 SGB V nur auf der Grundlage von Verträgen nach § 127 Abs. 1, 2 und 3 SGB V abgegeben werden. Vertragspartner der Krankenkassen können nach § 126 Abs. 1 SGB V nur Leistungserbringer sein, die die Voraussetzungen für eine ausreichende, zweckmäßige und funktionsgerechte Herstellung, Abgabe und Anpassung der Hilfsmittel erfüllen. Soweit dies zur Gewährleistung einer wirtschaftlichen und in der Qualität gesicherten Versorgung zweckmäßig ist, können die Krankenkassen, ihre Landesverbände oder Arbeitsgemeinschaften nach § 127 Abs. 1 SGB V im Wege der Ausschreibung Verträge mit Leistungserbringern oder zu diesem Zweck gebildeten Zusammenschlüssen der Leistungserbringer über die Lieferung einer bestimmten Menge von Hilfsmitteln, die Durchführung einer bestimmten Anzahl von Versorgungen oder die Versorgung für einen bestimmten Zeitraum schließen. Es ist umstritten, ob diese Pflicht zur „Ausschreibung" eine Ausschreibung nach den §§ 97 ff. GWB i.V.m. RL 2004/18/EG erforderlich macht[230]. Das BSG hat die Anwendbarkeit der §§ 97 ff. GWB i.V.m. RL 2004/18/EG auf Verträge nach § 127 Abs. 1 SGB V mangels Entscheidungserheblichkeit jüngst offengelassen[231]. Jedenfalls bei den Verträgen nach § 127 Abs. 1 SGB V handelt es sich um Selektivverträge, weil sie dem Vertragspartner eine Sonderstellung im Wettbewerb verschaffen.[232] Aufgrund der EuGH-Rechtsprechung in der Rs. *Oymanns*

---

[229] *Heinemann*, Die Erbringung sozialer Dienstleistungen durch Dritte nach deutschem und europäischem Vergaberecht, 2009, S. 248; *Sormani-Bastian*, Vergaberecht und Sozialrecht, S. 169; *Kunze/Kreikebohm*, NZS 2003, 62, 65.

[230] Dafür LSG Nordrhein-Westfalen, Beschl. v. 14.4.2010 – L 21 KR 69/09 SFB, NZBau 2010, 653; *Heinemann*, Die Erbringung sozialer Dienstleistungen durch Dritte nach deutschem und europäischem Vergaberecht, 2009, S. 245; *Sormani-Bastian*, Vergaberecht und Sozialrecht, S. 146; *Dreher/Hoffmann*, NZBau 2009, 273, 279; *Goordazi/Junker*, NZS 2007, 631, 634; *Burgi*, NZBau 2008, 480, 484; *Hartmann/Suoglu*, SGb 2007, 404, 412; wohl auch *Klöck*, NZS 2008, 178, 184; dagegen *Bloch/Pruns*, SGb 2007, 645, 650; *Engelmann*, SGb 2008, 133, 136, 141 ff.; wohl auch *Rixen*, GesR 2006, 49, 55. Kryptisch BT-Drucks. 16/3100, S. 141: „Bei den Ausschreibungen sind die jeweils gültigen Vorschriften des Vergaberechts anzuwenden." Offen lassend BSG, Urt. v. 10.3.2010 – B 3 KR 26/08 R, juris Rn. 33.

[231] BSG, Beschl. v. 22.4.2009 – B 3 KR 2/09 D, NZS 2010, 204 Rn. 20.

[232] So auch LSG Nordrhein-Westfalen, Beschl. v. 14.4.2010 – L 21 KR 69/09 SFB, VergabeR 2010, 1026.

ist davon auszugehen, dass es sich auch hierbei um „öffentliche Lieferaufträge" und nicht um Dienstleistungskonzessionen handelt.

(d) Verträge nach § 130a Abs. 8 SGB V

In keinem anderen Bereich wurde die Ausschreibungspflicht von durch die Krankenkassen abgeschlossenen Verträgen umfassender diskutiert als hinsichtlich der Rabattverträge nach § 130a Abs. 8 SGB V. Krankenkassen oder ihre Verbände können nach § 130a Abs. 8 SGB V mit pharmazeutischen Unternehmern für die zu ihren Lasten abgegebenen Arzneimittel Rabatte vereinbaren. Nach Auffassung sowohl der Vergabekammern[233] als auch einem Teil der Gerichte[234] und der herrschenden Ansicht in der Literatur[235] bilden diese Verträge

---

[233] VK Bund, Beschl. v. 15.11.2007 – VK 2-105/07, GesR 2008, 32; VK Bund, Beschl. v. 14.11.2007 – VK 3-124/07, juris; VK Düsseldorf, Beschl. v. 31.10.2007 – VK-31/2007, juris.

[234] LSG Nordrhein-Westfalen, Beschl. v. 10.9.2009 – L 21 KR 53/09, VergabeR 2010, 135; LSG Nordrhein-Wetsfalen, Beschl. v. 27.5.2010 – L 21 KR 11/09 SFB, juris Rn. 21.; LSG Nordrhein-Westfalen, Beschl. v. 28.1.2010 – L 21 KR 68/09 SFB, juris Rn. 38; LSG Nordrhein-Westfalen, Beschl. v. 10.2.2010 – L 21 KR 60/09 SFB, juris Rn. 47; LSG Nordrhein-Westfalen, Beschl. v. 10.3.2010 – L 21 SF 41/10 Verg, juris Rn. 35; OLG Düsseldorf, Beschl. v. 19.12.2007 – VII Verg 51/07, NZBau 2008, 194; LSG Nordrhein-Westfalen, Beschl. v. 3.9.2009 – L 21 KR 51/09 SFB, VergabeR 2010, 126; LSG Baden-Württemberg, Beschl. v. 28.10.2008 – L 11 KR 4810/08 ER-B, NZS 2009, 329; LSG Baden-Württemberg, Beschl. v. 17.2.2009 – L 11 WB 381/09, NZS 2009, 504; LSG Baden-Württemberg, Beschl. v. 23.1.2009 – L 11 WB 5971/08, NZS 2009, 384; wohl auch BSG, Beschl. v. 6.10.2008 – B 3 SF 2/08 R, n. v. (juris) und BGH, Beschl. v. 15.7.2008 – X ZB 17/08, NJW 2008, 3222; a. A. LSG Baden-Württemberg, Beschl. v. 6.2.2008 – L 5 KR 316/08 B, NZS 2008, 384 unter Verweis auf § 69 SGB V a. F. Der *5. Senat* verkennt offenbar, dass das deutsche Recht unionsrechtskonform auszulegen und § 69 SGB V a. F. bei Vorliegen der Voraussetzungen der RL 2004/18/EG unionsrechtswidrig und unanwendbar ist, sollte er die Anwendung der RL 2004/18/EG auszuschließen trachten. Nach LSG Baden-Württemberg, Beschl. v. 18.2.2008 – L 5 KR 605/08 W-A, n. v. (juris) Rn. 119; LSG Baden-Württemberg, Urt. v. 27.2.2008 – L 5 KR 507/08 ER-B, MedR 2008, 309 erfordern die europäischen Vorgaben „nicht zwingend die direkte Anwendung der §§ 97 ff. GWB". Das ist Winkeljurisprudenz und wird von der h. M. zu Recht anders gesehen. Der *5. Senat* sollte sich mit der Rechtsprechung EuGH, Urt. v. 23.5.1985, Rs. C-29/84, Slg. 1985, 1661 Rn. 23 und 28 – *Kommission/Deutschland*; EuGH, Urt. v. 28.2.1991, Rs. C-131/88, Slg. 1991, I-825 Rn. 6 – *Kommission/Deutschland*; EuGH, Urt. v. 30.5.1991, Rs. C-361/88, Slg. 1991, I-2567 Rn. 15 – *Kommission/Deutschland*; Rs. C-59/89, Slg. 1991, I-2607 Rn. 18 – *Kommission/Deutschland*; EuGH, Urt. v. 17.10.1991, Rs. C-58/89, Slg. 1991, I-4983 Rn. 13 – *Kommission/Deutschland*; EuGH, Urt. v. 11.8.1995 Rs. C-433/93, Slg. 1995, I-2303 Rn. 18 – *Kommission/Deutschland* auseinandersetzen, wonach die Umsetzung hinreichend klar und bestimmt sein muss.

[235] *Heinemann*, Die Erbringung sozialer Dienstleistungen durch Dritte nach deutschem und europäischem Vergaberecht, 2009, S. 242; *Boldt*, PharmR 2009, 377 ff.; *Burgi*, NZBau 2008, 480, 484 f.; *Byok*, NJW 2009, 644, 647; *Byok/Csaki*, NZS 2008, 402, 403; *Dreher/Hoffmann*, NZBau 2009, 273, 277; *Gabriel/Weiner*, NZS 2009, 422, 424; *Heßhaus*, PharmR 2007, 334; *Kamann/Gey*, PharmR 2006, 291, 296; *dies.*, PharmR 2009, 114; *Kahl/Gärditz*, NZS 2008, 337 ff.; *Klöck*, NZS 2008, 178, 184 f.;

80   VI. Anwendbarkeit auf einzelne Versicherungssparten und deren Leistungen

„öffentliche Aufträge" i.S.d. Vergaberechts. Der Umstand, dass die Krankenkassen mit den Pharmaunternehmen nur einen Rabattrahmen vereinbaren, die Einzelverträge über die Abnahme von Medikamenten aber häufig mit den Vertragsärzten geschlossen würden, stehe nicht entgegen. In diesem Fall handele es sich nämlich bei dem erstgenannten Vertrag um einen Rahmenvertrag i.S.d. Art. 1 Abs. 5 RL 2004/18/EG. Bei der gebotenen funktionalen betrachtungsweise seien beide Verträge als wirtschaftliche Einheit zu betrachten.

Der h.M. ist zuzustimmen, erst Recht nach dem Urteil des Gerichtshofes in der Rs. *Oymanns*. Auch die Europäische Kommission teilt diese Auffassung, sie hat am 6.5.2008 ein Vertragsverletzungsverfahren (Art. 226 EG) gegen die Bundesrepublik Deutschland eingeleitet, weil 240 Krankenkassen die Rabattverträge *nicht* ausgeschrieben haben[236]. Die Diskussion offenbart aber vor allem wertvolle Hinweise auf die Janusköpfigkeit und letztlich Widersprüchlichkeit der h.M.: Wo sich die Ausschreibung für den Staat rechnet (die Rabattverträge sollen Einsparungen in Höhe von mehreren Millionen Euro ermöglichen[237]), wird die Anwendung des Vergaberechts befürwortet. Dass auch Dritte (die Vertragsärzte) eingeschaltet werden, soll nicht entgegenstehen und auch eine Dienstleistungskonzession wird verneint. Sobald die Ausschreibung aber mehr lästige Pflicht als Nutzen zu sein scheint (so bei den Verträgen nach §§ 73b, 127 SGB V), sollen gerade diese Faktoren der Annahme eines „öffentlichen Auftrages" entgegenstehen. Überzeugend ist das nicht, selbst wenn man bedenkt, dass Rabattverträge wohl immer eine „Lieferung" zum Gegenstand haben und schon deshalb keine Dienstleistungskonzession sein können.

Als problematisch erweist sich auch nicht mehr die Rechtswegzuständigkeit für Vergaberechtsstreitigkeiten betreffend Rabattverträge nach § 130a Abs. 8 SGB V. Das BSG ging zuvor aufgrund von § 51 Abs. 2 SGG und § 130a Abs. 9 SGB V a.F. („Bei Streitigkeiten in Angelegenheiten dieser Vorschrift ist der Rechtsweg vor den Gerichten der Sozialgerichtsbarkeit gegeben.") davon aus, dass für Vergaberechtsstreitigkeiten betreffend Rabattverträge der Weg zu den Sozialgerichten eröffnet sei[238]. Demgegenüber bejahten mehrere Vergabesenate bei den ordentlichen Gerichten aufgrund von § 116 GWB ebenfalls ihre Zuständigkeit[239]. Nachdem der Gesetzgeber mit Wirkung ab dem 18.12.2008 den

---

Koenig/Klahn/Schreiber, GesR 2007, 559, 562 f.; *Meyer-Hofmann/Hahn,* A&R 2010, 59, 60 f.; *Röbke,* NVwZ 2008, 726, 730; *Stolz/Kraus,* VergabeR 2008, 1, 10; *Ulshöfer,* VergabeR 2010, 132 ff.; *Sormani-Bastian,* ZESAR 2010, 13, 15; a.A. *Bloch/Pruns,* SGb 2007, 645, 652; *Engelmann,* SGb 2008, 133, 146 ff.

[236] Europäische Kommission, Mitteilung vom 6.5.2008, IP/08/686.

[237] *Heinemann,* Die Erbringung sozialer Dienstleistungen durch Dritte nach deutschem und europäischem Vergaberecht, 2009, S. 240.

[238] BSG, Beschl. v. 6.10.2008 – B 3 SF 2/08 R, n.v. (juris); BSG, Beschl. v. 22.4.2008 – B 1 SF 1/08 R, NJW 2008, 3238.

[239] OLG Düsseldorf, Beschl. v. 30.04.2008 – VII-Verg 4/08, n.v. (juris); OLG Düsseldorf, Beschl. v. 17.01.2008 – VII-Verg 57/07, n.v. (juris); OLG Düsseldorf, Beschl.

§ 130a Abs. 9 SGB V ersatzlos gestrichen und § 116 Abs. 3 GWB neu gefasst hat, sind künftig für vergaberechtliche Streitigkeiten in Rechtsbeziehungen i. S. d. § 69 SGB V erstinstanzlich die Vergabekammern, zweitinstanzlich die Landessozialgerichte zuständig. Die Rechtswegzuweisung gilt damit nicht nur für Rabattverträge nach § 130a Abs. 8 SGB V, sondern für sämtliche vergaberechtsrelevante Leistungen der Krankenkassen.[240]

(e) Verträge nach § 140a Abs. 1 SGB V

Abweichend von den übrigen Regelungen des 3. Kapitels SGB V können die Krankenkassen nach § 140a Abs. 1 SGB V Verträge über eine verschiedene Leistungssektoren übergreifende Versorgung der Versicherten oder eine interdisziplinär-fachübergreifende Versorgung mit den in § 140b Abs. 1 SGB V genannten Vertragspartnern abschließen. Die Verträge zur integrierten Versorgung sollen eine bevölkerungsbezogene Flächendeckung der Versorgung ermöglichen, die Teilnahme an der integrierten Versorgung ist für die Versicherten freiwillig, § 140a Abs. 2 SGB V. Vor der Rs. *Oymanns* war in der Literatur umstritten, ob es sich bei den Verträgen zur integrierten Versorgung um Dienstleistungsaufträge oder um Dienstleistungskonzessionen handelte[241]. Mit der Rs. *Oymanns* hat der EuGH nunmehr entschieden, dass es sich bei Verträgen zur integrierten Versorgung nach § 140a Abs. 1 SGB V um öffentliche Aufträge i. S. d. § 99 GWB, Art. 1 Abs. 2 RL 2004/18/EG handelt. Die entscheidende Urteilspassage sagt es klar:

„Im vorliegenden Fall ist der im Ausgangsverfahren in Rede stehende Auftrag ein sogenannter ‚Vertrag über die integrierte Versorgung', der in den §§ 140a bis 140e SGB V vorgesehen ist und zwischen einer gesetzlichen Krankenkasse und einem Wirtschaftsteilnehmer geschlossen wird. Nach diesem Vertrag übernimmt der Wirtschaftsteilnehmer die Verpflichtung zur Versorgung der Versicherten, die sich an ihn wenden. Zugleich werden in dem genannten Vertrag die Preise für die unterschiedlichen Leistungsformen und die Vertragsdauer bestimmt. Mengenmäßig werden die

---

v. 19.12.2007 – VII-Verg 51/07, NZBau 2008, 194 und OLG Düsseldorf, Beschl. v. 18.12.2007 – VII-Verg 44/07, n. v. (juris); OLG Brandenburg, Beschl. v. 12.02.2008 – Verg W 18/07, BauR 2008, 1198; *obiter dictum* auch BGH, Beschl. v. 15.7.2008 – X ZB 17/08, NJW 2008, 3222.

[240] s. hierzu auch *Thüsing/Granetzny*, NJW 2008, 3188 ff.
[241] Für Dienstleistungsauftrag etwa *Gabriel*, NZS 2007, 344, 348 ff.; *Goordazi/Schmid*, NZS 2008, 518, 522; *Klöck*, NZS 2008, 178, 183; *Wigge/Harney*, MedR 2008, 139, 148; wohl auch *Schickert*, PharmR 2009, 164, 166 ff.; für Dienstleistungskonzession: *Heinemann*, Die Erbringung sozialer Dienstleistungen durch Dritte nach deutschem und europäischem Vergaberecht, 2009, S. 253. Gegen Anwendung des Vergaberechts auch *Engelmann*, SGb 2008, 133, 134 ff. Die Ausschreibungspflicht bejahen *Dreher/Hoffmann*, NZBau 2009, 273, 280 f. sowie mit gegenüber dem EuGH abweichender Begründung auch *Ebsen*, KrV 2010, 189, 192. Zurückhaltende Bewertung der Entscheidung bei *Baumeister/Struß*, NZS 2010, 247, 250.

VI. Anwendbarkeit auf einzelne Versicherungssparten und deren Leistungen

verschiedenen Leistungen nicht festgelegt, doch verlangt der Begriff der Dienstleistungskonzession eine derartige Klausel nicht. Die gesetzliche Krankenkasse ist die alleinige Schuldnerin des Vergütungsanspruchs des Leistungserbringers. Es zeigt sich somit, dass die Bedingungen für die Ausübung der Tätigkeit des Wirtschaftsteilnehmers in dem im Ausgangsverfahren in Rede stehenden Vertrag definiert werden, so dass der genannte Wirtschaftsteilnehmer nicht über den Grad wirtschaftlicher Freiheit verfügt, der für die Situation einer Dienstleistungskonzession kennzeichnend ist, und auch nicht einem beträchtlichen, mit der Nutzung seiner Leistungen verbundenen Risiko ausgesetzt ist.

Zwar ließe sich sagen, dass der Wirtschaftsteilnehmer im vorliegenden Fall einem gewissen Risiko ausgesetzt ist, da seine Waren und Dienstleistungen von den Versicherten möglicherweise nicht in Anspruch genommen werden. Dieses Risiko ist jedoch gering. Denn der Wirtschaftsteilnehmer ist des mit der Beitreibung seiner Vergütung und der Insolvenz seines einzelnen Vertragspartners verbundenen Risikos enthoben, da die gesetzliche Krankenkasse von Rechts wegen die alleinige Schuldnerin seiner Vergütung ist. Außerdem muss er, obwohl er für seine Leistungen über eine hinreichende Ausstattung verfügen muss, im Vorfeld keine beträchtlichen Aufwendungen tätigen, bevor er einen Einzelvertrag mit einem Versicherten schließt. Schließlich ist im Voraus die Anzahl der Versicherten, die unter dem sogenannten ‚diabetischen Fußsyndrom' leiden und sich an diesen Wirtschaftsteilnehmer wenden können, bekannt, so dass dessen Inanspruchnahme angemessen vorhersehbar ist.

Folglich wird das mit der Ausübung der fraglichen Tätigkeiten verbundene Risiko – ein Aspekt, der für die Lage eines Konzessionärs im Rahmen einer Dienstleistungskonzession kennzeichnend ist – im vorliegenden Fall nicht überwiegend von dem Wirtschaftsteilnehmer getragen.

Somit ist auf die dritte Vorlagefrage zu antworten, dass dann, wenn sich die Erbringung von Dienstleistungen bei dem fraglichen Auftrag als im Verhältnis zur Warenlieferung überwiegend herausstellen sollte, eine zwischen einer gesetzlichen Krankenkasse und einem Wirtschaftsteilnehmer geschlossene Vereinbarung wie die im Ausgangsverfahren in Rede stehende, in der die Vergütung für die verschiedenen von diesem Wirtschaftsteilnehmer erwarteten Versorgungsformen sowie die Laufzeit der Vereinbarung festgelegt werden, wobei der genannte Wirtschaftsteilnehmer die Verpflichtung übernimmt, Leistungen gegenüber den Versicherten zu erbringen, die diese bei ihm nachfragen, und die genannte Kasse ihrerseits die alleinige Schuldnerin der Vergütung für das Tätigwerden dieses Wirtschaftsteilnehmers ist, als eine ‚Rahmenvereinbarung' im Sinne von Art. 1 Abs. 5 der Richtlinie 2004/18 anzusehen ist[242]."

cc) Schwellenwerte

Eine vergaberechtliche Ausschreibungspflicht für Verträge zwischen der Krankenkasse und dem jeweiligen Leistungsträger besteht nach § 100 Abs. 1 GWB, Art. 7 RL 2004/18/EG i.V.m. VO (EG) Nr. 1177/2009 nur, wenn der Wert des

---

[242] EuGH, Urt. v. 11.6.2009, Rs. C-300/07, NJW 2009, 2427.

Auftrages die Schwelle von derzeit 193.000 Euro überschreitet (oben Abschn. III. 2. c) der Darstellung)[243].

dd) Kein Ausschluss durch § 69 SGB V

Keine Norm wurde in den vergangenen Jahren im Zusammenhang mit der Ausschreibungspflicht von Leistungen der Sozialversicherungsträger so intensiv diskutiert wie § 69 SGB V. Die Vorschrift lautete vom 1.1.2004 bis zum 31.3. 2007:

§ 69 SGB V

Dieses Kapitel sowie die §§ 63 und 64 regeln abschließend die Rechtsbeziehungen der Krankenkassen und ihrer Verbände zu Ärzten, Zahnärzten, Psychotherapeuten, Apotheken sowie sonstigen Leistungserbringern und ihren Verbänden, einschließlich der Beschlüsse des Gemeinsamen Bundesausschusses und der Landesausschüsse nach den §§ 90 bis 94. Die Rechtsbeziehungen der Krankenkassen und ihrer Verbände zu den Krankenhäusern und ihren Verbänden werden abschließend in diesem Kapitel, in den §§ 63, 64 und in dem Krankenhausfinanzierungsgesetz, dem Krankenhausentgeltgesetz sowie den hiernach erlassenen Rechtsverordnungen geregelt. Für die Rechtsbeziehungen nach den Sätzen 1 und 2 gelten im Übrigen die Vorschriften des Bürgerlichen Gesetzbuches entsprechend, soweit sie mit den Vorgaben des § 70 und den übrigen Aufgaben und Pflichten der Beteiligten nach diesem Kapitel vereinbar sind. Die Sätze 1 bis 3 gelten auch, soweit durch diese Rechtsbeziehungen Rechte Dritter betroffen sind.

Aus den Sätzen 1 und 2 der Vorschrift, wonach die Rechtsbeziehungen zwischen den Krankenkassen und Leistungserbringern „abschließend" durch das SGB V geregelt werden, entnahm das BSG, dass das Vergaberecht durch § 69 SGB V ausgeschlossen werde[244]. Die Literatur verwies schon damals auf den Vorrang des Unionsrechts und sah § 69 SGB V bei diesem Verständnis sowohl wegen Verstoßes gegen die RL 2004/18/EG als auch gegen die Artt. 101 ff. AEUV (ex-Artt. 81 ff. EG) als unionsrechtswidrig und unanwendbar an[245]. Vom 1.4.2007 bis zum 17.12.2008 lautete die Vorschrift:

§ 69 SGB V

Dieses Kapitel sowie die §§ 63 und 64 regeln abschließend die Rechtsbeziehungen der Krankenkassen und ihrer Verbände zu Ärzten, Zahnärzten, Psychotherapeuten,

---

[243] Zur Berechnung im Bereich der Krankenversicherung *Kunze/Kreikebohm,* NZS 2003, 5, 9.
[244] BSG, Urt. v. 25.9.2001 – B 3 KR 3/01 R, BSGE 89, 24, 33 f.
[245] *Koenig/Sander,* EuZW 2000, 716 ff. (zur weitgehend identischen Vorgängerfassung); *Kingreen,* SGb 2004, 659, 664; *Bloch/Pruns,* SGb 2007, 645, 647; *Boldt,* NJW 2005, 3757, 3758; *Gabriel,* NZS 2007, 344, 345; *Kamann/Gey,* PharmR 2006, 255, 261; *Rixen,* GesR 2006, 49, 54.

Apotheken sowie sonstigen Leistungserbringern und ihren Verbänden, einschließlich der Beschlüsse des Gemeinsamen Bundesausschusses und der Landesausschüsse nach den §§ 90 bis 94. *Die §§ 19 bis 21 des Gesetzes gegen Wettbewerbsbeschränkungen gelten entsprechend; dies gilt nicht für Verträge von Krankenkassen oder deren Verbänden mit Leistungserbringern, zu deren Abschluss die Krankenkassen oder deren Verbände gesetzlich verpflichtet sind und bei deren Nichtzustandekommen eine Schiedsamtsregelung gilt* [Hervorhebung d. Verf.]. Die Rechtsbeziehungen der Krankenkassen und ihrer Verbände zu den Krankenhäusern und ihren Verbänden werden abschließend in diesem Kapitel, in den §§ 63, 64 und in dem Krankenhausfinanzierungsgesetz, dem Krankenhausentgeltgesetz sowie den hiernach erlassenen Rechtsverordnungen geregelt. Für die Rechtsbeziehungen nach den Sätzen 1 und 2 gelten im Übrigen die Vorschriften des Bürgerlichen Gesetzbuches entsprechend, soweit sie mit den Vorgaben des § 70 und den übrigen Aufgaben und Pflichten der Beteiligten nach diesem Kapitel vereinbar sind. Die Sätze 1 bis 3 gelten auch, soweit durch diese Rechtsbeziehungen Rechte Dritter betroffen sind.

Neu war an dieser Regelung Satz 3, der die partielle Geltung der §§ 19 bis 20 GWB anordnete und insoweit zumindest die Bedenken hinsichtlich des Ausschlusses der Artt. 101 ff. AEUV (ex-Artt. 81 ff. EG) zu entkräften half[246]. Gleichwohl wurde auch gegenüber dieser Gesetzesfassung der Vorwurf erhoben, dass die Geltung der RL 2004/18/EG (bzw. der §§ 97 ff. GWB) in unionsrechtswidriger Weise ausgeschlossen werde[247]. Vom 18.12.2008 bis zum 31.12.2010 bestimmte § 69 SGB V:

§ 69 SGB V

(1) Dieses Kapitel sowie die §§ 63 und 64 regeln abschließend die Rechtsbeziehungen der Krankenkassen und ihrer Verbände zu Ärzten, Zahnärzten, Psychotherapeuten, Apotheken sowie sonstigen Leistungserbringern und ihren Verbänden, einschließlich der Beschlüsse des Gemeinsamen Bundesausschusses und der Landesausschüsse nach den §§ 90 bis 94. Die Rechtsbeziehungen der Krankenkassen und ihrer Verbände zu den Krankenhäusern und ihren Verbänden werden abschließend in diesem Kapitel, in den §§ 63, 64 und in dem Krankenhausfinanzierungsgesetz, dem Krankenhausentgeltgesetz sowie den hiernach erlassenen Rechtsverordnungen geregelt. Für die Rechtsbeziehungen nach den Sätzen 1 und 2 gelten im Übrigen die Vorschriften des Bürgerlichen Gesetzbuches entsprechend, soweit sie mit den Vorgaben des § 70 und den übrigen Aufgaben und Pflichten der Beteiligten nach diesem Kapitel vereinbar sind. Die Sätze 1 bis 3 gelten auch, soweit durch diese Rechtsbeziehungen Rechte Dritter betroffen sind.

---

[246] Dazu *Kamann/Gey*, PharmR 2006, 291, 295.
[247] *Hartmann/Suoglu*, SGb 2007, 404, 413; *Gabriel*, VergabeR 2007, 630, 634; *Goordazi/Junker*, NZS 2007, 632, 633; *Heßhaus*, VergabeR Sonderheft 2a/2007, 333, 335; *Koenig/Klahn/Schreiber*, GesR 2007, 559, 562; *Sieben*, MedR 2007, 706, 707; *Klöck*, NZS 2008, 178, 179; *Bernhardt*, ZESAR 2008, 128, 139; *Koenig/Klahn/Schreiber*, ZESAR 2008, 5, 6; *Burgi*, NZBau 2008, 480, 482; *Goordazi/Schmid*, NZS 2008, 518, 520.

(2) Die §§ 19 bis 21 des Gesetzes gegen Wettbewerbsbeschränkungen gelten für die in Absatz 1 genannten Rechtsbeziehungen entsprechend; *die §§ 97 bis 115 und 128 des Gesetzes gegen Wettbewerbsbeschränkungen sind anzuwenden, soweit die dort genannten Voraussetzungen erfüllt sind.* Satz 1 gilt nicht für Verträge von Krankenkassen oder deren Verbänden mit Leistungserbringern, zu deren Abschluss die Krankenkassen oder deren Verbände gesetzlich verpflichtet sind und bei deren Nichtzustandekommen eine Schiedsamtsregelung gilt. *Die in Satz 1 genannten Vorschriften gelten mit der Maßgabe, dass der Versorgungsauftrag der gesetzlichen Krankenkassen besonders zu berücksichtigen ist* [Hervorhebung d. Verf.].

§ 69 Abs. 2 S. 1 Hs. 2 SGB V ordnete also die Anwendung der §§ 97 ff. GWB an, soweit deren Voraussetzungen erfüllt waren. Dadurch wurden die unionsrechtlichen Bedenken wider die Regelung in Bezug auf die RL 2004/18/EG zunächst ausgeräumt[248], wobei gleichwohl unklar war, ob der deutsche Gesetzgeber die unionsrechtlichen Vorgaben anerkannte oder sich für befugt hielt, die Änderung wieder zurückzunehmen. Die Ausnahme von der Anwendung des Vergaberechts hinsichtlich sogenannter Kollektivverträge in § 69 Abs. 2 S. 2 SGB V war unionsrechtskonform, da der Zweck des Vergaberechts bei diesen Verträgen nicht erreicht werden konnte und die §§ 97 ff. GWB i.V.m. RL 2004/18/EG insoweit teleologisch zu reduzieren sind (oben Abschn. V. der Darstellung). Durch das AMNOG hat § 69 SGB V eine weitere Änderung erfahren. Seit dem 1.1.2011 lautet die Vorschrift:

§ 69 SGB V

(1) Dieses Kapitel sowie die §§ 63 und 64 regeln abschließend die Rechtsbeziehungen der Krankenkassen und ihrer Verbände zu Ärzten, Zahnärzten, Psychotherapeuten, Apotheken sowie sonstigen Leistungserbringern und ihren Verbänden, einschließlich der Beschlüsse des Gemeinsamen Bundesausschusses und der Landesausschüsse nach den §§ 90 bis 94. Die Rechtsbeziehungen der Krankenkassen und ihrer Verbände zu den Krankenhäusern und ihren Verbänden werden abschließend in diesem Kapitel, in den §§ 63, 64 und in dem Krankenhausfinanzierungsgesetz, dem Krankenhausentgeltgesetz sowie den hiernach erlassenen Rechtsverordnungen geregelt. Für die Rechtsbeziehungen nach den Sätzen 1 und 2 gelten im Übrigen die Vorschriften des Bürgerlichen Gesetzbuches entsprechend, soweit sie mit den Vorgaben des § 70 und den übrigen Aufgaben und Pflichten der Beteiligten nach diesem Kapitel vereinbar sind. Die Sätze 1 bis 3 gelten auch, soweit durch diese Rechtsbeziehungen Rechte Dritter betroffen sind.

(2) *Die §§ 1, 2, 3 Absatz 1, §§ 19, 20, 21, 32 bis 34a, 48 bis 80, 81 Absatz 2 Nummer 1, 2a und 6, Absatz 3 Nummer 1 und 2, Absatz 4 bis 10 und §§ 82 bis 95 des Gesetzes gegen Wettbewerbsbeschränkungen gelten für die in Absatz 1 genannten Rechtsbeziehungen entsprechend* [Herv. d. Verf.]. Satz 1 gilt nicht für Verträge und

---

[248] So auch die Einschätzung von LSG Baden-Württemberg, Beschl. v. 17.2.2009 – L 11 WB 381/09, NZS 2009, 504; *Schäffer*, ZESAR 2009, 374, 376; *Sendowski*, GesR 2009, 286, 291.

VI. Anwendbarkeit auf einzelne Versicherungssparten und deren Leistungen

sonstige Vereinbarungen von Krankenkassen oder deren Verbänden mit Leistungserbringern oder deren Verbänden, zu deren Abschluss die Krankenkassen oder deren Verbände gesetzlich verpflichtet sind. Satz 1 gilt auch nicht für Beschlüsse, Empfehlungen, Richtlinien oder sonstige Entscheidungen der Krankenkassen oder deren Verbände, zu denen sie gesetzlich verpflichtet sind, sowie für Beschlüsse, Richtlinien und sonstige Entscheidungen des Gemeinsamen Bundesausschusses, zu denen er gesetzlich verpflichtet ist. *Die Vorschriften des Vierten Teils des Gesetzes gegen Wettbewerbsbeschränkungen sind anzuwenden* [Herv. d. Verf.].

Neu ist an dieser Fassung zunächst eine erhebliche Ausweitung der Vorschriften des GWB, deren Anwendung angeordnet wird. So findet das Kartellverbot des § 1 GWB ausdrücklich auch auf die Krankenkassen Anwendung. Dass die Anwendung der §§ 2, 3, 32 bis 34a, 48 bis 80, 81 Abs. 2 Nr. 1, 2a und 6, Abs. 3 Nr. 1 und 2, Abs. 4 bis 10 GWB und der §§ 82 bis 95 GWB angeordnet wird, ist logische Konsequenz hieraus. Beibehalten wird die Beschränkung auf eine „entsprechende" Anwendung. Das hat seinen Grund darin, dass der Gesetzgeber weiterhin davon ausgeht, dass die Krankenkassen keine Unternehmen i. S. d. europäischen Kartellrechts sind, so dass eine unmittelbare Anwendung der Vorschriften ausscheide[249]. Des Weiteren wird durch den letzten Satz des Absatzes 2 die Anwendung des vierten Teils des GWB nunmehr vorbehaltlos angeordnet, also insbesondere der §§ 97 ff. GWB. Das gilt nicht mehr nur, „soweit die dort genannten Voraussetzungen erfüllt sind." Ob daraus zu folgern ist, dass der Gesetzgeber die Träger der gesetzlichen Krankenversicherung nunmehr als „öffentliche Auftraggeber" i. S. d. RL 2004/18/EG anerkennt, ist unklar. Dagegen spricht, dass es einer solchen Regelung dann gar nicht bedurft hätte, weil die §§ 97 ff. GWB dann ohnehin anzuwenden wären. Darüber hinaus können Auftragsvergaben nach dem SGB V im Nachprüfungsverfahren durch die Vergabekammern zur Überprüfung gestellt werden, §§ 102 ff. GWB. Ferner können nach den §§ 116 ff. GWB die ordentlichen Gerichte mittels der sofortigen Beschwerde zur Überprüfung der Entscheidungen der Vergabekammern angerufen werden. Seinen Grund soll diese Regelung in § 51 Abs. 3 SGG finden[250]. Dieser ordnet an, dass Streitigkeiten in Verfahren nach dem GWB, die Rechtsbeziehungen nach § 69 SGB V betreffen, von der Sozialgerichtsbarkeit ausgenommen sind (dazu Abschn. VIII.3. der Darstellung). Die Regierungsbegründung ist hier offensichtlich zirkulär: Wenn die Änderung des § 69 SGB V ihren Grund in § 51 Abs. 3 SGG findet, kann nicht § 51 Abs. 3 SGG gleichzeitig den § 69 SGB V zum Tatbestandsmerkmal erklären. Grund für beide Änderungen ist, dass die wettbewerbsrechtlichen Fragen der Vergabeverfahren bei den Vergabekammern und ordentlichen Gerichten als sachnäheren Spruchkörpern besser aufgehoben sind als bei den Sozialgerichten.

---

[249] BT-Drucks. 17/2413, S. 26 r.Sp.; kritisch hierzu die Stellungnahme des Bundesrates, BT-Drucks. 17/3116, S. 12 und auch *Becker/Kingreen*, NZS 2010, 417, 420 f.
[250] BT-Drucks. 17/2413, S. 27 l.Sp.

c) Anwendbarkeit sonstigen Vergaberechts

aa) §§ 19 ff. GWB

Nach § 69 Abs. 2 S. 1 SGB V unterliegen die Krankenkassen beim Abschluss von Selektivverträgen den §§ 19 bis 21 GWB, also dem Verbot des Missbrauchs einer marktbeherrschenden Stellung, dem Diskriminierungsverbot sowie dem Boykottverbot[251]. Das Kartellverbot des § 1 GWB wurde bis zum 1.1.2011 nicht für anwendbar erklärt[252]. Erst das AMNOG hat auch das nationale Kartellverbot in den Katalog der anzuwendenden Vorschriften aufgenommen. Der deutsche Gesetzgeber geht damit über das durch die Artt. 102 ff. AEUV (ex-Artt. 82 ff. EG) Gebotene hinaus, denn wie gesehen (oben Abschn. III. 1. a) aa) (1) der Darstellung), sind die Krankenkassen nach Auffassung des EuGH jedenfalls in ihrer jetzigen Struktur nicht als „Unternehmen" i.S.d. Artt. 102 ff. AEUV (Ex-Artt. 82 ff. EG) anzusehen. Das AMNOG hat daran wohl noch nichts geändert. Inhaltlich sind die Unterschiede zwischen den §§ 19 ff. GWB und den Artt. 102 ff. AEUV (Ex-Artt. 82 ff. EG) marginal (oben Abschn. III. 1. a) bb) der Darstellung). Ein Missbrauch einer marktbeherrschenden Stellung dürfte vor allem beim Abschluss von Rabattverträgen nach § 130a Abs. 8 SGB V drohen.

bb) Vergaberecht unterhalb der Schwellenwerte

Es stellt sich die Frage, ob und wenn ja, welche Ausschreibungspflichten bestehen, wenn die Voraussetzungen der §§ 97 ff. GWB i.V.m. RL 2004/18/EG nicht vorliegen, insbesondere die Schwellenwerte nicht überschritten werden. Wie gesehen, enthält das SGB V an verschiedenen Stellen neben dem § 69 Abs. 2 S. 4 SGB V ausdrückliche Ausschreibungspflichten, etwa in §§ 73b Abs. 4 S. 5, 73c Abs. 3 S. 3; 103 Abs. 4 S.1, 126 Abs. 2 und 127 Abs.1, 129 Abs. 5b S.1 SGB V. Ganz überwiegend werden diese Ausschreibungspflichten nicht als Verweis auf die §§ 97 ff. GWB verstanden, was erst Recht nach der Neufassung des § 69 Abs. 2 S. 4 SGB V überzeugend ist. Manche wollen aber diese sozialversicherungsrechtliche Ausschreibungspflicht *sui generis* an die §§ 97 ff. GWB anlehnen[253]. Andere sind dagegen der Auffassung, dass eine Anlehnung an das förmliche Vergabeverfahren nicht erforderlich sei, sondern dass nur der aus Artt. 3 Abs. 1, 12 Abs. 1 GG folgende Mindeststandard beachtet werden müsse. Dafür spreche gerade der Umkehrschluss aus § 69 SGB V[254]. Das

---

[251] Aus der Rechtsprechung dazu etwa LSG Sachsen-Anhalt, Beschl. v. 30.6.2010 – L 10 KR 38/10 B ER, n.v. (juris); LSG Sachsen, Beschl. v. 17.6.2010 – L 1 KR 78/09 B ER, n.v. (juris).

[252] s. dazu noch zum alten Recht LSG Baden-Württemberg, Beschl. v. 23.1.2009 – L 11 WB 5971/08, NZS 2009, 384; ferner *Lübbig/Klasse*, A&R 2009, 51 ff.; *Bernhardt*, ZESAR 2008, 128, 132 f.

[253] *Rixen*, GesR 2006, 49, 56.

[254] *Goordazi/Junker*, NZS 2007, 632, 635.

überzeugt, denn hätte der Gesetzgeber im Unterschwellenbereich die §§ 97 ff. GWB entsprechend gelten lassen wollen, hätte es nach der Neufassung des § 69 Abs. 2 S. 1 SGB V zum 18.12.2008 nicht mehr der Sonderregelungen in den §§ 73b Abs. 4 S 5, 73c Abs. 3 S. 3; 103 Abs. 4 S. 1, 126 Abs. 2 und 127 Abs. 1, 129 Abs. 5b S. 1 SGB V und der Einschränkung „soweit die dort genannten Voraussetzungen erfüllt sind" in § 69 Abs. 2 S. 1 SGB V in der ab dem 18.12.2008 geltenden Fassung bedurft. Er hätte einfach in § 69 Abs. 2 S. 1 SGB V generell die §§ 97 ff. GWB zur Anwendung berufen können. Das hat er mit dem AM-NOG zwar in § 69 Abs. 2 S. 4 SGB V getan, hat aber die Spezialvorschriften gleichzeitig nicht aufgehoben. Der demnach gemäß Artt. 3 Abs. 1, 12 Abs. 1 GG zu beachtende Mindeststandard verlangt nach der Rechtsprechung des BVerfG eine Quadriga an Verfahrensgrundsätzen: Gleichbehandlung, Publizität, Nichtdiskriminierung und eine faire Chance auf Erteilung des Zuschlags (oben Abschn. II. 2. c) aa) und III. 3. a) der Darstellung)[255]. Dem steht § 22 Abs. 1 S. 1 SVHV nicht entgegen: Auch wenn die Vorschrift die Ausschreibung von Verträgen über Versicherungsleistungen auszuschließen scheint (oben Abschn. II. 2. c) dd) der Darstellung), vermag sie als bloße Rechtsverordnung nach Art. 80 GG nicht das höherrangige, da im Rang eines formellen Gesetzes stehende, SGB V zu derogieren. Entsprechendes folgt auch aus den europäischen Grundfreiheiten, namentlich der Niederlassungs- und der Dienstleistungsfreiheit. Diese verpflichten öffentliche Auftraggeber, Aufträge im nicht von der RL 2004/18/EG erfassten Bereich nach den Grundsätzen der Transparenz, Gleichbehandlung und Nichtdiskriminierung zu vergeben (s. oben Abschn. II. 2. b) bb) der Darstellung)[256].

2. Rentenversicherung (SGB VI)

a) Anwendbarkeit der Artt. 101 ff., 107 ff. AEUV (ex-Artt. 81 ff., 87 ff. EG)

Inwieweit die Rentenversicherungsträger dem europäischen Wettbewerbsrecht nach den Artt. 101 ff., 107 ff. AEUV (ex-Artt. 81 ff., 87 ff. EG) unterliegen, wird unterschiedlich beurteilt. Während die Rechtsprechung teilweise davon ausgeht, dass es sich bei den Rentenversicherungsträgern nicht um „Unternehmen" i. S. d. Unionsrechts handelt[257], hält man das europäische Kartell- und Beihilfenrecht in der Literatur teilweise für anwendbar[258]. Davon gehen offenbar auch

---

[255] So auch *Becker/Kingreen,* in: Becker/Kingreen, SGB V, 2008, § 69 Rn. 45; *Bieback,* NZS 2007, 505, 506, 507; *Ebsen,* KrV 2010, 139 f.; *Kingreen,* SGb 2008, 437, 439 ff.; *Bernhardt,* ZESAR 2008, 128, 138 f.; *Mrozynski,* ZFSH/SGB 2004, 451, 459.

[256] s. jüngst auch EuGH, Urt. v. 13.4.2010, Rs. C-91/08, EWS 2010, 188 – *Wall AG.*

[257] LSG Nordrhein-Wetsfalen, Urt. v. 22.10.2001 – L 3 RA 38/99, NZS 2002, 265; LSG Baden-Württemberg, Urt. v. 17.9.2002 – L 13 RA 890/02, n. v. (juris) Rn. 36.

mehrere Urteile zu § 118 Abs. 3 SGB VI aus[259]. Alles in allem sind auch hier die Kriterien des EuGH in den Rs. *Poucet, Cisal, AOK Bundesverband, FENIN* und *Kattner* heranzuziehen: Demnach stellen die Rentenversicherungsträger im Regelfall keine Unternehmen i. S. d. unionsrechtlichen Wettbewerbsrechts dar, werden aber zu solchen, sobald sie wirtschaftlich tätig werden (oben Abschn. III. 1. a) aa) (1) der Darstellung).

b) Anwendbarkeit der RL 2004/18/EG und der §§ 97 ff. GWB

Voraussetzung für die Anwendung der §§ 97 ff. GWB i. V. m. der RL 2004/18/ EG auf die Rentenversicherungsträger ist zunächst, dass es sich bei diesen um einen „öffentlichen Auftraggeber" handelt. Literatur und Rechtsprechung in dieser Frage sind spärlich, das SG Meiningen hatte sich mit der Ausschreibungspflicht von Rentenversicherungsleistungen zu befassen und hielt die §§ 97 ff. GWB für analog anwendbar, ohne jedoch der Frage nachzugehen, ob die Rentenversicherungsträger öffentliche Auftraggeber sind[260]. Das BayObLG ordnete eine Landesversicherungsanstalt hingegen als öffentlichen Auftraggeber ein[261]. Anhang III RL 2004/18/EG nennt auch die gesetzliche Rentenversicherung, so dass ein Indiz dafür besteht, dass sie öffentlicher Auftraggeber i. S. d. Art. 1 Abs. 9 RL 2004/18/EG ist (oben Abschn. III. 2. a) der Darstellung).

aa) Persönlicher Anwendungsbereich – öffentlicher Auftraggeber

(1) Juristische Person

Träger der Rentenversicherung sind nach § 23 Abs. 2 SGB I, § 125 SGB VI die Regionalträger und die Bundesträger. Bundesträger sind die Deutsche Rentenversicherung Bund und die Deutsche Rentenversicherung Knappschaft-Bahn-See. Der Name der Regionalträger der gesetzlichen Rentenversicherung besteht aus der Bezeichnung „Deutsche Rentenversicherung" und einem Zusatz für ihre jeweilige regionale Zuständigkeit, also beispielsweise „Deutsche Rentenversicherung Rheinland" oder „Deutsche Rentenversicherung Westfalen". Da die Renten-

---

[258] *Bieback*, RsDE 49, 1, 4, 11 f., 30 f.; *Schulz-Weidner*, in: Ebsen, Europarechtliche Gestaltungsvorgaben für das deutsche Sozialrecht, 2000, 57, 59; *Kunze/Kreikebohm*, NZS 2003, 62, 65.

[259] SG Köln, Urt. v. 23.3.2007 – 6 R 42/06, n. v. (juris) Rn. 38; LSG NRW, Urt. v. 3.8.2007 – L 4 (18) R 31/06, n. v. (juris) Rn. 41; LSG NRW, Urt. v. 17.3.2008 – L 3 R 117/07, n. v. (juris) Rn. 38.

[260] SG Meiningen, Urt. v. 16.1.2003 – S 5 RJ 881/02, RsDE 59 (2005), 98.

[261] BayObLG, Beschl. v. 21.10.2004 – Verg 017/04, NZBau 2005, 173, 175; ebenso VK Stuttgart, Beschl. vom 27.12.2004 – 1 VK 79/04, NZBau 2005, 176; *Heinemann*, Die Erbringung sozialer Dienstleistungen durch Dritte nach deutschem und europäischem Vergaberecht, 2009, S. 209 f.; *Kunze/Kreikebohm*, NZS 2003, 5, 9; *Mestwerdt/ von Münchhausen*, ZfBR 2005, 659, 664.

versicherungsträger keine Gebietskörperschaften i. S. d. § 98 Nr. 1 GWB, Art. 1 Abs. 9 S. 1 RL 2004/18/EG darstellen, können sie nur öffentliche Auftraggeber nach § 98 Nr. 2 GWB, Art. 1 Abs. 9 S. 2 RL 2004/18/EG sein. Die Rentenkassen sind nach § 29 Abs. 1 SGB IV Körperschaften des öffentlichen Rechts, also „juristische Personen" im Sinne von § 98 Nr. 2 GWB, Art. 1 Abs. 9 S. 2 RL 2004/18/EG[262].

(2) Aufgaben im Allgemeininteresse

Damit die Rentenversicherungsträger als öffentlicher Auftraggeber qualifiziert werden können, müssen sie nach § 98 Nr. 2 GWB, Art. 1 Abs. 9 S. 2 RL 2004/18/EG im Allgemeininteresse liegende Aufgaben erfüllen. Die Rentenversicherung erbringt nach § 9 Abs. 1 SGB VI unter anderem Leistungen zur medizinischen Rehabilitation, Leistungen zur Teilhabe am Arbeitsleben sowie ergänzende Leistungen, um den Auswirkungen einer Krankheit oder einer körperlichen, geistigen oder seelischen Behinderung auf die Erwerbsfähigkeit der Versicherten entgegenzuwirken oder sie zu überwinden und dadurch Beeinträchtigungen der Erwerbsfähigkeit der Versicherten oder ihr vorzeitiges Ausscheiden aus dem Erwerbsleben zu verhindern oder sie möglichst dauerhaft in das Erwerbsleben wiedereinzugliedern. Damit erbringt sie im Allgemeininteresse liegende Aufgaben[263]. Entsprechendes gilt für die sonstigen Leistungen der gesetzlichen Rentenversicherung.

(3) Nichtgewerblichkeit

Der EuGH fragt für die Nichtgewerblichkeit danach, ob eine Gewinnerzielungsabsicht besteht, die Einrichtung einem Wettbewerbsdruck ausgesetzt ist und ob sie das Verlustrisiko selber trägt (oben Abschn. III. 2. a) bb) (3) der Darstellung). Die Rentenversicherungsträger verfolgen keine Gewinnerzielungsabsicht, sie finanzieren sich nach § 153 SGB VI aus den Beiträgen der Versicherten und der Arbeitgeber sowie Zuschüssen des Bundes. Auch sehen sich die Rentenversicherungsträger keinem Wettbewerb untereinander oder im Verhältnis zu den Privatversicherern ausgesetzt, denn nach §§ 1 ff. SGB VI ist die Rentenversicherung grundsätzlich zwingend. Schließlich tragen die Rentenversicherungsträger das Verlustrisiko nicht selber, da nach § 214 SGB VI der Bund eine etwaige Unterdeckung ausgleicht (Bundesgarantie). Demnach werden die Rentenversicherungsträger nichtgewerblich tätig[264].

---

[262] *Heinemann,* Die Erbringung sozialer Dienstleistungen durch Dritte nach deutschem und europäischem Vergaberecht, 2009, S. 209.

[263] *Heinemann,* Die Erbringung sozialer Dienstleistungen durch Dritte nach deutschem und europäischem Vergaberecht, 2009, S. 209; *Kunze/Kreikebohm,* NZS 2003, 5, 9.

[264] BayObLG, Beschl. v. 21.10.2004 – Verg 017/04, NZBau 2005, 173, 174; *Heinemann,* Die Erbringung sozialer Dienstleistungen durch Dritte nach deutschem und euro-

2. Rentenversicherung (SGB VI)

(4) Überwiegende staatliche Finanzierung

Unklar ist, ob die Rentenversicherungsträger i. S. d. § 98 Nr. 2 GWB, Art. 1 Abs. 9 S. 2 lit. c) RL 2004/18/EG überwiegend staatlich finanziert sind. Eine überwiegende staatliche Finanzierung ist wie gesehen ab einem Staatsanteil an den Einnahmen von mehr als 50 % anzunehmen (oben Abschn. III. 2. a) bb) (4) der Darstellung). Teilweise wird eine überwiegende staatliche Finanzierung mit dem Argument verneint, die Rentenversicherungsträger würden (bezogen auf das Jahr 2003[265]) nur zu rund 30 % aus Steuermitteln finanziert[266]. Dahinter verbirgt sich die überkommene Vorstellung, nur unmittelbare Zahlungen seien als staatliche Zahlungen zu qualifizieren. Seit der Rechtsprechung des EuGH in den Rs. *Bayerischer Rundfunk* und *Oymanns* ist jedoch gesichert, dass auch mittelbar auf staatliche Einflussnahme zurückzuführende Zahlungen als staatliche Finanzierung zu werten sind (oben Abschn. III. 2. a) bb) (4) der Darstellung). Die Beitragssätze und Beitragsbemessungsgrenzen werden nach § 160 SGB VI von der Bundesregierung durch Rechtsverordnung mit Zustimmung des Bundesrates festgelegt. Die Rentenversicherungsträger haben keinerlei Gestaltungsspielraum bezüglich der Höhe der Beiträge. Wie bei der Krankenversicherung muss man daher von einer überwiegenden staatlichen Finanzierung ausgehen[267].

(5) Staatliche Kontrolle

Daneben dürfte auch eine staatliche Kontrolle i. S. v. § 98 Nr. 2 GWB, Art. 1 Abs. 9 S. 2 lit. c) RL 2004/18/EG vorliegen. Nach § 29 Abs. 1 SGB IV verfügen die Rentenversicherungsträger über eine Selbstverwaltung. Anders als in der GKV bildet die staatliche Aufsicht über die Rentenversicherungsträger aber keine rein repressive Aufsicht. Nach § 87 Abs. 1 SGB IV unterliegen die Rentenversicherungsträger zunächst einer allgemeinen Rechtsaufsicht. Darüber hinaus haben die Aufsichtsbehörden jedoch weitreichende Befugnisse hinsichtlich der fachlichen Entscheidungen der Rentenversicherungsträger. Das BayObLG führt dazu aus:

„Nicht der einzelne Rentenversicherungsträger, sondern die Bundesregierung setzt die Beitragssätze zur Rentenversicherung der Arbeiter durch Rechtsverordnung mit Zustimmung des Bundesrates fest, § Nr. 1 SGB VI. Gleichfalls bestimmt sie durch Rechtsverordnung mit Zustimmung des Bundesrates die Beitragsbemessungsgrenzen,

---

päischem Vergaberecht, 2009, S. 209; *Mestwerdt/v. Münchhausen,* ZfBR 2005, 659, 660 f.

[265] Aktuell beträgt der Wert etwa 25 %, http://www.deutsche-rentenversicherung.de/DRV/de/Navigation/Deutsche_RV/Finanzen/Kennzahlen_Rechengroe%C3%9Fen/entwicklung_bundeszuschuss_node.html (Stand: 20.12.2010).

[266] *Kunze/Kreikebohm,* NZS 2003, 5, 9.

[267] *Heinemann,* Die Erbringung sozialer Dienstleistungen durch Dritte nach deutschem und europäischem Vergaberecht, 2009, S. 210.

§§ , Nr. 2 SGB VI. Zur Vorbereitung dieser Regelungen erstellt die Bundesregierung jährlich einen Rentenversicherungsbericht, § SGB VI, der unter anderem Modellrechnungen zur Entwicklung der Einnahmen und Ausgaben enthält, § Nr. 1 SGB VI, sowie eine Übersicht über die voraussichtliche Entwicklung der Rentenversicherung, Nr. 2. Darüber hinaus erstellt die Bundesregierung zusätzlich einmal in jeder Wahlperiode einen Bericht zur Entwicklung der Alterssicherungssysteme, II. Sie schlägt weiterhin den gesetzgebenden Körperschaften geeignete Maßnahmen vor (vgl. hierzu *EuGH*, Urt. v. 1. 2. 2001 = NZBau 2001, – „Kommission der EG"), wenn bestimmte Werte des Beitragssatzes bzw. des Nettoentgelts überschritten werden, § SGB VI.

Die Mitglieder des Sozialbeirats, die die Aufgabe haben, zu dem Rentenversicherungsbericht der Bundesregierung in einem Gutachten Stellung zu nehmen, § SGB VI, werden von der Bundesregierung berufen, § SGB VI. Das bedeutet, dass die gesamte finanzielle Grundlage und damit der wirtschaftliche Rahmen für die einzelnen Rentenversicherungsträger nicht von diesen, sondern vom Staat bestimmt werden. Den Rentenversicherungsträgern verbleibt die Aufgabe, den Eingang der Pflichtbeiträge zu überwachen und zu verwalten. Eine eigene Entscheidungskompetenz hinsichtlich Höhe der Beiträge, Höhe der Beitragsbemessungsgrenze und der Beurteilung der weiteren wirtschaftlichen Entwicklung und der daraus folgenden Gestaltung der Beiträge steht der Ag. nicht zu. Letztlich führt sie wie eine Verwaltungsbehörde die ihr vorgegebenen Entscheidungen hinsichtlich der Renten aus (vgl. hierzu *EuGH*, Urt. v. 1. 2. 2001 = NZBau 2001, – „Kommission der EG").

Die Ag. hat den vom Vorstand aufgestellten Haushaltsplan spätestens am 1.10. vor Beginn des Kalenderjahres, für das er gelten soll, der Aufsichtsbehörde vorzulegen, § 1 SGB IV. Die Aufsichtsbehörde kann den Haushaltsplan als ganzen, aber auch einzelne Ansätze beanstanden, § SGB IV, wenn gegen Gesetz oder sonstiges für den Versicherungsträger geltendes Recht verstoßen oder die Leistungsfähigkeit des Versicherungsträgers zur Erfüllung seiner Verpflichtungen gefährdet wird. Zusätzlich kann beanstandet werden, wenn bei landesunmittelbaren Versicherungsträgern die Bewertungs- oder Bewirtschaftungsmaßstäbe des Aufsicht führenden Landes nicht beachtet worden sind (S. 3). Kommt demnach die Aufsicht führende Stelle zu dem Ergebnis, ein bestimmter geplanter Beschaffungsvorgang übersteige die wirtschaftliche Leistungsfähigkeit des Rentenversicherungsträgers, ist eine Streichung dieses Haushaltsansatzes und eine Verhinderung der geplanten Beschaffung möglich. Außerdem sieht § SGB VI vor, dass für die Schaffung oder Erhaltung nicht liquider Teile des Anlagevermögens Mittel nur aufgewendet werden dürfen, wenn dies erforderlich ist, um die ordnungsgemäße und wirtschaftliche Aufgabenerfüllung der Rentenversicherungsträger zu ermöglichen oder zu sichern; das Bundesministerium für Gesundheit und Soziale Sicherung ist im Einvernehmen mit dem Bundesministerium der Finanzen und mit Zustimmung des Bundesrates nach § SGB VI zum Erlass von Rechtsverordnungen über den Umfang der zur Verfügung stehenden Mittel ermächtigt; hierbei kann auch die Zulässigkeit entsprechender Ausgaben zeitlich begrenzt werden. Auch insoweit ist die Entscheidungskompetenz der Rentenversicherungsträger eingeschränkt[268]."

---

[268] BayObLG, Beschl. v. 21.10.2004 – Verg 017/04, NZBau 2005, 173, 174 f.

Diesem Ergebnis ist mit Blick auf die Rs. *Kattner* zuzustimmen, wo der EuGH zur Bejahung einer staatlichen Aufsicht über die gesetzlichen Unfallkassen sogar hat genügen lassen, dass die Beiträge und die Satzung staatlich „kontrolliert" werden[269]. Im Ergebnis unterliegen die Rentenversicherungsträger damit auch einer staatlichen Aufsicht[270] und sind damit öffentliche Auftraggeber i. S. d. § 98 Nr. 2 GWB, Art. 1 Abs. 9 S. 2 RL 2004/18/EG.

bb) Sachlicher Anwendungsbereich – öffentlicher Auftrag

Weiter müssen die Rentenversicherungsträger zur Anwendung des Vergaberechts öffentliche Aufträge i. S. d. § 99 GWB, Art. 1 Abs. 2 RL 2004/18/EG erteilen. Als öffentliche Aufträge kommen im SGB VI nur Verträge über Leistungen zur medizinischen Rehabilitation nach §§ 9 Abs. 1, 15 Abs. 2 SGB VI sowie solche zur Teilhabe am Arbeitsleben nach § 9 Abs.1, 16 SGB VI in Betracht. § 15 Abs. 2 SGB VI verweist für diese Verträge unmittelbar auf § 21 SGB IX, so dass die Ausführungen hierzu entsprechend gelten. § 16 SGB VI verweist für die Leistungen zur Teilhabe am Arbeitsleben auf die §§ 33 ff. SGB IX. In § 35 SGB IX ist die Erbringung von Leistungen durch Einrichtungen zur beruflichen Rehabilitation geregelt. Die Einrichtungen sind „Rehabilitationseinrichtungen" i. S. d. § 19 Abs. 4 SGB IX. Für Rehabilitationseinrichtungen gilt ebenfalls § 21 SGB IX[271]. Danach sind sowohl die Verträge nach § 15 Abs. 2 SGB VI als auch solche nach § 16 SGB VI wie Verträge nach § 21 SGB IX zu behandeln (dazu unten Abschn. VI. 9. b) bb) (3) (a) der Darstellung) und damit „öffentliche Verträge" i. S. d. § 99 GWB, Art. 1 Abs. 2 RL 2004/18/EG, die bei Überschreiten der Schwellenwerte auszuschreiben sind[272].

c) Anwendbarkeit sonstigen Vergaberechts

Zur Anwendbarkeit sonstigen Vergaberechts für den Fall, dass die §§ 97 ff. GWB i.V.m. RL 2004/18/EG nicht greifen, schweigt das SGB VI. Insbesondere findet sich keine dem § 69 SGB V vergleichbare Norm. Aus § 22 Abs. 1 SVHV wäre demnach grundsätzlich zu folgern, dass für Leistungen nach dem SGB VI keine Ausschreibungspflicht besteht (oben Abschn. II. 2. c) dd) der Darstellung).

---

[269] EuGH, Urt. v. 5.3.2009, Rs. C-350/07, NJW 2009, 1325 Rn. 64 – *Kattner*.

[270] Ebenso VK Stuttgart, Beschl. vom 27.12.2004 – 1 VK 79/04, NZBau 2005, 176; *Heinemann*, Die Erbringung sozialer Dienstleistungen durch Dritte nach deutschem und europäischem Vergaberecht, 2009, S. 210; *Kunze/Kreikebohm*, NZS 2003, 5, 9; *Mestwerdt/von Münchhausen*, ZfBR 2005, 659, 664.

[271] s. nur *Majerski-Pahlen*, in: Neumann/Pahlen/Majerski-Pahlen, SGB IX, 11. Aufl. 2005, § 21 Rn. 3; *Schneider*, in: Hauck/Noftz, SGB IX, 19. Lfg. 2009, § 19 Rn. 13; a. A. offenbar *Welti*, in: Lachwitz/Schellhorn/Welti, SGB IX, 2. Aufl. 2006, § 21 Rn. 13.

[272] s. zur Berechnung der Schwellenwerte *Kunze/Kreikebohm*, NZS 2003, 5, 9.

Indes ist § 22 SVHV in der Normenhierarchie nachrangig gegenüber den Grundrechten von Leistungserbringern aus den Artt. 3 Abs. 1, 12 Abs. 1 GG. Entsprechend den allgemeinen Grundsätzen muss man davon ausgehen, dass auch die Rentenversicherungsträger im Unterschwellenbereich aufgrund der Bindungswirkung der Grundrechte verpflichtet sind, Aufträge anhand der Prinzipien Gleichbehandlung, Publizität, Nichtdiskriminierung und faire Chance auf Erteilung des Zuschlags zu vergeben (dazu oben Abschn. VI. 1. c) bb) der Darstellung)[273]. Ähnliches folgt auf unionsrechtlicher Ebene aus den Grundfreiheiten (oben Abschn. II. 2. b) bb) der Darstellung)[274].

3. Unfallversicherung (SGB VII)

a) Anwendbarkeit der Artt. 101 ff., 107 ff. AEUV (ex-Artt. 81 ff., 87 ff. EG)

In anderen Mitgliedstaaten der Europäischen Gemeinschaft wird die Unfallversicherung durch Private wahrgenommen. Umstritten war in Deutschland daher lange, ob die Träger der gesetzlichen Unfallversicherung als Unternehmen i. S. d. primärrechtlichen Wettbewerbsrechtes der Artt. 101 ff., 107 ff. AEUV (ex-Artt. 81 ff., 87 ff. EG) angesehen werden können bzw. ob das deutsche System gegen die Dienstleistungsfreiheit aus Artt. 56 ff. AEUV (ex-Artt. 49 ff. EG) verstößt. Während ein Teil der Literatur die Geltung insbesondere der Artt. 101 ff., 107 ff. AEUV (ex-Artt. 81 ff., 87 ff. EG) bejahte[275], ging insbesondere das BSG stets davon aus, dass es sich bei den Unfallversicherungsträgern jedenfalls dann nicht um „Unternehmen" i. S. d. Artt. 101 ff., 107 ff. AEUV (ex-Artt. 81 ff., 87 ff. EG) handelt, soweit diese im Rahmen ihrer Versicherungstätigkeit auftreten[276]. Der EuGH hat diesen Streit in der Rs. *Kattner* jüngst im Sinne der letztgenannten Ansicht entschieden:

---

[273] Ebenso *Kunze/Kreikebohm*, NZS 2003, 5, 10; s. ferner *Mrozynski*, ZFSH/SGB 2004, 451, 459; *Kingreen*, VergabeR 2007, 354, 362 ff.
[274] s. dazu auch EuGH, Urt. v. 20.10.2005, Rs. C-264/03, Slg. 2005, I-8831 Rn. 33; EuGH, Urt. v. 6.4.2006, Rs. C-410/04, Slg. 2006, I-3303 Rn. 20; Mitteilung der Kommission zu Auslegungsfragen in Bezug auf das Unionsrecht, das für die Vergabe öffentlicher Aufträge gilt, die nicht oder nur teilweise unter die Vergaberichtlinien fallen, ABl. Nr. C-179 v. 1.8.2006, S. 2; *Kingreen*, VergabeR 2007, 354, 362 ff.
[275] *Kunze/Kreikebohm*, NZS 2003, 62, 65; *Steinmeyer*, in: Festschrift Sandrock, 2000, S. 943, 947 f.; *Bieback*, RsDE 49 (2001), 1, 11 ff.; *Giesen*, ZESAR 2004, 151; *Seewald*, SGb 2004, 387.
[276] BSG, Urt. v. 11.11.2003 – B 2 U 16/03 R, BSGE 91, 263; bestätigt BSG, Urt. v. 29.5.2008 – B 11a AL 61/06 R, BSGE 100, 286; BSG, Urt. v. 20.3.2007 – B 2 U 9/06 R, ZfS 2007, 179; BSG, Urt. v. 9.5.2006 – B 2 U 34/05 R, ZfS 2006, 175; ebenso etwa LSG NRW, Urt. v. 6.2.2008 – L 17 U 195/07, n. v. (juris) Rn. 23; LSG Baden-Württemberg, Urt. v. 24.4.2007 – L 9 U 5363/05, n. v. (juris) Rn. 24; ebenso aus der Literatur etwa *Ricke*, SGb 2005, 9 ff.; *Fuchs*, ZESAR 2007, 439.

„Im vorliegenden Fall ist zunächst darauf hinzuweisen, dass die Berufsgenossenschaften wie die MMB als öffentlich-rechtliche Körperschaften an der Verwaltung des deutschen Systems der sozialen Sicherheit mitwirken und insoweit eine soziale Aufgabe wahrnehmen, die ohne Gewinnerzielungsabsicht ausgeübt wird (vgl. in diesem Sinne Urteil vom 16. März 2004, AOK Bundesverband u. a., C-264/01, C-306/01, C-354/01 und C-355/01, Slg. 2004, I-2493, Randnr. 51).

Wie nämlich der Gerichtshof in Bezug auf das italienische gesetzliche System der Versicherung gegen Arbeitsunfälle und Berufskrankheiten entschieden hat, gehört der Schutz gegen diese Risiken seit langer Zeit zum sozialen Schutz, den die Mitgliedstaaten ihrer gesamten Bevölkerung oder einem Teil derselben gewähren (Urteil Cisal, Randnr. 32).

... Im Übrigen verfolgt ein gesetzliches System der Versicherung gegen Arbeitsunfälle und Berufskrankheiten wie das im Ausgangsverfahren streitige insofern, als es eine obligatorische soziale Sicherung für alle Arbeitnehmer vorsieht, einen sozialen Zweck (vgl. entsprechend Urteil Cisal, Randnr. 34).

... Nach § 1 SGB VII hat dieses System nämlich zur Aufgabe, zum einen mit allen geeigneten Mitteln Arbeitsunfälle und Berufskrankheiten sowie arbeitsbedingte Gesundheitsgefahren zu verhüten und zum anderen die Gesundheit und die Leistungsfähigkeit der Versicherten mit allen geeigneten Mitteln wiederherzustellen und sie oder ihre Hinterbliebenen durch Geldleistungen zu entschädigen.

... Allerdings genügt der soziale Zweck eines Versicherungssystems als solcher nach der Rechtsprechung des Gerichtshofs nicht, um eine Einstufung der betreffenden Tätigkeit als wirtschaftliche Tätigkeit auszuschließen (vgl. in diesem Sinne Urteile vom 21. September 1999, Albany, C-67/96, Slg. 1999, I-5751, Randnr. 86, vom 12. September 2000, Pavlov u. a., C-180/98 bis C-184/98, Slg. 2000, I-6451, Randnr. 118, und Cisal, Randnr. 37).

... Folglich ist auf die erste Vorlagefrage zu antworten, dass die Art. 81 EG und 82 EG dahin auszulegen sind, dass eine Einrichtung wie die im Ausgangsverfahren in Rede stehende Berufsgenossenschaft, der die Unternehmen, die in einem bestimmten Gebiet einem bestimmten Gewerbezweig angehören, für die Versicherung gegen Arbeitsunfälle und Berufskrankheiten beitreten müssen, kein Unternehmen im Sinne dieser Vorschriften ist, sondern eine Aufgabe rein sozialer Natur wahrnimmt, soweit sie im Rahmen eines Systems tätig wird, mit dem der Grundsatz der Solidarität umgesetzt wird und das staatlicher Aufsicht unterliegt, was vom vorlegenden Gericht zu prüfen ist[277]."

Danach stellen die Träger der gesetzlichen Unfallversicherung im Rahmen ihrer Versicherungstätigkeit nach derzeitiger Rechtslage keine Unternehmen i. S. d. Artt. 101 ff., 107 ff. AEUV (ex-Artt. 81 ff., 87 ff. EG) dar. Darüber hinaus begründet die Zwangsmitgliedschaft in der gesetzlichen Unfallversicherung auch keinen Verstoß gegen die primärrechtlich durch die Artt. 56 ff. AEUV (ex-Artt. 49 ff. EG) verbürgte Dienstleistungsfreiheit[278].

---

[277] EuGH, Urt. v. 5.3.2009, Rs. C-350/07, NJW 2009, 1325 Rn. 44 ff. – *Kattner*.
[278] EuGH, Urt. v. 5.3.2009, Rs. C-350/07, NJW 2009, 1325 Rn. 69 ff. – *Kattner*; ebenso schon BSG, Urt. v. 20.3.2007 – B 2 U 9/06 R, ZfS 2007, 179; BSG, Urt. v.

96   VI. Anwendbarkeit auf einzelne Versicherungssparten und deren Leistungen

b) Anwendbarkeit der RL 2004/18/EG und der §§ 97 ff. GWB

aa) Persönlicher Anwendungsbereich – öffentlicher Auftraggeber

Für die Anwendung der §§ 97 ff. GWB i.V.m. RL 2004/18/EG ist zunächst wiederum erforderlich, dass die Träger der gesetzlichen Unfallversicherung öffentliche Auftraggeber sind. Träger der gesetzlichen Unfallversicherung sind nach § 22 Abs. 2 SGB I, § 114 Abs. 1 Nr. 1 bis 9 SGB VII gewerbliche und landwirtschaftliche Berufsgenossenschaften, die Gemeindeunfallversicherungsverbände, die Feuerwehr-Unfallkassen, die Eisenbahn-Unfallkasse, die Unfallkasse Post und Telekom, die Unfallkassen der Länder und Gemeinden, die gemeinsamen Unfallkassen für den Landes- und kommunalen Bereich und die Unfallkasse des Bundes. Die Genannten sind keine Gebietskörperschaften und können daher nur als Einrichtungen öffentliche Auftraggeber i.S.d. § 98 Nr. 2 GWB, Art. 1 Abs. 9 S. 2 lit. c) RL 2004/18/EG sein. Die Träger der Unfallversicherung werden in Anhang III RL 2004/18/EG genannt, so dass eine Indizwirkung besteht, dass es sich bei ihnen um öffentliche Auftraggeber handelt (dazu oben Abschn. III. 2. a) der Darstellung).

(1) Juristische Person

Nach § 29 Abs. 1 SGB IV sind die in § 22 Abs. 2 SGB I, § 114 Abs. 1 Nr. 1 bis 9 SGB VII genannten Unfallversicherungsträger Körperschaften des öffentlichen Rechts und damit „juristische Personen" i.S.d. § 98 Nr. 2 GWB[279].

(2) Aufgaben im Allgemeininteresse

Aufgabe der Unfallversicherung ist es nach § 1 SGB VII, mit allen geeigneten Mitteln Arbeitsunfälle und Berufskrankheiten sowie arbeitsbedingte Gesundheitsgefahren zu verhüten sowie nach Eintritt von Arbeitsunfällen oder Berufskrankheiten die Gesundheit und die Leistungsfähigkeit der Versicherten mit allen geeigneten Mitteln wiederherzustellen und sie oder ihre Hinterbliebenen durch Geldleistungen zu entschädigen. Damit nehmen die Unfallversicherungsträger im Allgemeininteresse liegende Aufgaben wahr[280].

9.5.2006 – B 2 U 34/05 R, ZfS 2006, 175; BSG, Urt. v. 11.11.2003 – B 2 U 16/03 R, BSGE 91, 263.

[279] Ebenso OLG Düsseldorf, Beschl. v. 6.7.2005 – VII-Verg 22/05, n.v. (juris) Rn. 20; *Heinemann,* Die Erbringung sozialer Dienstleistungen durch Dritte nach deutschem und europäischem Vergaberecht, 2009, S. 210 f.

[280] Ebenso OLG Düsseldorf, Beschl. v. 6.7.2005 – VII-Verg 22/05, n.v. (juris) Rn. 20; *Heinemann,* Die Erbringung sozialer Dienstleistungen durch Dritte nach deutschem und europäischem Vergaberecht, 2009, S. 210 f.

(3) Fehlende Gewerblichkeit

Die Träger der Unfallversicherung werden auch nicht gewerblich tätig[281]. Gemäß § 152 SGB VII decken die Einnahmen der Unfallversicherungsträger nur ihre Kosten. Sie finanzieren sich nach den §§ 150 ff. SGB VII über die Beiträge der Unternehmen, deren Beschäftigte versichert sind. Dabei stehen sie in keinem Preiswettbewerb zueinander oder zu privaten Versicherern, nach § 162 SGB VII können Zuschläge, Nachlässe oder Prämien nur in sehr begrenztem Umfang risikobedingt erhoben bzw. gewährt werden. Im Übrigen kommt es nach den §§ 173 ff. SGB VII sogar zu einem Lastenausgleich zwischen manchen Unfallversicherungsträgern.

(4) Überwiegende staatliche Finanzierung

Fraglich ist, ob die Unfallversicherungsträger i.S.d. § 98 Nr. 2 GWB, Art. 1 Abs. 9 S. 2 lit. c) RL 2004/18/EG überwiegend staatlich finanziert sind. Eine überwiegende staatliche Finanzierung ist wie gesehen ab einem Staatsanteil an den Einnahmen von mehr als 50 % anzunehmen (oben Abschn. III. 2. a) bb) (4) der Darstellung). Es kann an die Ausführungen zur gesetzlichen Krankenversicherung angeknüpft werden (oben Abschn. VI. 1. der Darstellung): Auch die Unfallversicherungsträger finanzieren sich aus Beiträgen der Versicherten, §§ 150 ff. SGB VII. Kraft Gesetzes sind fast alle in Deutschland lebenden Personen versichert, § 2 SGB VII. Die Beitragssätze müssen so bemessen sein, dass sie die Ausgaben decken, § 152 Abs. 1 SGB VII. Damit bleibt den Unfallversicherungsträgern kaum ein Gestaltungsspielraum bei der Festlegung der Finanzierung. Die Argumentation des EuGH in den Rs. *Bayerischer Rundfunk* und *Oymanns*[282] lässt sich daher auf die Unfallversicherungsträger übertragen: Sie sind überwiegend staatlich finanziert, wenn auch nur mittelbar[283].

(5) Staatliche Kontrolle

Nach § 29 Abs. 1 SGB IV haben die Unfallversicherungsträger das Recht zur Selbstverwaltung. Dennoch unterliegen die Unfallversicherungsträger teilweise auch einer staatlichen Aufsicht i.S.d. § 98 Nr. 2 GWB, Art. 1 Abs. 2 lit. c) RL 2004/18/EG. Nach § 87 Abs. 1 SGB IV unterliegen die Unfallversicherungsträ-

---

[281] EuGH, Urt. v. 5.3.2009, Rs. C-350/07, NJW 2009, 1325 – *Kattner*; i. E. auch *Heinemann,* Die Erbringung sozialer Dienstleistungen durch Dritte nach deutschem und europäischem Vergaberecht, 2009, S. 211.

[282] EuGH, Urt. v. 13.12.2007, Rs. C337/06, Slg. 2007, I-11173 Rn. 34 und 49 – *Bayerischer Rundfunk*; EuGH, Urt. v. 11.6.2009, Rs. C-300/07, NJW 2009, 2427 – *Oymanns*.

[283] So i. E. auch *Heinemann,* Die Erbringung sozialer Dienstleistungen durch Dritte nach deutschem und europäischem Vergaberecht, 2009, S. 211.

ger staatlicher Aufsicht. Diese erstreckt sich auf die Beachtung von Gesetz und sonstigem Recht, das für die Versicherungsträger maßgebend ist. Wie gesehen, genügt diese Aufsicht regelmäßig nicht, um eine Aufsicht i. S. d. § 98 Nr. 2 GWB, Art. 1 Abs. 9 S. 2 lit. c) RL 2004/18/EG zu begründen, da sie keine präventive Kontrolle über die Vergabe einzelner Aufträge ermöglicht (oben Abschn. III. 2. a) bb) (4) der Darstellung). Auf den Gebieten der Prävention in der gesetzlichen Unfallversicherung erstreckt sich die Aufsicht nach § 87 Abs. 2 SGB IV darüber hinaus aber auch auf den Umfang und die Zweckmäßigkeit der Maßnahmen. Hier ist eine Aufsicht i. S. d. § 98 Nr. 2 GWB, Art. 1 Abs. 2 lit. c) RL 2004/18/EG zu bejahen. Soweit in der Unfallversicherung nicht der Bereich der Prävention betroffen ist, wird teilweise davon ausgegangen, dass gleichwohl eine staatliche Aufsicht gegeben sei[284]. Man verweist insoweit auf die Genehmigungsbedürftigkeit der Satzung der Unfallversicherungsträger, § 114 Abs. 2 SGB VII. Der EuGH hat dies in der Rs. *Kattner* ähnlich gesehen[285], so dass auch von einer staatlichen Aufsicht ausgegangen werden muss.

bb) Sachlicher Anwendungsbereich – Vergabe öffentlicher Aufträge

Wenn die Unfallversicherungsträger demnach auf jeden Fall aufgrund einer überwiegenden staatlichen Finanzierung als öffentliche Auftraggeber i. S. d. § 98 Nr. 2 GWB, Art. 1 Abs. 9 S. 2 RL 2004/18/EG anzusehen sind, stellt sich in einem zweiten Schritt die Frage, ob der sachliche Anwendungsbereich des Vergaberechts eröffnet ist, ob also ein öffentlicher Auftrag vorliegt. Das lässt sich nur mit Blick auf die einzelnen zur Leistungserbringung abgeschlossenen Verträge beantworten. Keine vergaberechtsrelevanten Verträge stellen die im Bereich der Prävention nach § 20 Abs. 2 SGB VII geschlossenen Vereinbarungen zwischen Unfallversicherungsträgern und Behörden dar, weil hier weder eine Leistung vergeben wird noch die Behörden tauglicher Vertragspartner i. S. d. § 99 GWB sind. Im Übrigen erbringen die Unfallversicherungsträger ihre Leistungen gemäß § 26 Abs. 4 SGB VII als Dienst- oder Sachleistungen, sind also zur Leistungserbringung regelmäßig – soweit sie die Leistungen nicht selber erbringen – auf Leistungserbringer angewiesen, die sie durch Vertrag verpflichten. Das ist nach § 53 SGB X regelmäßig zulässig[286].

Auch im Bereich der Unfallversicherung sind die §§ 97 ff. GWB i. V. m. RL 2004/18/EG teleologisch zu reduzieren, soweit die Zwecke des Vergabeverfahrens nicht erreicht werden können. Das ist bei sogenannten Kollektivverträgen der

---

[284] OLG Düsseldorf, Beschl. v. 6.7.2005 – VII-Verg 22/05, n. v. (juris) Rn. 21 ff.; *Heinemann,* Die Erbringung sozialer Dienstleistungen durch Dritte nach deutschem und europäischem Vergaberecht, 2009, S. 211.
[285] EuGH, Urt. v. 5.3.2009, Rs. C-350/07, NJW 2009, 1325 Rn. 64 – *Kattner.*
[286] Zum Ganzen statt aller *Benz,* in: Hauck/Noftz, SGB VII, § 26 Rn. 34a, 49 ff.; *Eichenhofer,* SGb 2003, 365 ff.

Fall (oben Abschn. V. und VI. 1. b) bb) der Darstellung). In § 34 Abs. 3 SGB VII ist ein solcher Kollektivvertrag geregelt. Danach schließen die Verbände der Unfallversicherungsträger sowie die Kassenärztliche Bundesvereinigung und die Kassenzahnärztliche Bundesvereinigung (Kassenärztliche Bundesvereinigungen) mit Wirkung für ihre Mitglieder Verträge über die Durchführung der Heilbehandlung, die Vergütung der Ärzte und Zahnärzte sowie die Art und Weise der Abrechnung. Da nach § 34 Abs. 2 SGB VII jeder zugelassene Arzt bzw. Zahnarzt Anspruch auf Teilnahme an dem System hat, erfolgt durch den Vertrag keine Selektion, so dass das Vergaberecht insoweit teleologisch zu reduzieren ist[287].

(1) Vertrag

Danach verbleiben als potentiell dem Vergaberecht unterliegende, im SGB VII geregelte Vereinbarungen (Individualvereinbarungen, Selektivverträge) insbesondere[288]:

– Verträge über die Durchführung einer Heilbehandlung (§ 34 Abs. 8 S. 1 SGB VII)
– Verträge über medizinische Rehabilitationsleistungen (§ 34 Abs. 8 S. 2 SGB VII)
– Verträge über Leistungen zur Teilhabe am Arbeitsleben (§ 35 SGB VII).

Diese Verträge sind daraufhin zu überprüfen, ob sie die sonstigen Tatbestandsmerkmale eines „öffentlichen Auftrages" erfüllen. Erinnert sei erneut daran, dass für die Anwendung des Vergaberechts unerheblich ist, ob es sich bei den genannten Verträgen um privatrechtliche oder um öffentlich-rechtliche Verträge handelt (oben Abschn. III. 2. b) aa) der Darstellung)[289].

(2) Entgeltlichkeit

Wider die Entgeltlichkeit der genannten Verträge aus dem SGB VII werden in der Literatur – soweit ersichtlich – keine Einwände erhoben. Auch die allgemein

---

[287] Für Dienstleistungskonzession *Heinemann*, Die Erbringung sozialer Dienstleistungen durch Dritte nach deutschem und europäischem Vergaberecht, 2009, S. 250; *Sormani-Bastian*, Vergaberecht und Sozialrecht, 2007, S. 202. s. hiergegen bereits oben Fn. 191.
[288] Zu nennen sind ferner Verträge über Leistungen zur Teilhabe am Leben in der Gemeinschaft und ergänzende Leistungen nach §§ 39 ff. SGB VII, Verträge über Leistungen bei Pflegebedürftigkeit nach § 44 SGB VII sowie Verträge über betriebs- und Haushaltshilfen nach § 54 SGB VII (vgl. Vertrag v. 17.10.2005 zwischen der Landwirtschaftlichen Alterskasse/Krankenkasse/Berufsgenossenschaft und bestimmten Betriebshilfsdiensten, Anlage zum Schreiben an Herrn *Thoma* v. 21.10.2009). Die rechtlichen Fragen sind hier dieselben wie bei den nachfolgend behandelten Verträgen.
[289] So speziell für die Renten- und Unfallversicherung auch *Kunze/Kreikebohm*, NZS 2003, 5, 9.

100 VI. Anwendbarkeit auf einzelne Versicherungssparten und deren Leistungen

wider die Hypothese eines entgeltlichen Vertrages zwischen Sozialversicherungsträgern und Leistungserbringer vorgebrachte Kritik[290] überzeugt nicht, wie bereits zur Krankenversicherung dargelegt wurde (oben Abschn. VI. 1. b) bb) (2) der Darstellung). Es lässt sich hiergegen nicht anführen, dass die endgültige Zuordnung der Leistungen nicht durch die Unfallversicherungsträger, sondern durch die Versicherten selbst erfolgt. Vielmehr genügt es, dass die Unfallversicherungsträger mit den Leistungserbringern Verträge zugunsten Dritter (der Versicherten) schließen, in denen Leistung und Gegenleistung generell-abstrakt bestimmt sind, mögen diese auch der Konkretisierung im Einzelfall durch die Versicherten bedürfen.

(3) Einzelne Verträge

(a) Verträge nach § 34 Abs. 8 S. 1 SGB VII

Nach § 26 Abs. 2 Nr. 1 SGB VII haben die Unfallversicherungsträger mit allen geeigneten Mitteln möglichst frühzeitig den durch einen Versicherungsfall verursachten Gesundheitsschaden zu beseitigen oder zu bessern, seine Verschlimmerung zu verhüten und seine Folgen zu mildern. Dazu erbringen die Unfallversicherungsträger nach den §§ 27 ff. SGB VII Leistungen zur Durchführung einer Heilbehandlung. Die Heilbehandlung umfasst nach § 27 Abs. 1 SGB VII insbesondere die Erstversorgung, ärztliche Behandlung, zahnärztliche Behandlung einschließlich der Versorgung mit Zahnersatz, Versorgung mit Arznei-, Verband-, Heil- und Hilfsmitteln, häusliche Krankenpflege, Behandlung in Krankenhäusern und Rehabilitationseinrichtungen sowie Leistungen zur medizinischen Rehabilitation nach § 26 Abs. 2 Nr. 1 und 3 bis 7, Abs. 3 SGB IX. Zur Durchführung einer Heilbehandlung durch Ärzte und Zahnärzte schließen die Verbände der Unfallversicherungsträger nach § 34 Abs. 3 SGB VII Kollektivverträge mit den Kassenärztlichen Bundesvereinigungen, die nicht dem Vergaberecht unterliegen (oben Abschn. VI. 1. b) dd) der Darstellung). Die Beziehungen zwischen den Unfallversicherungsträgern und anderen als den von Kollektivverträgen erfassten Stellen, die Heilbehandlung durchführen oder an ihrer Durchführung beteiligt sind (etwa Krankengymnasten, Physiotherapeuten, Psychologen, Orthopädiemacher)[291], werden durch Verträge geregelt. Von § 34 Abs. 8 S. 1 SGB VII sind jedoch solche Stellen nicht erfasst, die medizinische Rehabilitationsleistungen erbringen, denn diese unterliegen den Verträgen nach § 34 Abs. 8 S. 2 SGB VII. Schließen die Unfallversicherungsträger nach § 34 Abs. 8 S. 1 SGB VII einen Vertrag ab, handelt es sich hierbei um einen „öffentlichen Auftrag" i. S. d. Vergaberechts i. e. S.[292].

---

[290] Dazu für sämtliche Versicherungssparten und damit auch die Unfallversicherung *Bieback,* RsDE 49 (2001), 1, 26 f.
[291] s. etwa *Benz,* in: Hauck/Noftz, SGB VII, 34. Lfg. 2008, § 34 Rn. 39a.

(b) Verträge nach § 34 Abs. 8 S. 2 SGB VII

Für Verträge über die Erbringung medizinischer Rehabilitationsleistungen verweist § 34 Abs. 8 S. 2 SGB VII als *lex specialis* zu § 34 Abs. 8 S. 1 SGB VII auf § 21 SGB IX. Die in § 21 SGB IX geregelten Verträge sind „öffentliche Aufträge" i. S. d. § 99 GWB, Art. 1 Abs. 2 RL 2004/18/EG (dazu unten Abschn. VI. 9. b) bb) (3) (a) der Darstellung).

(c) Verträge nach § 35 SGB VII

Nach § 26 Abs. 2 Nr. 4 SGB VII haben die Unfallversicherungsträger ergänzende Leistungen zur Teilhabe im Arbeitsleben zu erbringen. § 35 SGB VII verweist zur Durchführung dieser Leistungen auf die §§ 33 bis 38a SGB IX. Wie schon im Rahmen der Erbringung von Leistungen zur Teilhabe am Arbeitsleben durch die Rentenversicherungsträger erörtert (oben Abschn. VI. 2. b) bb) der Darstellung), werden auch diese Leistungen durch Vertrag nach § 21 SGB IX geregelt und sind damit öffentliche Aufträge i. S. d. § 99 GWB, Art. 1 Abs. 2 RL 2004/18/EG (dazu unten Abschn. VI. 9. b) bb) (3) (a) der Darstellung).

cc) Schwellenwerte

Eine vergaberechtliche Ausschreibungspflicht für Verträge zwischen der Unfallkasse und dem jeweiligen Leistungsträger besteht nach § 100 Abs. 1 GWB, Art. 7 RL 2004/18/EG i. V. m. VO (EG) Nr. 1177/2009 nur, wenn der Wert des Auftrages die Schwelle von derzeit 193.000 Euro überschreitet (oben Abschn. III. 2. c) der Darstellung)[293].

c) Anwendbarkeit sonstigen Vergaberechts

Zur Anwendbarkeit sonstigen Vergaberechts für den Fall, dass die §§ 97 ff. GWB i. V. m. RL 2004/18/EG nicht greifen, schweigt das SGB VII. Insbesondere findet sich keine dem § 69 SGB V vergleichbare Norm. Aus § 22 Abs. 1 SVHV wäre demnach grundsätzlich zu folgern, dass für Leistungen nach dem SGB VII keine Ausschreibungspflicht besteht (oben Abschn. II. 2. c) dd) der Darstellung). Indes ist § 22 SVHV in der Normenhierarchie nachrangig gegenüber den Grundrechten von Leistungserbringern aus den Artt. 3 Abs. 1, 12 Abs. 1 GG. Entsprechend den allgemeinen Grundsätzen muss man davon ausgehen, dass auch die

---

[292] So i. E. auch *Heinemann*, Die Erbringung sozialer Dienstleistungen durch Dritte nach deutschem und europäischem Vergaberecht, 2009, S. 250; *Sormani-Bastian*, Vergaberecht und Sozialrecht, S. 202 f.
[293] Zur Berechnung im Bereich der Krankenversicherung *Kunze/Kreikebohm*, NZS 2003, 5, 9.

Unfallversicherungsträger im Unterschwellenbereich aufgrund der Bindungswirkung der Grundrechte verpflichtet sind, Aufträge anhand der Prinzipien Gleichbehandlung, Publizität, Nichtdiskriminierung und faire Chance auf Erteilung des Zuschlags zu vergeben (dazu oben Abschn. II. 2. c) aa) und III. 3. a) der Darstellung)[294]. Ähnliches folgt auf unionsrechtlicher Ebene aus den Grundfreiheiten (oben Abschn. II. 2. b) bb) der Darstellung)[295].

4. Pflegeversicherung (SGB XI)

a) Anwendbarkeit der Artt. 101 ff., 107 ff. AEUV (ex-Artt. 81 ff., 87 ff. EG)

Inwieweit die Träger der gesetzlichen Pflegeversicherung dem Wettbewerbsrecht der Artt. 101 ff., 107 ff. AEUV (ex-Artt. 81 ff., 87 ff. EG) unterworfen sind, ist weitgehend ungeklärt. Manche Autoren bejahen dies mit der Erwägung, dass die Träger der Pflegeversicherung wirtschaftlich am Markt auftreten und daher an die primärrechtlichen Regelungen gebunden sind[296]. Richtigerweise kann die Antwort auch hier allein aus der Rechtsprechung des EuGH zur Unternehmenseigenschaft (i. S. d. Artt. 101 ff., 107 ff. AEUV [ex-Artt. 81 ff., 87 ff. EG]) von Sozialversicherungsträgern abgeleitet werden. Wie in der Rs. *FENIN*, *Ambulanz Glöckner* und *Kattner* gesehen, steht die Tatsache, dass es sich bei den Betreffenden um Sozialversicherungsträger handelt, einer Einordnung unter den „funktionalen Unternehmensbegriff" grundsätzlich nicht entgegen (oben Abschn. III. 1. a) aa) (1) der Darstellung). Vielmehr ist – wie der EuGH in der Rs. *Kattner* dargelegt hat – danach zu Fragen, ob die Pflegeversicherungsträger auf einem System der Solidarität beruhen und ob sie einer staatlichen Aufsicht unterliegen[297]. Ob diese Kriterien mit den Kriterien „staatliche Finanzierung" oder „staatliche Aufsicht" i. S. d. § 98 Nr. 2 GWB, Art. 1 Abs. 9 S. 2 lit. c) RL 2004/18/EG identisch sind, ist unklar.

Letztlich ist dies unerheblich: Der EuGH hat in der Rs. *Kattner* zur Bejahung einer staatlichen Aufsicht im Rahmen der Artt. 101 ff., 107 ff. AEUV (ex-Artt.

---

[294] Ebenso *Kunze/Kreikebohm,* NZS 2003, 5, 10; s. ferner *Mrozynski,* ZFSH/SGB 2004, 451, 459; *Kingreen,* VergabeR 2007, 354, 362 ff.

[295] s. dazu auch EuGH, Urt. v. 20.10.2005, Rs. C-264/03, Slg. 2005, I-8831 Rn. 33; EuGH, Urt. v. 6.4.2006, Rs. C-410/04, Slg. 2006, I-3303 Rn. 20; Mitteilung der Kommission zu Auslegungsfragen in Bezug auf das Unionsrecht, das für die Vergabe öffentlicher Aufträge gilt, die nicht oder nur teilweise unter die Vergaberichtlinien fallen, ABl. Nr. C-179 v. 1.8.2006, S. 2; *Kingreen,* VergabeR 2007, 354, 362 ff.

[296] So insbesondere *Renesse,* VSSR 2001, 359, 363 ff.; Pitschas, VSSR 1999, 221, 234 f.; i. E. auch *Meyer,* RsDE 68 (2009), 17, 33 (kein Eingreifen des Art. 86 Abs. 2 EG); *Bieback,* RsDE 49 (2001), 1, 11 f.

[297] EuGH, Urt. v. 5.3.2009, Rs. C-350/07, NJW 2009, 1325 Rn. 60 ff. – *Kattner.*

81 ff., 87 ff. EG) genügen lassen, dass die Aufsichtsbehörde die Satzung genehmigen muss und die Höhe der Beiträge sowie die Leistungen „kontrolliert"[298]. Die Satzung der Pflegekassen bedarf nach § 47 SGB XI der Genehmigung durch die Aufsichtsbehörde. Sowohl der Beitragssatz als auch die Beitragsbemessungsgrundlage werden nach § 55 SGB XI durch Gesetz festgesetzt. Damit ist eine staatliche „Kontrolle" über diese Faktoren und damit eine staatliche Aufsicht gegeben. Auch beruht die Pflegekasse auf einem System der Solidarität: Die Höhe der Beiträge hängt nicht vom versicherten Risiko ab, sondern der Beitragssatz ist nach § 55 Abs. 1 SGB XI stets gleichbleibend, während die Höhe der Beiträge vom Arbeitsentgelt abhängt. Nach § 66 SGB XI kommt es zu einem Finanzausgleich unter den Pflegekassen. Damit stellen diese ein System dar, das auf dem Grundsatz der Solidarität beruht. Sie sind damit nach derzeitiger Rechtslage keine Unternehmen i. S. d. Artt. 101 ff., 107 ff. AEUV (ex-Artt. 81 ff., 87 ff. EG).

b) Anwendbarkeit der RL 2004/18/EG und der §§ 97 ff. GWB

aa) Persönlicher Anwendungsbereich – öffentlicher Auftraggeber

Träger der Pflegeversicherung sind nach § 21a Abs. 1 SGB I, §§ 1 Abs.3, 46 Abs. 1 SGB XI die bei den Krankenkassen zu errichtenden Pflegekassen. Da die Pflegekassen als Versicherungsträger keine Gebietskörperschaften i. S. d. § 98 Nr. 1 GWB, Art. 1 Abs. 9 S. 1 RL 2004/18/EG darstellen, können sie nur öffentliche Auftraggeber nach § 98 Nr. 2 GWB, Art. 1 Abs. 9 S. 2 RL 2004/18/EG sein.

(1) Juristische Person

Die Pflegekassen sind nach § 29 Abs. 1 SGB IV, § 46 Abs. 2 S. 1 SGB XI Körperschaften des öffentlichen Rechts, also „juristische Personen" im Sinne von § 98 Nr. 2 GWB, Art. 1Abs. 9 S. 2 RL 2004/18/EG[299].

(2) Aufgaben im Allgemeininteresse

Die Pflegeversicherung hat nach § 1 Abs. 4 SGB XI die Aufgabe, Pflegebedürftigen Hilfe zu leisten, die wegen der Schwere der Pflegebedürftigkeit auf solidarische Unterstützung angewiesen sind. Damit nehmen die Pflegeversicherungsträger im Allgemeininteresse liegende Aufgaben wahr[300].

---

[298] EuGH, Urt. v. 5.3.2009, Rs. C-350/07, NJW 2009, 1325 Rn. 64 – *Kattner*.
[299] So auch *Heinemann*, Die Erbringung sozialer Dienstleistungen durch Dritte nach deutschem und europäischem Vergaberecht, 2009, S. 212.
[300] So auch *Heinemann*, Die Erbringung sozialer Dienstleistungen durch Dritte nach deutschem und europäischem Vergaberecht, 2009, S. 212.

(3) Fehlende Gewerblichkeit

Die Pflegekassen werden nicht gewerblich tätig. Sie werden nach § 55 SGB XI durch Beiträge der Versicherten finanziert. Die Pflegekassen haben nach § 64 Abs. 4 SGB XI aus etwaigen Überschüssen eine Rücklage zu bilden. Übersteigen die Überschüsse das Rücklagensoll, sind sie den Betriebsmitteln zuzuführen. Bleibt danach ein weiterer Überschuss, fließt dieser in den Ausgleichsfonds nach § 65 SGB XI. Damit verfolgen die Pflegekassen keine Gewinnerzielungsabsicht. Auch stehen sie in keinem Wettbewerb zueinander oder mit Privaten, ihnen bleibt kein Spielraum zur Senkung der Beiträge.

(4) Überwiegende staatliche Finanzierung

Fraglich ist, ob die Pflegeversicherungsträger i.S.d. § 98 Nr. 2 GWB, Art. 1 Abs. 9 S. 2 lit. c) RL 2004/18/EG überwiegend staatlich finanziert sind. Eine überwiegende staatliche Finanzierung ist wie gesehen ab einem Staatsanteil an den Einnahmen von mehr als 50% anzunehmen (oben Abschn. III. 2. a) bb) (4) der Darstellung). Es kann an die Ausführungen zur gesetzlichen Krankenversicherung angeknüpft werden (oben Abschn. VI. 1. der Darstellung): Auch die Pflegeversicherungsträger finanzieren sich aus Beiträgen der Versicherten, §§ 54 ff. SGB XI. Kraft Gesetzes sind fast alle in Deutschland lebenden Personen versichert, §§ 20 ff. SGB XI. Die Beiträge und Beitragsbemessungsgrundlagen werden gesetzlich festgesetzt, § 55 SGB XI. Damit bleibt den Pflegeversicherungsträgern kaum ein Gestaltungsspielraum bei der Festlegung der Finanzierung. Die Argumentation des EuGH in den Rs. *Bayerischer Rundfunk* und *Oymanns*[301] lässt sich daher auf die Pflegekassen übertragen: Sie sind überwiegend staatlich finanziert, wenn auch nur mittelbar[302].

(5) Staatliche Kontrolle

Nach § 29 Abs. 1 SGB IV haben die Pflegeversicherungsträger das Recht zur Selbstverwaltung. Dennoch unterliegen die Unfallversicherungsträger teilweise auch einer staatlichen Aufsicht i.S.d. § 98 Nr. 2 GWB, Art. 1 Abs. 2 lit. c) RL 2004/18/EG. Nach § 87 Abs. 1 SGB IV unterliegen die Pflegeversicherungsträger staatlicher Aufsicht. Diese erstreckt sich auf die Beachtung von Gesetz und sonstigem Recht, das für die Versicherungsträger maßgebend ist. Wie gesehen, genügt diese Aufsicht regelmäßig nicht, um eine Aufsicht i.S.d. § 98 Nr. 2

---

[301] EuGH, Urt. v. 13.12.2007, Rs. C337/06, Slg. 2007, I-11173 Rn. 34 und 49 – *Bayerischer Rundfunk*; EuGH, Urt. v. 11.6.2009, Rs. C-300/07, NJW 2009, 2427 – *Oymanns*.

[302] So i.E. auch *Heinemann*, Die Erbringung sozialer Dienstleistungen durch Dritte nach deutschem und europäischem Vergaberecht, 2009, S. 212.

GWB, Art. 1 Abs. 2 lit. c) RL 2004/18/EG zu begründen, da sie keine präventive Kontrolle über die Vergabe einzelner Aufträge ermöglicht (oben Abschn. III. 2. a) bb) (4) der Darstellung). Darüber hinaus erfolgt die Festsetzung der Beiträge der Pflegekassen ebenso wie die der Beitragsbemessungsgrundlage nach § 55 SGB XI durch Gesetz. Die Satzung der Pflegekassen bedarf nach § 47 Abs. 1 SGB XI der Genehmigung der Aufsichtsbehörde. Der EuGH hat dies in der Rs. *Kattner* für die Unfallversicherungsträger als ausreichend für eine staatliche Aufsicht angesehen[303], so dass auch hier von einer staatlichen Aufsicht ausgegangen werden muss[304].

bb) Sachlicher Anwendungsbereich – Vergabe öffentlicher Aufträge

Wenn die Pflegeversicherungsträger demnach als öffentliche Auftraggeber i.S.d. § 98 Nr. 2 GWB, Art. 1 Abs. 9 S. 2 RL 2004/18/EG anzusehen sind, stellt sich in einem zweiten Schritt die Frage, ob der sachliche Anwendungsbereich des Vergaberechts eröffnet ist, ob also ein öffentlicher Auftrag vorliegt. Das lässt sich nur mit Blick auf die einzelnen zur Leistungserbringung abgeschlossenen Verträge beantworten. Die Pflegeversicherungsträger erbringen ihre Leistungen gemäß § 28 SGB XI als Dienst- bzw. Sachleistungen oder als Geldleistung. Hinsichtlich der als Sach- oder Dienstleistung erbrachten Leistungen sind sie also zur Leistungserbringung regelmäßig auf Leistungserbringer angewiesen, die sie durch Vertrag verpflichten. § 72 Abs. 1 SGB XI gestattet den Abschluss von Verträgen mit Pflegeeinrichtungen über die Erbringung einer ambulanten oder stationären Pflege i.S.d. §§ 36 ff. SGB XI. § 77 Abs. 1 SGB XI erlaubt den Abschluss von Verträgen über die häusliche Pflege mit Einzelpersonen. § 78 SGB XI schließlich regelt den Abschluss von Verträgen über Pflegehilfsmittel.

Auch im Bereich der Pflegeversicherung sind die §§ 97 ff. GWB i.V.m. RL 2004/18/EG teleologisch zu reduzieren, soweit die Zwecke des Vergabeverfahrens nicht erreicht werden können. Das ist bei sogenannten Kollektivverträgen der Fall (oben Abschn. V. und VI. 1. b) dd) der Darstellung). Verträge über die Erbringung einer ambulanten oder stationären Pflege durch eine Pflegeeinrichtung können nach § 72 Abs. 1 und 2 SGB XI entweder zwischen einem Pflegeversicherungsträger und einer einzelnen Pflegeeinrichtung oder zwischen den jeweiligen Verbänden geschlossen werden. In keinem Fall kommt es zum Abschluss eines vergaberechtsrelevanten Individual- oder Selektivvertrages: Nach § 72 Abs. 3 S. 1 Halbs. 2 SGB XI besteht nämlich ein Anspruch der Einrichtung auf Abschluss des Vertrages, wenn diese die in § 72 Abs. 3 S. 1 Halbs. 1 SGB XI niedergelegten Voraussetzungen erfüllt. Dass § 72 Abs. 3 S. 2 SGB XI eine Se-

---

[303] EuGH, Urt. v. 5.3.2009, Rs. C-350/07, NJW 2009, 1325 Rn. 64 – *Kattner*.
[304] So i.E. auch *Heinemann,* Die Erbringung sozialer Dienstleistungen durch Dritte nach deutschem und europäischem Vergaberecht, 2009, S. 213.

lektion unter den Pflegeeinrichtungen vorsieht, wenn ein Überangebot besteht, wird allgemein als unverständlich angesehen und widerspricht der Gesetzesbegründung[305]. § 72 Abs. 3 S. 2 SGB XI erscheint als Norm ohne Anwendungsbereich und steht dem zuvor Gesagten nicht entgegen. Da nach § 72 Abs. 3 S. 1 SGB XI also jede qualifizierte Einrichtung Anspruch auf Teilnahme an dem System hat, erfolgt durch den Vertrag keine Selektion, so dass das Vergaberecht insoweit teleologisch zu reduzieren ist[306].

(1) Vertrag

Danach verbleiben als potentiell dem Vergaberecht unterliegende, im SGB XI geregelte Vereinbarungen (Individualvereinbarungen, Selektivverträge) insbesondere[307]:

– Verträge über die häusliche Pflege mit Einzelpersonen (§ 77 Abs. 1 SGB XI)
– Verträge über Pflegehilfsmittel (§ 78 SGB XI)
– Verträge über die integrierte Versorgung (§ 92b SGB XI).

Diese Verträge sind daraufhin zu überprüfen, ob sie die sonstigen Tatbestandsmerkmale eines „öffentlichen Auftrages" erfüllen. Erinnert sei erneut daran, dass für die Anwendung des Vergaberechts unerheblich ist, ob es sich bei den genannten Verträgen um privatrechtliche oder um öffentlich-rechtliche Verträge handelt (oben Abschn. III. 2. b) aa) der Darstellung)[308].

(2) Entgeltlichkeit

Gegen die „Entgeltlichkeit" der Verträge i. S. d. § 99 Abs. 1 GWB, Art. 1 Abs. 2 RL 2004/18/EG wird mitunter das bereits bekannte Argument vorgebracht, die Auswahl der Leistungserbringer erfolge nicht bereits durch den Abschluss des Vertrages zwischen dem Pflegeversicherungsträger und dem Leistungserbringer, sondern erst durch die Inanspruchnahme des Leistungserbringers

---

[305] *Udsching,* SGB XI, 2. Aufl. 2000, § 72 Rn. 14; *Plantholz/Schmäing,* in: Klie/Krahmer, SGB XI, 3. Aufl. 2009, § 72 Rn. 18 f.; *Maschmann,* SGb 1996, 49, 53; s. auch die Regierungsbegründung BT-Drucks. 12/5262, S. 136, wonach eine am *Bedarf* ausgerichtete Zulassung gerade *nicht* erfolgen soll.

[306] Für Dienstleistungskonzession *Heinemann,* Die Erbringung sozialer Dienstleistungen durch Dritte nach deutschem und europäischem Vergaberecht, 2009, S. 251. s. hiergegen bereits oben Fn. 191. Für Ausschreibungspflicht wohl *Engel,* PflR 1998, 68 ff.

[307] Zu nennen sind ferner Verträge mit Pflegediensten zur häuslichen Beratung nach § 37 Abs. 3 S. 1 SGB XI.

[308] Ausführlich zu den Verträgen in der Pflegeversicherung *Maschmann,* SGb 1996, 49, 52 ff.

durch den Versicherten. Es handele sich daher bei den Verträgen um eine Dienstleistungskonzession, da der Leistungserbringer das wirtschaftliche Risiko trage[309]. An anderer Stelle wurde dargelegt, dass diese Argumentation nicht überzeugt und dass der EuGH in der Rs. *Oymanns* zu Recht anders gewertet hat. Darauf wird verwiesen (oben Abschn. IV. und VI. 1. b) bb) (2) der Darstellung).

(3) Einzelne Verträge

(a) Verträge nach § 77 SGB XI

Nach § 77 Abs. 1 SGB XI kann der Träger der Pflegeversicherung mit Einzelpersonen Verträge über die Erbringung der häuslichen Pflege schließen, soweit eine Leistungserbringung durch Pflegeeinrichtungen nicht oder nicht in gleicher Qualität möglich ist. In dem Vertrag sind Inhalt, Umfang, Qualität, Qualitätssicherung, Vergütung sowie Prüfung der Qualität und Wirtschaftlichkeit der vereinbarten Leistungen zu regeln; die Vergütungen sind für Leistungen der Grundpflege und der hauswirtschaftlichen Versorgung sowie für Betreuungsleistungen nach § 36 Abs. 1 SGB XI zu vereinbaren. Ob es sich bei den Verträgen nach § 77 Abs. 1 SGB XI um öffentliche Aufträge i. S. d. Vergaberechts i. e. S. handelt, wird unterschiedlich beurteilt. Teilweise wird dies verneint, weil es sich bei dem Vertrag um eine Dienstleistungskonzession handele, für die die Ausnahme nach Art. 17 RL 2004/18/EG greife[310]. Dass dies nicht überzeugt, wurde vorstehend dargelegt, so dass mit der überwiegenden Ansicht[311] davon auszugehen ist, dass es sich bei den Verträgen nach § 77 Abs. 1 SGB XI um öffentliche Aufträge handelt.

(b) Verträge nach § 78 SGB XI

Nach § 78 SGB XI können die Pflegeversicherungsträger mit Leistungserbringern Verträge über Pflegehilfsmittel schließen. Nach § 78 Abs. 1 S. 3 SGB XI sind diese wie Verträge nach § 127 Abs. 1 SGB V zu behandeln, so dass auf die dortigen Ausführungen verwiesen wird (oben Abschn. VI. 1. b) bb) (3) (c) der Darstellung). Auch bei den Verträgen nach § 78 Abs. 1 SGB XI handelt es sich daher um öffentliche Aufträge[312].

---

[309] *Heinemann,* Die Erbringung sozialer Dienstleistungen durch Dritte nach deutschem und europäischem Vergaberecht, 2009, S. 251 f.

[310] *Heinemann,* Die Erbringung sozialer Dienstleistungen durch Dritte nach deutschem und europäischem Vergaberecht, 2009, S. 251 f.; unklar *Neumann,* NZS 1995, 397, 400.

[311] *Maschmann,* SGb 1996, 96 f.; *Engel,* PflR 1998, 68 ff.; *Thier,* PflR 1999, 164 ff.

[312] Ebenso *Engel,* PflR 1998, 68 ff. und wohl auch *Maschmann,* SGb 1996, 96 f.

108 VI. Anwendbarkeit auf einzelne Versicherungssparten und deren Leistungen

(c) Verträge nach § 92b SGB XI

Nach § 92b Abs. 1 SGB XI können die Pflegeversicherungsträger mit Leistungserbringern Verträge über die integrierte Versorgung von Versicherten schließen. Nach § 92b Abs. 2 SGB XI ist in den Verträgen das Nähere über Art, Inhalt und Umfang der zu erbringenden Leistungen der integrierten Versorgung sowie deren Vergütung zu regeln. Teilweise werden diese Verträge als Dienstleistungskonzession qualifiziert, weil die Auswahl der Leistungserbringer durch die Versicherten erfolge[313]. Richtigerweise ist – wie bei den Verträgen zur integrierten Versorgung nach § 140a SGB V (oben Abschn. VI. 1. b) bb) (3) (e) der Darstellung) – auch bei den Verträgen nach § 92b Abs. 1 SGB XI von einem öffentlichen Auftrag auszugehen.

cc) Schwellenwerte

Eine vergaberechtliche Ausschreibungspflicht für Verträge zwischen der Pflegekasse und dem jeweiligen Leistungsträger besteht nach § 100 Abs. 1 GWB, Art. 7 RL 2004/18/EG i.V.m. VO (EG) Nr. 1177/2009 nur, wenn der Wert des Auftrages die Schwelle von derzeit 193.000 Euro überschreitet (oben Abschn. III. 2. c) der Darstellung).

c) Anwendbarkeit sonstigen Vergaberechts

Zur Anwendbarkeit sonstigen Vergaberechts für den Fall, dass die §§ 97 ff. GWB i.V.m. RL 2004/18/EG nicht greifen, schweigt das SGB XI. Insbesondere findet sich keine dem § 69 SGB V vergleichbare Norm. Aus § 22 Abs. 1 SVHV wäre demnach grundsätzlich zu folgern, dass für Leistungen nach dem SGB XI keine Ausschreibungspflicht besteht (oben Abschn. II. 2. c) dd) der Darstellung). Indes ist § 22 SVHV in der Normenhierarchie nachrangig gegenüber den Grundrechten von Leistungserbringern aus den Artt. 3 Abs. 1, 12 Abs. 1 GG. Entsprechend den allgemeinen Grundsätzen muss man davon ausgehen, dass auch die Pflegeversicherungsträger im Unterschwellenbereich aufgrund der Bindungswirkung der Grundrechte verpflichtet sind, Aufträge anhand der Prinzipien Gleichbehandlung, Publizität, Nichtdiskriminierung und faire Chance auf Erteilung des Zuschlags zu vergeben (dazu oben Abschn. II. 2. c) aa) und IV. 3. a) der Darstellung)[314]. Ähnliches folgt auf unionsrechtlicher Ebene aus den Grundfreiheiten (oben Abschn. II. 2. b) bb) der Darstellung)[315].

---

[313] *Heinemann*, Die Erbringung sozialer Dienstleistungen durch Dritte nach deutschem und europäischem Vergaberecht, 2009, S. 252.
[314] Ebenso BSG, Urt. v. 17.12.2009 – B 3 P 3/08 R, juris Rn. 75; *Kunze/Kreikebohm*, NZS 2003, 5, 10; s. ferner *Mrozynski*, ZFSH/SGB 2004, 451, 459; *Kingreen*, VergabeR 2007, 354, 362 ff.

5. Arbeitsförderung (SGB III)

a) Anwendbarkeit Artt. 101 ff., 107 ff. AEUV (ex-Artt. 81 ff., 87 ff. EG)

Inwieweit die Bundesagentur für Arbeit im Rahmen der Arbeitsförderung als Unternehmen i. S. d. Artt. 101 ff., 107 ff. AEUV (ex-Artt. 81 ff., 87 ff. EG) anzusehen ist, ist kaum erörtert. Das überrascht angesichts der Tatsache, dass der EuGH in der Rs. *Höfner* und *Elser* zu dieser Frage schon einmal höchstrichterlich Stellung bezogen hat. Ausgehend vom funktionalen Unternehmensbegriff (dazu oben Abschn. III. 1. a) aa) (1) der Darstellung), kommt der Gerichtshof zu folgender Einschätzung bezüglich der damaligen Bundesanstalt für Arbeit:

„Angesichts der vorstehenden Ausführungen ist zu prüfen, ob eine öffentlich-rechtliche Anstalt für Arbeit wie die Bundesanstalt als ein Unternehmen im Sinne der Artikel 85 und 86 EWG-Vertrag angesehen werden kann.

Im Rahmen des Wettbewerbsrechts umfasst der Begriff des Unternehmens jede eine wirtschaftliche Tätigkeit ausübende Einheit, unabhängig von ihrer Rechtsform und der Art ihrer Finanzierung. Die Arbeitsvermittlung stellt eine wirtschaftliche Tätigkeit dar.

Daß die Vermittlungstätigkeit normalerweise öffentlich-rechtlichen Anstalten übertragen ist, spricht nicht gegen die wirtschaftliche Natur dieser Tätigkeit. Die Arbeitsvermittlung ist nicht immer von öffentlichen Einrichtungen betrieben worden und muß nicht notwendig von solchen Einrichtungen betrieben werden. Diese Feststellung gilt insbesondere für die Tätigkeiten zur Vermittlung von Führungskräften der Wirtschaft.

Somit lässt sich eine Einheit wie eine öffentlich-rechtliche Anstalt für Arbeit, die Arbeitsvermittlung betreibt, als Unternehmen im Sinne der gemeinschaftsrechtlichen Wettbewerbsregeln qualifizieren."

Bedeutet dies, dass auch die heutige Bundesagentur für Arbeit bei jeglicher Tätigkeit als Unternehmen i. S. d. Artt. 101 ff., 107 ff. AEUV (ex-Artt. 81 ff., 87 ff. EG) anzusehen ist? Wohl nicht. Aufgrund des funktionalen Unternehmensbegriffs muss jeweils im Einzelfall danach gefragt werden, ob die Bundesagentur eine wirtschaftliche Tätigkeit ausübt oder nicht[316]. Das entspricht dem Vorgehen des Gerichtshofs in den Rs. *Poucet, Cisal, FENIN* und *Kattner*. In der Rs. *Höfner* stellt der EuGH fest, dass die Arbeitsvermittlung für Führungskräfte eine wirtschaftliche Tätigkeit darstellt. Für die Leistungen der heutigen Bundesagentur für

---

[315] s. dazu auch EuGH, Urt. v. 20.10.2005, Rs. C-264/03, Slg. 2005, I-8831 Rn. 33; EuGH, Urt. v. 6.4.2006, Rs. C-410/04, Slg. 2006, I-3303 Rn. 20; Mitteilung der Kommission zu Auslegungsfragen in Bezug auf das Unionsrecht, das für die Vergabe öffentlicher Aufträge gilt, die nicht oder nur teilweise unter die Vergaberichtlinien fallen, ABl. Nr. C-179 v. 1.8.2006, S. 2; *Kingreen*, VergabeR 2007, 354, 362 ff.

[316] So auch *Schlegel*, SGb 2007, 700, 708.

Arbeit muss nicht notwendig dasselbe gelten. Seit der Rs. *Kattner* ist klar, dass die entscheidenden Kriterien für die Unternehmenseigenschaft darin bestehen, ob die Einrichtung auf der Grundlage eines Systems der Solidarität tätig wird und ob sie dabei staatlicher Aufsicht unterliegt[317].

b) Anwendbarkeit der RL 2004/18/EG und der §§ 97 ff. GWB

aa) Persönlicher Anwendungsbereich – öffentlicher Auftraggeber

Träger der Arbeitslosenversicherung ist nach § 19 Abs. 2 SGB I, § 368 Abs. 1 S. 1 SGB III die Bundesagentur für Arbeit. Da die Bundesagentur für Arbeit keine Gebietskörperschaft i. S. d. § 98 Nr. 1 GWB, Art. 1 Abs. 9 S. 1 RL 2004/18/EG darstellt, kann sie nur öffentlicher Auftraggeber nach § 98 Nr. 2, Art. 1 Abs. 9 S. 2 RL 2004/18/EG sein.

(1) Juristische Person

Die Bundesagentur für Arbeit ist nach § 367 Abs. 1 SGB III eine Körperschaft des öffentlichen Rechts[318], also „juristische Person" im Sinne von § 98 Nr. 2 GWB, Art. 1 Abs. 9 S. 2 RL 2004/18/EG[319].

(2) Aufgaben im Allgemeininteresse

Die Arbeitsförderung nach dem SGB III soll dem Entstehen von Arbeitslosigkeit entgegenwirken, die Dauer der Arbeitslosigkeit verkürzen und den Ausgleich von Angebot und Nachfrage auf dem Ausbildungs- und Arbeitsmarkt unterstützen. Die Arbeitsförderung soll dazu beitragen, dass ein hoher Beschäftigungsstand erreicht und die Beschäftigungsstruktur ständig verbessert wird, § 1 Abs. 1 SGB III. Soweit die Bundesagentur für Arbeit im Rahmen der Arbeitsförderung tätig wird, nimmt sie damit im Allgemeininteresse liegende Aufgaben wahr[320].

---

[317] EuGH, Urt. v. 5.3.2009, Rs. C-350/07, NJW 2009, 1325 Rn. 64 – *Kattner*.

[318] Die Bezeichnung als Körperschaft ist irreführend, da die BA keine Mitglieder hat. Richtigerweise stellt sie eine Anstalt dar, was jedoch keine hier relevanten rechtlichen Unterschiede zeitigt.

[319] So auch *Engler*, Leistungserbringung, 2010, S. 115; *Heinemann*, Die Erbringung sozialer Dienstleistungen durch Dritte nach deutschem und europäischem Vergaberecht, 2009, S. 193; *Bieback*, NZS 2007, 505, 509; *Storost*, NZS 2005, 82, 84.

[320] So auch *Engler*, Leistungserbringung, 2010, S. 116; *Heinemann*, Die Erbringung sozialer Dienstleistungen durch Dritte nach deutschem und europäischem Vergaberecht, 2009, S. 194; *Storost*, NZS 2005, 82, 84.

5. Arbeitsförderung (SGB III)

(3) Fehlende Gewerblichkeit

Die Bundesagentur für Arbeit wird im Rahmen der Arbeitsförderung nach dem SGB III auch grundsätzlich nicht gewerblich tätig[321]. Die Rechtsprechung des EuGH in der Rs. *Höfner* zu den Artt. 101 ff., 107 ff. AEUV (ex-Artt. 81 ff., 87 ff. EG) lässt sich auf das Vergaberecht nicht ohne weiteres übertragen[322]. Die Leistungen der Arbeitsförderung und die sonstigen Ausgaben der Bundesagentur werden nach § 340 SGB III durch Beiträge der Versicherungspflichtigen, der Arbeitgeber und Dritter (Beitrag zur Arbeitsförderung), Umlagen, Mittel des Bundes und sonstige Einnahmen finanziert. Der Beitragssatz und die Beitragsbemessungsgrundlage werden gesetzlich festgelegt, § 341 SGB III. Dadurch kann die Bundesagentur nicht selber über ihre Finanzierungsgrundlagen entscheiden und nicht in einen Preiswettbewerb eintreten. Überschüsse hat die Bundesagentur zur Rücklagenbildung zu nutzen, § 366 Abs. 1 SGB III. Damit verfolgt die Bundesagentur keine Gewinnerzielungsabsicht. Zudem steht sie in keinem Wettbewerb zu einer privaten Arbeitsvermittlung.

(4) Überwiegende staatliche Finanzierung

Fraglich ist, ob die Bundesagentur i. S. d. § 98 Nr. 2 GWB, Art. 1 Abs. 9 S. 2 lit. c) RL 2004/18/EG überwiegend staatlich finanziert ist. Eine überwiegende staatliche Finanzierung ist wie gesehen ab einem Staatsanteil an den Einnahmen von mehr als 50 % anzunehmen (oben Abschn. III. 2. a) bb) (4) der Darstellung). Für die Bundesagentur ergibt sich hier eine Besonderheit gegenüber den sonstigen Sozialversicherungsträgern dadurch, dass die Bundesagentur nicht nur Aufgaben der Arbeitsförderung nach dem SGB III wahrnimmt, sondern auch Leistungen im Rahmen der Grundsicherung für Arbeitsuchende nach dem SGB II erbringt.

Aufgaben nach dem SGB II werden gemäß § 46 SGB II jedoch *ausschließlich* durch den Bund finanziert, während die Leistungen der Arbeitsförderung nach § 340 SGB III durch Beiträge der Versicherungspflichtigen, der Arbeitgeber und Dritter (Beitrag zur Arbeitsförderung), Umlagen, Mittel des Bundes und sonstige Einnahmen finanziert werden. Der Bund beteiligt sich nach § 363 SGB III an den Kosten der Arbeitsförderung wie folgt: Er zahlt an die Bundesagentur für das Jahr 2007 6,468 Milliarden Euro, für das Jahr 2008 7,583 Milliarden Euro und für das Jahr 2009 7,777 Milliarden Euro. Für die Kalenderjahre ab 2010 verändert sich der Beitrag des Bundes jährlich entsprechend der Veränderungsrate

---

[321] So auch *Engler*, Leistungserbringung, 2010, S. 116; *Heinemann*, Die Erbringung sozialer Dienstleistungen durch Dritte nach deutschem und europäischem Vergaberecht, 2009, S. 194; *Storost*, NZS 2005, 82, 84.
[322] Zutreffend *Bieback*, NZS 2007, 505, 509.

der Steuern vom Umsatz. Gemessen am Gesamtbudget der Bundesagentur[323] sind die Beiträge des Bundes nach § 363 SGB III weit davon entfernt, eine überwiegende staatliche Finanzierung zu begründen. Man kann daher die Frage stellen, ob es für die Finanzierung der Bundesagentur im Rahmen der Aufgaben nach dem SGB III allein auf die Finanzierung nach den §§ 340, 363 SGB III ankommt, oder ob – kumulativ oder alternativ – auch auf die Zahlungen nach dem SGB II abzustellen ist.

Richtig dürfte es sein, eine strikte Trennung zwischen den Aufgaben nach dem SGB II und denjenigen nach dem SGB III vorzunehmen. Darauf kommt es hier aber nicht an. Es kann an die Ausführungen zur gesetzlichen Krankenversicherung angeknüpft werden (oben Abschn. VI. 1. der Darstellung): Auch die Bundesagentur finanziert sich aus Beiträgen der Versicherten, § 340 SGB III. Die Beiträge und Beitragsbemessungsgrundlagen werden gesetzlich festgesetzt, § 341 SGB III. Abweichungen kann nach § 352 SGB III nur die Bundesregierung durch Rechtsverordnung festlegen. Damit bleibt der Bundesagentur kaum ein Gestaltungsspielraum bei der Festlegung der Finanzierung. Die Argumentation des EuGH in den Rs. *Bayerischer Rundfunk* und *Oymanns*[324] lässt sich daher auf die Bundesagentur übertragen: Sie wird überwiegend staatlich finanziert, wenn auch nur mittelbar[325].

(5) Staatliche Kontrolle

Nach § 29 Abs. 1 SGB IV, § 367 Abs. 1 SGB III hat die Bundesagentur das Recht zur Selbstverwaltung. Nach § 87 Abs. 1 SGB IV, § 393 SGB III unterliegt die Bundesagentur aber staatlicher Aufsicht. Diese erstreckt sich auf die Beachtung von Gesetz und sonstigem Recht, das für die Sozialversicherungsträger maßgebend ist. Wie gesehen, genügt diese Aufsicht regelmäßig nicht, um eine Aufsicht i. S. d. § 98 Nr. 2 GWB, Art. 1 Abs. 2 lit. c) RL 2004/18/EG zu begründen, da sie keine präventive Kontrolle über die Vergabe einzelner Aufträge ermöglicht (oben Abschn. III. 2. bb) (4) der Darstellung). Darüber hinaus erfolgt die Festsetzung der Beiträge nach § 340 SGB III ebenso wie die der Beitragsbemessungsgrundlage nach § 341 SGB III durch Gesetz, von dem nach § 352 SGB III nur die Bundesregierung durch Rechtsverordnung abweichen kann. Die Satzung der Bundesagentur bedarf nach § 372 Abs. 2 SGB III der Genehmigung

---

[323] Vgl. die Jahresberichte, abrufbar unter http://www.arbeitsagentur.de/nn_27226/Navigation/zentral/Servicebereich/Ueber-Uns/Geschaeftsberichte/Geschaeftsberichte-Nav.htmld1.1 (Stand: 29.4.2010).
[324] EuGH, Urt. v. 13.12.2007, Rs. C337/06, Slg. 2007, I-11173 Rn. 34 und 49 – *Bayerischer Rundfunk*; EuGH, Urt. v. 11.6.2009, Rs. C-300/07, NJW 2009, 2427 – *Oymanns*.
[325] So i. E. auch *Engler,* Leistungserbringung, 2010, S. 116 f.; *Heinemann,* Die Erbringung sozialer Dienstleistungen durch Dritte nach deutschem und europäischem Vergaberecht, 2009, S. 195 f.; a. A. wohl *Bieback,* NZS 2007, 505, 509, o. Begr.

des Bundesministeriums für Arbeit und Soziales. Der EuGH hat dies in der Rs. *Kattner* für die Unfallversicherungsträger als ausreichend für eine staatliche Aufsicht angesehen[326], so dass auch hier von einer staatlichen Aufsicht ausgegangen werden muss[327].

Daneben ist eine staatliche Beherrschung der Bundesagentur auch nach § 98 Nr. 2 S. 1 Var. 3 GWB, Art. 1 Abs. 9 S. 2 lit. c) Var. 3 RL 2004/18/EG gegeben, denn nach § 382 Abs. 1 SGB III ernennt die Bundesregierung den Vorstand der Bundesagentur auf Vorschlag des Verwaltungsrates. Die Bundesregierung hat aber ein Letztentscheidungsrecht nach § 382 Abs. 1 S. 4 SGB III. Die Mitglieder des Verwaltungsrates wiederum werden nach § 377 Abs. 2 SGB III durch das Bundesministerium für Arbeit und Soziales berufen. Damit werden beide Leitungsorgane der Bundesagentur durch staatliche Stellen besetzt[328].

bb) Sachlicher Anwendungsbereich – Vergabe öffentlicher Aufträge

Wenn die Bundesagentur demnach als öffentliche Auftraggeber i. S. d. § 98 Nr. 2 GWB, Art. 1 Abs. 9 S. 2 RL 2004/18/EG anzusehen ist, stellt sich in einem zweiten Schritt die Frage, ob der sachliche Anwendungsbereich des Vergaberechts eröffnet ist, ob also ein öffentlicher Auftrag vorliegt. Das lässt sich nur mit Blick auf die einzelnen zur Leistungserbringung abgeschlossenen Verträge beantworten. Die Bundesagentur erbringt ihre Leistungen zur Arbeitsförderung nach § 3 SGB III ganz überwiegend als Geldleistung[329]. Soweit sie Leistungen als Dienst- oder Sachleistungen erbringt, erbringt sie diese oftmals durch eigene Stellen, etwa die Beratung Arbeitsuchender. Für die Vergabe von Aufträgen an Leistungserbringer bleibt damit nur ein kleiner Anwendungsbereich. Dieser hat eine weitere Einschränkung dadurch erfahren, dass die Personal-Service-Agenturen nach § 37c SGB III zum 1.1.2009 ebenso ersatzlos weggefallen sind wie die Eingliederungsmaßnahmen nach § 421i SGB III. In beiden Fällen sah das Gesetz bis zum 31.12.2005 eine Auftragsvergabe vor, so dass dies in der Literatur die meistdiskutierten Fälle einer Bindung der Bundesagentur an das Vergaberecht waren[330]. Durch die Streichung der Vorschriften ist jedenfalls das Argument wi-

---

[326] EuGH, Urt. v. 5.3.2009, Rs. C-350/07, NJW 2009, 1325 Rn. 64 – *Kattner*.

[327] So auch *Engler*, Leistungserbringung, 2010, S. 120; *Storost*, NZS 2005, 82, 84; *Bieback*, NZS 2007, 505, 510; a. A. *Heinemann*, Die Erbringung sozialer Dienstleistungen durch Dritte nach deutschem und europäischem Vergaberecht, 2009, S. 197, ohne allerdings die Rechtsprechung des EuGH in der Rs. *Kattner* berücksichtigen zu können.

[328] So auch *Heinemann*, Die Erbringung sozialer Dienstleistungen durch Dritte nach deutschem und europäischem Vergaberecht, 2009, S. 197 f.; *Storost*, NZS 2005, 82, 84; *Bieback*, NZS 2007, 505, 510.

[329] Zutreffend *Heinemann*, Die Erbringung sozialer Dienstleistungen durch Dritte nach deutschem und europäischem Vergaberecht, 2009, S. 91 f., 214.

[330] s. nur *Neumann/Nielandt/Philipp*, Erbringung von Sozialleistungen nach Vergaberecht?, 1. Aufl. 2004, S. 31 f.; *Heinemann*, Die Erbringung sozialer Dienstleistungen

114 VI. Anwendbarkeit auf einzelne Versicherungssparten und deren Leistungen

der die Anwendung des Vergaberechts obsolet geworden, die §§ 37c Abs. 2, 421i Abs. 2 SGB III seien abschließend[331]. Die Vorschriften sind nach Ansicht der Bundesregierung ebenso wie § 37 SGB III a. F. mit dem Gesetz zur Neuausrichtung der arbeitsmarktpolitischen Instrumente[332] im neuen § 46 SGB III aufgegangen[333]. Dasselbe gilt für Vereinbarungen nach § 241 Abs. 4 SGB III a. F.

(1) Vertrag

Danach verbleiben als potentiell dem Vergaberecht unterliegende, im SGB III geregelte Vereinbarungen (Individualvereinbarungen, Selektivverträge) insbesondere:

– Verträge über Maßnahmen zur Aktivierung und beruflichen Eingliederung (§ 46 SGB III)

– Verträge über berufsvorbereitende Bildungsmaßnahmen (§ 61 SGB III)

– Verträge über die Unterstützung und Förderung der Berufsausbildung (§ 240 SGB III).

Diese Verträge sind daraufhin zu überprüfen, ob sie die sonstigen Tatbestandsmerkmale eines „öffentlichen Auftrages" erfüllen. Erinnert sei erneut daran, dass für die Anwendung des Vergaberechts unerheblich ist, ob es sich bei den genannten Verträgen um privatrechtliche oder um öffentlich-rechtliche Verträge handelt (oben Abschn. III. 2. b) aa) der Darstellung).

(2) Entgeltlichkeit

Wider die Entgeltlichkeit der genannten Verträge – bzw. den Verträgen nach den §§ 37, 37c, 421i SGB III a. F. – wurde zum einen das Argument vorgebracht, dass die bis zum 31.12.2005 in den genannten Normen ausdrücklich angeordnete Ausschreibungspflicht abschließend sei und daher die Anwendung des Vergaberechts im Übrigen ausschließe[334]. Dasselbe ließe sich für die nunmehr in §§ 46 Abs. 4 S. 1, 61, 240 Abs. 3 SGB III angeordnete Anwendung des Unionsrechts

---

durch Dritte nach deutschem und europäischem Vergaberecht, 2009, S. 215 f. und 218 f.; *Sormani-Bastian,* Vergaberecht und Sozialrecht, 2007, S. 200; *Bieback,* NZS 2007, 505, 510 f.; *Kingreen,* SGb 2004, 659; *Storost,* NZS 2005, 82, 85 f.

[331] So *Neumann/Nielandt/Philipp,* Erbringung von Sozialleistungen nach Vergaberecht?, 1. Aufl. 2004, S. 31 f. Das Argument überzeugte aber schon damals nicht angesichts des Vorrangs des Unionsrechts (dazu oben Abschn. II. 2. a) (S. 9) der Darstellung).

[332] Gesetz v. 21.12.2008, BGBl. I, 2917.

[333] BT-Drucks. 16/10810, S. 29, 32 ff.

[334] *Neumann/Nielandt/Philipp,* Erbringung von Sozialleistungen nach Vergaberecht?, 1. Aufl. 2004, S. 31 f.

behaupten. Dieses Argument überzeugte jedoch schon zur alten Rechtslage angesichts des Vorrangs des Unionsrechts nicht, der deutsche Gesetzgeber kann die verbindlichen Vorgaben der RL 2004/18/EG nicht durch nationales Recht ausschließen (oben Abschn. II. 2. a) aa) der Darstellung). Die ausdrückliche Anordnung der Anwendung des Vergaberechts spricht eher dafür, dass es sich um entgeltliche Verträge handelt, wovon auch der Gesetzgeber auszugehen scheint[335]. Es lässt sich wider die Entgeltlichkeit der Verträge auch nicht anführen, die Bundesagentur trete „nicht wie ein privater Nachfrager am Markt auf"[336]. Diese – sachlich zweifelhafte – Behauptung ist rechtlich unbeachtlich, da kein Tatbestandsmerkmal der §§ 97 ff. GWB. Schließlich steht der Entgeltlichkeit der Verträge nicht entgegen, dass die endgültige Zuordnung von Leistungen erst durch die Nachfrage der Versicherten erfolgt (oben Abschn. VI. 1. b) bb) (2) der Darstellung)[337]. Dadurch scheidet zugleich eine Dienstleistungskonzession aus.

(3) Einzelne Verträge

(a) Verträge nach § 46 SGB III

Nach § 46 Abs. 1 SGB III können Ausbildungssuchende, von Arbeitslosigkeit bedrohte Arbeitsuchende und Arbeitslose bei der Teilnahme an Maßnahmen gefördert werden, die ihre berufliche Eingliederung unterstützen (Maßnahmen zur Aktivierung und beruflichen Eingliederung). Der Gesetzgeber geht davon aus, dass die Bundesagentur zur Durchführung dieser Maßnahmen Träger beauftragt[338]. Das erhellt auch aus der Anordnung des Vergaberechts in § 46 Abs. 4 S. 1 SGB III. Diese Verträge sind daher als „öffentliche Aufträge" i. S. d. § 99 GWB, Art. 1 Abs. 2 RL 2004/18/EG anzusehen[339].

(b) Verträge nach § 61 SGB III

Nach § 59 SGB III haben Auszubildende unter bestimmten Voraussetzungen Anspruch auf Berufsausbildungsbeihilfe während einer beruflichen Ausbildung

---

[335] BT-Drucks. 16/10810, S. 32. Für Entgeltlichkeit auch *Engler,* Leistungserbringung, 2010, S. 142.

[336] So aber *Bieback,* NZS 2007, 505, 510.

[337] So aber *Bieritz-Harder,* Berufsvorbereitende Bildungsmaßnahmen der BA als Teil der beruflichen Rehabilitation, Auftragsgutachten für die Bundesarbeitsgemeinschaft der Berufsbildungswerke, 2004, S. 28 ff.; *Münder/v. Boetticher,* Teilnahme am Wettbewerb bei der Vergabe von Leistungen, Auftragsgutachten für die Bundesarbeitsgemeinschaft Jugendsozialarbeit, 2004, S. 26 f.; *Bieback,* NZS 2007, 505, 510.

[338] BT-Drucks. 16/10810, S. 31 r. Sp.

[339] Ebenso zu Verträgen nach §§ 37, 37c, 421i SGB III a. F. *Heinemann,* Die Erbringung sozialer Dienstleistungen durch Dritte nach deutschem und europäischem Vergaberecht, 2009, S. 215 ff.; *Storost,* NZS 2005, 82, 84.

116 VI. Anwendbarkeit auf einzelne Versicherungssparten und deren Leistungen

oder einer berufsvorbereitenden Bildungsmaßnahme. Die Förderung einer berufsvorbereitenden Bildungsmaßnahme regelt § 61 SGB III. Die Förderung ist keine finanzielle, vielmehr geht der Gesetzgeber auch hier davon aus, dass die Bundesagentur die Bildungsmaßnahme durch Träger erbringen lässt. Nach § 61 Abs. 4 SGB III findet das Vergaberecht Anwendung, es handelt sich auch hier um „öffentliche Aufträge" i. S. d. § 99 GWB, Art. 1 Abs. 2 RL 2004/18/EG.

(c) Verträge nach § 240 SGB III

Unter den in § 240 Abs. 1 SGB III geregelten Voraussetzungen können Träger von Maßnahmen zur Unterstützung und Förderung der Berufsausbildung Zuschüsse erhalten und Maßnahmekosten erstattet bekommen. Die Gesetzesbegründung macht deutlich, dass der Gesetzgeber die Eingliederung von Jugendlichen in den Arbeitsmarkt durch Träger ermöglichen will, also die Bundesagentur Dritte mit dieser Aufgabe betrauen soll[340]. Nach § 240 Abs. 3 SGB III findet auf die dazu abgeschlossenen Verträge das Vergaberecht Anwendung. Es liegen also auch hier „öffentliche Aufträge" i. S. d. § 99 GWB, Art. 1 Abs. 2 RL 2004/18/EG vor[341].

cc) Schwellenwerte

Eine vergaberechtliche Ausschreibungspflicht für Verträge zwischen der Pflegekasse und dem jeweiligen Leistungsträger besteht nach § 100 Abs. 1 GWB, Art. 7 RL 2004/18/EG i. V. m. VO (EG) Nr. 1177/2009 nur, wenn der Wert des Auftrages die Schwelle von derzeit 193.000 Euro überschreitet (oben Abschn. III. 2. c) der Darstellung).

c) Anwendbarkeit sonstigen Vergaberechts

Aus §§ 46 Abs. 4 S. 1, 61 Abs. 4, 240 Abs. 4 SGB III könnte man den Schluss ziehen, dass auch unterhalb der Schwellenwerte das Vergaberecht der §§ 97 ff. GWB Anwendung findet. Dass dies nicht gewollt ist, erhellt jedoch aus der Regierungsbegründung zu § 46 SGB III. Dort heißt es wörtlich:

„Absatz 4 stellt aufgrund der Erfahrungen in der Praxis klar, dass das Recht der Vergabe öffentlicher Aufträge (Vergaberecht) Anwendung findet. Es wird immer dann ein Vergabeverfahren durchzuführen sein, wenn die Agentur für Arbeit einen privaten Dritten mit der Durchführung von Maßnahmen zur Aktivierung und beruflichen Eingliederung gegen Entgelt beauftragt (Geschäftsbesorgungsvertrag). *Aufgrund der vielseitigen inhaltlichen Ausgestaltungsmöglichkeiten der Maßnahmen zur Aktivie-*

---

[340] BT-Drucks. 16/10810, S. 40.
[341] So zu Verträgen nach § 241 Abs. 2 SGB III a. F. auch OLG Düsseldorf, Beschl. v. 22.01.2007, VII-Verg 46/06, juris.

rung und beruflichen Eingliederung ist die Anwendung des Vergaberechts für jeden Förderansatz und Förderfall gesondert zu prüfen [Hervorhebung d. Verf.]."

Da in jedem Einzelfall zu prüfen ist, ob das Vergaberecht Anwendung findet oder nicht, muss man davon ausgehen, dass die §§ 97 ff. GWB nur gelten sollen, wenn ihre Voraussetzungen – einschließlich der Schwellenwerte – tatsächlich vorliegen.

Zur Anwendbarkeit sonstigen Vergaberechts für den Fall, dass die §§ 97 ff. GWB i.V.m. RL 2004/18/EG nicht greifen, schweigt das SGB III. Insbesondere findet sich keine dem § 69 SGB V vergleichbare Norm. Aus § 22 Abs. 1 SVHV wäre demnach grundsätzlich zu folgern, dass für Leistungen nach dem SGB III keine Ausschreibungspflicht besteht (oben Abschn. II. 2. c) dd) der Darstellung). Indes ist § 22 SVHV in der Normenhierarchie nachrangig gegenüber den Grundrechten von Leistungserbringern aus den Artt. 3 Abs. 1, 12 Abs. 1 GG. Entsprechend den allgemeinen Grundsätzen muss man davon ausgehen, dass auch die Bundesagentur im Unterschwellenbereich aufgrund der Bindungswirkung der Grundrechte verpflichtet ist, Aufträge anhand der Prinzipien Gleichbehandlung, Publizität, Nichtdiskriminierung und faire Chance auf Erteilung des Zuschlags zu vergeben (dazu oben Abschn. II. 2. c) aa) und III. 3. a) der Darstellung)[342]. Ähnliches folgt auf unionsrechtlicher Ebene aus den Grundfreiheiten (oben Abschn. II. 2. b) bb) der Darstellung)[343].

6. Grundsicherung für Arbeitsuchende (SGB II)

a) Anwendbarkeit der Artt. 101 ff., 107 ff. AEUV (ex-Artt. 81 ff., 87 ff. EG)

Die Grundsicherung für Arbeitsuchende nach dem SGB II wird teilweise von der Bundesagentur für Arbeit, teilweise von den Gemeinden erbracht. Für die Anwendung der Artt. 101 ff., 107 ff. AEUV (ex-Artt. 81 ff., 87 ff. EG) lässt sich hinsichtlich der Bundesagentur auf die Ausführungen zum SGB III verweisen (oben Abschn. VI. 5. a) der Darstellung). Inwieweit deutsche Gemeinden als „Unternehmen" i.S.d. Artt. 101 ff., 107 ff. AEUV (ex-Artt. 81 ff., 87 ff. EG) zu qualifizieren sind, ist unklar. Da aber anerkannt ist, dass auch öffentliche Einrichtungen „Unternehmen" i.S.d. Vorschriften sein können (oben Abschn. III. 1. a)

---

[342] Ebenso *Kunze/Kreikebohm,* NZS 2003, 5, 10; s. ferner *Mrozynski,* ZFSH/SGB 2004, 451, 459; *Kingreen,* VergabeR 2007, 354, 362 ff.

[343] s. dazu auch EuGH, Urt. v. 20.10.2005, Rs. C-264/03, Slg. 2005, I-8831 Rn. 33; EuGH, Urt. v. 6.4.2006, Rs. C-410/04, Slg. 2006, I-3303 Rn. 20; Mitteilung der Kommission zu Auslegungsfragen in Bezug auf das Unionsrecht, das für die Vergabe öffentlicher Aufträge gilt, die nicht oder nur teilweise unter die Vergaberichtlinien fallen, ABl. Nr. C-179 v. 1.8.2006, S. 2; *Kingreen,* VergabeR 2007, 354, 362 ff.

118　VI. Anwendbarkeit auf einzelne Versicherungssparten und deren Leistungen

aa) (1) der Darstellung), muss man davon ausgehen, dass auch Gemeinden unter den funktionalen Unternehmensbegriff zu subsumieren sind, wenn sie sich wirtschaftlich betätigen. Der EuGH hat dies für französische Gemeinden zum Beispiel in der Rs. *Bodson/Pompes funèbres* angenommen, in der kommunale Behörden Bestattungsdienste anboten[344].

b) Anwendbarkeit der RL 2004/18/EG und der §§ 97 ff. GWB

aa) Persönlicher Anwendungsbereich – öffentlicher Auftraggeber

Die Trägerschaft der Grundsicherung für Arbeitssuchende ist nach § 19a Abs. 2 SGB I, § 6 SGB II zwischen der Bundesagentur für Arbeit einerseits und den Kreisen und kreisfreien Städten andererseits aufgeteilt. Nachdem das BVerfG die Ausgestaltung der Arbeitsgemeinschaften (ARGEn) i.S.d. § 44b SGB II für verfassungswidrig erklärt hat,[345] soll an dieser Stelle dahinstehen, inwieweit die ARGEn als öffentliche Auftraggeber anzusehen waren.

(1) Kreise und kreisfreie Städte

Soweit Träger der Grundsicherung für Arbeitssuchende nach § 19a Abs. 2 SGB I, § 6 Abs. 1 Nr. 2 SGB II die Kreise und die kreisfreien Städte sind, stellen diese Gebietskörperschaften i.S.d. § 98 Nr. 1 GWB, Art. 1 Abs. 9 S. 1 RL 2004/18/EG dar und sind deshalb „öffentliche Auftraggeber"[346], ohne dass es auf die Kriterien von § 98 Nr. 2 GWB, Art. 1 Abs. 9 S. 2 RL 2004/18/EG weiter ankommt (dazu oben Abschn. III. 2. a) bb) der Darstellung).

(2) Bundesagentur für Arbeit

Soweit Träger der Grundsicherung für Arbeitsuchende nach § 19a Abs. 2 SGB I, § 6 Abs. 1 Nr. 1 SGB II die Bundesagentur für Arbeit ist, ist diese keine Gebietskörperschaft i.S.d. § 98 Nr. 1 GWB, Art. 1 Abs. 9 S. 1 RL 2004/18/EG. Sie kann daher nur öffentlicher Auftraggeber nach § 98 Nr. 2, Art. 1 Abs. 9 S. 2 RL 2004/18/EG sein. Es gilt das zu der Arbeitsförderung nach dem SGB III Gesagte entsprechend: Die Bundesagentur für Arbeit ist nach § 367 Abs. 1 SGB III eine

---

[344] EuGH, Urt. v. 4.5.1988, Rs. 30/87, Slg. 1988, 2479 Rn. 21. Für Unterwerfung der Gemeinden unter Art. 87 EG auch *Luthe*, in: Hauck/Noftz, SGB II, 15. Lfg. 2007, § 17 Rn. 44e.

[345] BVerfG, Urt. v. 20.12.2007 – 2 BvR 2433/04, BVerfGE 119, 331. Zum Streit s. *Engler*, Leistungserbringung, 2010, S. 124 ff.

[346] So auch *Engler*, Leistungserbringung, 2010, S. 124; *Heinemann*, Die Erbringung sozialer Dienstleistungen durch Dritte nach deutschem und europäischem Vergaberecht, 2009, S. 198.

Körperschaft des öffentlichen Rechts, also „juristische Person" im Sinne von § 98 Nr. 2 GWB, Art. 1 Abs. 9 S. 2 RL 2004/18/EG. Die Grundsicherung für Arbeitsuchende soll nach § 1 SGB II die Eigenverantwortung von erwerbsfähigen Hilfebedürftigen und Personen, die mit ihnen in einer Bedarfsgemeinschaft leben, stärken und dazu beitragen, dass sie ihren Lebensunterhalt unabhängig von der Grundsicherung aus eigenen Mitteln und Kräften bestreiten können. Sie soll erwerbsfähige Hilfebedürftige bei der Aufnahme oder Beibehaltung einer Erwerbstätigkeit unterstützen und den Lebensunterhalt sichern, soweit sie ihn nicht auf andere Weise bestreiten können. Die Bundesagentur nimmt also auch insoweit im Allgemeininteresse liegende Aufgaben wahr. Die Kosten der Grundsicherung trägt nach § 46 SGB II der Bund, so dass eine überwiegende staatliche Finanzierung i. S. d. § 98 Nr. 2 GWB, Art. 1 Abs. 9 S. 2 RL 2004/18/EG gegeben ist. Schließlich ist die Bundesagentur auch staatlich beherrscht, nach § 47 Abs. 1 SGB II unterliegt sie im Rahmen der Grundsicherung der Rechts- und Fachaufsicht des Bundesministeriums für Arbeit und Soziales. Daneben besetzt der Staat auch die Organe der Bundesagentur (oben Abschn. VI. 5. b) aa) (5) der Darstellung).

bb) Verträge nach § 17 Abs. 2 SGB II als öffentlicher Auftrag

Gemäß den §§ 14 ff. SGB II erbringt die Bundesagentur Leistungen zur Eingliederung in Arbeit, soweit nicht die Kommunen nach § 16a SGB II diese Leistungen erbringen. Zur Erbringung von Leistungen zur Eingliederung in Arbeit sollen die zuständigen Träger der Leistungen nach dem SGB II eigene Einrichtungen und Dienste gemäß § 17 Abs. 1 SGB II nicht neu schaffen, soweit geeignete Einrichtungen und Dienste Dritter vorhanden sind, ausgebaut oder in Kürze geschaffen werden können. Vielmehr können die Träger der Grundsicherung nach § 17 Abs. 2 S. 1 SGB II Verträge mit Dritten schließen, die auch die Vergütung regeln sollen. Die Vereinbarungen müssen nach § 17 Abs. 2 S. 2 SGB II den Grundsätzen der Wirtschaftlichkeit, Sparsamkeit und Leistungsfähigkeit entsprechen.

In der Literatur ist umstritten, ob die Verträge nach dem § 17 Abs. 2 SGB II dem Vergaberecht der §§ 97 ff. GWB i.V.m. RL 2004/18/EG unterfallen oder nicht. Gegen die Anwendung des Vergaberechts spreche, dass die Leistungen nach § 17 Abs. 2 SGB II den Verträgen nach § 75 Abs. 3 SGB XII vergleichbar seien, die ihrerseits nicht ausschreibungspflichtig seien[347]. Auch fehle es an einer vertraglichen Selektion, da jeder Leistungserbringer an dem System teilnehmen

---

[347] *Neumann/Nielandt/Philipp,* Erbringung von Sozialleistungen nach Vergaberecht?, 1. Aufl. 2004, S. 34. Dem grundsätzlich wohl auch folgend *Engler,* RsDE 71 (2010), 41, 42 m.w.N. Anderes soll laut *Engler* bei sog. Leistungskontingenten gelten. Gegen Ausschreibungspflicht auch *Engler,* Leistungserbringung, 2010, S. 142.

könne, so dass eine Auftragsvergabe nicht erforderlich sei[348]. Die herrschende Gegenauffassung argumentiert, die Verträge nach §17 Abs. 2 SGB II seien nicht notwendig wie die Verträge nach § 75 Abs. 3 SGB XII zu behandeln, da das SGB XII eine ganz andere Regelungsstruktur aufweise[349]. Die Bundesagentur könne sich daher nach § 17 Abs. 2 SGB II Leistungen durch öffentliche Aufträge i. S. d. Vergaberechts beschaffen[350].

Letztgenannte Auffassung überzeugt: Wenn der Gesetzgeber es der Bundesagentur gestattet, Leistungen durch Dritte erbringen zu lassen, die die Bundesagentur durch Verträge verpflichtet, ist er an die zwingenden und höherrangigen Vorgaben der RL 2004/18/EG gebunden, von denen auch § 75 SGB XII nicht abweichen kann. Zudem ist durchaus zweifelhaft, ob die Verträge nach § 75 SGB XII vergaberechtsfrei abgeschlossen werden können (unten Abschn. VI. 7. b) bb) der Darstellung). Dass durch den Abschluss der Verträge nach § 17 Abs. 2 SGB II keine Selektion stattfindet (und demnach das Vergaberecht teleologisch zu reduzieren ist, oben Abschn. V. der Darstellung), ist ebenfalls nicht zutreffend. Die Bundesagentur ist nicht verpflichtet, mit jedem Anbieter einen Vertrag zu schließen. Sie kann sich im Rahmen des § 17 Abs. 2 SGB II auf eine reine Bedarfsdeckung beschränken und dadurch selektieren[351].

Die §§ 16 ff. SGB II wurden durch das Gesetz zur Neuausrichtung der arbeitsmarktpolitischen Instrumente vom 21.12.2008 neu gefasst. In der Regierungsbegründung zum neuen § 16 f. SGB II findet sich zur Anwendung des Vergaberechts folgende Passage:

„Bei der Beauftragung Dritter mit der Durchführung von Maßnahmen der freien Förderung ist ein wettbewerbliches Vergabeverfahren unter Einhaltung europarechtlicher Regelungen durchzuführen. Das Vergabeverfahren richtet sich nach § 97 ff. des Gesetzes gegen Wettbewerbsbeschränkungen (GWB). Sofern die hierfür einschlägige Wertgrenze unterschritten wird, ist der haushaltsrechtliche Grundsatz der öffentlichen Ausschreibung zu beachten. Daraus ergibt sich, dass, soweit Dritte mit Ideen für Maßnahmen an die Träger herantreten, die Träger zu prüfen und zu dokumentieren haben, inwieweit ähnliche Leistungen auf dem Markt von Wettbewerbern angeboten werden[352]."

---

[348] *Iwers,* LKV 2008, 1.

[349] *Heinemann,* Die Erbringung sozialer Dienstleistungen durch Dritte nach deutschem und europäischem Vergaberecht, 2009, S. 221; *Rixen,* VSSR 2005, 225, 248 f.; *Bieback,* NZS 2007, 505, 512.

[350] *Rixen,* in: Eicher/Spellbrink, SGB II, 2005, § 17 Rn. 13; *Münder,* in: Münder, SGB II, 2. Aufl. 2007, § 17 Rn. 43; *Heinemann,* Die Erbringung sozialer Dienstleistungen durch Dritte nach deutschem und europäischem Vergaberecht, 2009, S. 221; *Rixen,* VSSR 2005, 225, 248 f.; *Schröder,* VergabeR 2007, 418; *Bieback,* NZS 2007, 505, 512. Laut *Engler,* RsDE 71 (2010), 41 geht auch die Bundesagentur davon aus, an europäisches und nationales Vergaberecht gebunden zu sein.

[351] Ausführlich *Münder,* in: Münder, SGB II, 2. Aufl. 2007, § 17 Rn. 49 ff.

[352] BT-Drucks. 16/10810, S. 48.

Auch der Gesetzgeber selbst geht also von der Anwendung des Vergaberechts i.e.S. auf Verträge nach § 17 Abs. 2 SGB II aus, sofern die Schwellenwerte überschritten werden. Dem ist – auch mit Blick auf die Entscheidung des EuGH in der Rs. *Oymanns,* die eine Qualifikation der Verträge nach § 17 Abs. 2 SGB II als Dienstleistungskonzession ausschließt (oben Abschn. IV. der Darstellung) – zuzustimmen.

cc) Schwellenwerte

Eine vergaberechtliche Ausschreibungspflicht für Verträge zwischen den Trägern der Grundsicherung und dem jeweiligen Leistungsträger besteht nach § 100 Abs. 1 GWB, Art. 7 RL 2004/18/EG i.V.m. VO (EG) Nr. 1177/2009 nur, wenn der Wert des Auftrages die Schwelle von derzeit 193.000 Euro überschreitet (oben Abschn. III. 2. c) der Darstellung).

c) Anwendbarkeit sonstigen Vergaberechts

Zur Anwendbarkeit sonstigen Vergaberechts für den Fall, dass die §§ 97 ff. GWB i.V.m. RL 2004/18/EG nicht greifen, schweigt das SGB II. Insbesondere findet sich keine dem § 69 SGB V vergleichbare Norm. Aus § 22 Abs. 1 SVHV wäre demnach grundsätzlich zu folgern, dass für Leistungen nach dem SGB II keine Ausschreibungspflicht besteht (oben Abschn. II. 2. c) dd) der Darstellung). Indes ist § 22 SVHV in der Normenhierarchie nachrangig gegenüber den Grundrechten von Leistungserbringern aus den Artt. 3 Abs. 1, 12 Abs. 1 GG. Entsprechend den allgemeinen Grundsätzen muss man davon ausgehen, dass auch die Bundesagentur bzw. die Gemeinden im Unterschwellenbereich aufgrund der Bindungswirkung der Grundrechte verpflichtet sind, Aufträge anhand der Prinzipien Gleichbehandlung, Publizität, Nichtdiskriminierung und faire Chance auf Erteilung des Zuschlags zu vergeben (dazu oben Abschn. II. 2. c) aa) und III. 3. a) der Darstellung)[353]. Ähnliches folgt auf unionsrechtlicher Ebene aus den Grundfreiheiten (oben Abschn. II. 2. b) bb) der Darstellung)[354].

Bestätigt wird dies durch die Regierungsbegründung zum Gesetz zur Neuausrichtung der arbeitsmarktpolitischen Instrumente, wo es heißt „Sofern die hierfür [i. e. §§ 97 ff. GWB, Anm. d. Verf.] einschlägige Wertgrenze unterschritten wird, ist der haushaltsrechtliche Grundsatz der öffentlichen Ausschreibung zu beach-

---

[353] Ebenso *Kunze/Kreikebohm,* NZS 2003, 5, 10; s. ferner *Mrozynski,* ZFSH/SGB 2004, 451, 459; *Kingreen,* VergabeR 2007, 354, 362 ff.

[354] s. dazu auch EuGH, Urt. v. 20.10.2005, Rs. C-264/03, Slg. 2005, I-8831 Rn. 33; EuGH, Urt. v. 6.4.2006, Rs. C-410/04, Slg. 2006, I-3303 Rn. 20; Mitteilung der Kommission zu Auslegungsfragen in Bezug auf das Unionsrecht, das für die Vergabe öffentlicher Aufträge gilt, die nicht oder nur teilweise unter die Vergaberichtlinien fallen, ABl. Nr. C-179 v. 1.8.2006, S. 2; *Kingreen,* VergabeR 2007, 354, 362 ff.

ten³⁵⁵." Einen haushaltsrechtlichen Grundsatz der öffentlichen Ausschreibung gibt es nicht, wohl aber einen haushaltsrechtlichen Grundsatz der Sparsamkeit und Wirtschaftlichkeit. Aus dem Grundsatz der Wirtschaftlichkeit folgt für das Beschaffungswesen, dass die öffentlichen Auftraggeber vor der Vergabe eines Auftrages das wirtschaftlich günstigste Angebot zu ermitteln haben. § 50 BHO und § 30 HGrG verpflichten die Vergabestellen daher grundsätzlich zu einer Ausschreibung³⁵⁶. Dabei haben die Vergabestellen die Grundrechte der Wettbewerber zu beachten.

7. Sozialhilfe (SGB XII)

a) Anwendbarkeit der Artt. 101 ff., 107 ff. AEUV (ex-Artt. 81 ff., 87 ff. EG)

Inwieweit die Artt. 101 ff., 107 ff. AEUV (ex-Artt. 81 ff., 87 ff. EG) auf die Kreise und kreisfreien Städte als Träger der Sozialhilfe (§ 3 Abs. 2 SGB XII) anwendbar sind, ist weitgehend unklar. Eine Entscheidung des SG Schwerin unterwirft die kommunalen Träger der Sozialhilfe jedenfalls dem Beihilfenrecht der EU³⁵⁷. Man wird hier ähnlich werten müssen wie im Rahmen der Grundsicherung für Arbeitsuchende nach dem SGB II (oben Abschn. VI. 6. a) der Darstellung). Soweit die Kommunalträger wirtschaftlich in Erscheinung treten, sind sie demnach unter den funktionalen Unternehmensbegriff zu subsumieren.

b) Anwendbarkeit der RL 2004/18/EG und der §§ 97 ff. GWB

aa) Persönlicher Anwendungsbereich – öffentlicher Auftraggeber

Träger der Kinder- und Jugendhilfe sind nach § 28 Abs. 2 SGB I, § 3SGB XII die Kreise und die kreisfreien Städte, Landesrecht kann Abweichendes bestimmen. Kreise und kreisfreie Städte stellen Gebietskörperschaften i. S. d. § 98 Nr. 1 GWB, Art. 1 Abs. 9 S. 1 RL 2004/18/EG dar und sind deshalb „öffentliche Auftraggeber"³⁵⁸, ohne dass es auf die Kriterien von § 98 Nr. 2 GWB, Art. 1 Abs. 9 S. 2 RL 2004/18/EG weiter ankommt (dazu oben Abschn. III. 3. a) bb) der Darstellung).

---

³⁵⁵ BT-Drucks. 16/10810, S. 48.
³⁵⁶ Ausführlich etwa *Kayser*, Nationale Regelungsspielräume im öffentlichen Auftragswesen und Unionsrechtliche Grenzen, 1999, S. 6 m.w.N.
³⁵⁷ SG Schwerin, Beschl. v. 21.4.2006 – S 9 ER 27/06 SO, ZFSH/SGB 2006, 753 Rn. 20 f.
³⁵⁸ So auch OLG Hamburg, Beschl. v. 7.12.2007 – 1 Verg 4/07, RsDE Nr. 68 (2009), 76, 79; *Engler*, Leistungserbringung, 2010, S. 114; *Heinemann*, Die Erbringung sozialer Dienstleistungen durch Dritte nach deutschem und europäischem Vergaberecht, 2009, S. 200, dort auch zu den überörtlichen Sozialhilfeträgern.

7. Sozialhilfe (SGB XII)

bb) Verträge nach § 75 Abs. 3 SGB XII als öffentliche Aufträge

Die Leistungen nach dem SGB XII sind vielfältig und heterogen. Wo die Sozialhilfe in Form von Dienstleistungen erbracht wird, verweisen die entsprechenden Vorschriften zum Teil auf die entsprechende Rechtslage nach den anderen Büchern des SGB (z.B. § 52 SGB XII über Hilfen zur Gesundheit), so dass auf die Erörterungen hierzu verwiesen werden kann. Zum Teil trifft das SGB XII auch eigenständige Regelungen (z.B. §§ 63 bis 65 SGB XII). Grundsätzlich haben Geldleistungen Vorrang vor Sachleistungen, § 10 Abs. 3 SGB XII. In Theorie und Praxis haben sich aus dem SGB XII vor allem Verträge über die Erbringung von Dienstleistungen durch Einrichtungen nach § 75 Abs. 3 SGB XII als bedeutsam erwiesen, auf diese sollen sich deshalb auch die folgenden Ausführungen konzentrieren.

Zur Erfüllung der Aufgaben der Sozialhilfe sollen die Träger der Sozialhilfe nach § 75 Abs. 2 SGB XII eigene Einrichtungen nicht neu schaffen, soweit geeignete Einrichtungen anderer Träger vorhanden sind, ausgebaut oder geschaffen werden können. Mit diesen Einrichtungen müssen die Träger der Sozialhilfe nach § 75 Abs. 2 S. 2 SGB XII Verträge über die Leistungserbringung schließen. Ein Anspruch der Einrichtung auf Vergütung der Leistung besteht nur, wenn ein Vertrag nach § 75 Abs. 3 SGB XII mit den dort spezifizierten Inhalten geschlossen wurde. Umstritten ist, ob diese Verträge dem Vergaberechtsregime der §§ 97 ff. GWB i.V.m. RL 2004/18/EG unterliegen.

Das OLG Hamburg, die Vergabekammer Münster und ein Teil des Schrifttums vertreten die Auffassung, dass es sich bei den Verträgen nach § 75 Abs. 3 SGB XII um öffentliche Aufträge i.S.d. § 99 Abs. 1 GWB, Art. 1 Abs. 2 RL 2004/18/ EG handelt. Der *1. Vergabesenat* des OLG Hamburg begründet in seinem Beschluss aus dem Jahr 2007 ausführlich, warum es sich auch bei einem Vertrag nach § 75 Abs. 3 SGBXII um einen entgeltlichen Vertrag und nicht um eine Dienstleistungskonzession handelt[359]. Die Erörterungen bedürfen hier keiner Wiedergabe, decken sie sich doch im Kern mit den späteren Aussagen des EuGH in der Rs. *Oymanns*. Ähnlich verhält es sich mit der Beschlussbegründung der Vergabekammer bei der Bezirksregierung Münster und den Aussagen in der Literatur[360].

Die in der Literatur herrschende Auffassung und das OVG Münster sind demgegenüber der Auffassung, dass das Vergaberecht nach den §§ 97 ff. GWB i.V.m. RL 2004/18/EG auf Verträge nach § 75 Abs. 3 SGB XII keine Anwen-

---

[359] OLG Hamburg, Beschl. v. 7.12.2007 – 1 Verg 4/07, RsDE Nr. 68 (2009), 76, 79 ff.; dazu zustimmend *Willenbruch,* VergabeR Sonderheft 2a/2010, 395 ff.
[360] VK Münster, Beschl. v. 28.4.2005 – VK 10/04, RsDE 57 (2005), 89 ff.; *Kingreen,* VSSR 2006, 379, 383 f.; *ders.,* SGb 2004, 659, 665.

124 VI. Anwendbarkeit auf einzelne Versicherungssparten und deren Leistungen

dung finden kann[361]. Zum Teil argumentiert man hier mit der Behauptung, die Verträge seien nicht „entgeltlich", da die Konkretisierung der Leistung nicht durch den Vertragsschluss zwischen Gemeinde und Leistungserbringer, sondern erst durch die Auswahl des Leistungserbringers durch den Sozialhilfeempfänger erfolge[362]. Dass dies nicht zutrifft, wurde sowohl von der erstgenannten Auffassung als auch im Rahmen dieser Darstellung dargelegt und entspricht nicht der Auffassung des EuGH in der Rs. *Oymanns* (oben Abschn. IV. der Darstellung). Gewicht hat hingegen ein anderer Argumentationsstrang: Den Gemeinden sei im Rahmen der Sozialhilfe eine bedarfsorientierte Nachfragetätigkeit verwehrt, jeder Leistungserbringer, der die Zulassungskriterien erfülle, sei daher auch zuzulassen[363]. Während manche daraus den Schluss ziehen, bei den Verträgen nach § 75 Abs. 3 SGB XII handele es sich um Dienstleistungskonzessionen (Art. 17 RL 2004/18/EG)[364], wollen andere das Vergaberecht schlicht nicht anwenden[365].

In der Tat hat das BVerwG überzeugend dargetan, dass die Einbeziehung von Bedarfsgesichtspunkten im Rahmen des § 75 Abs. 3 SGB XII unzulässig ist und mithin eine Selektion von Leistungserbringern nach Bedarfsdeckungsaspekten unzulässig ist[366]. Wenn es aber zu keiner Selektion kommt, können die Zwecke des Vergabeverfahrens nicht erreicht werden, so dass die §§ 97 ff. GWB i.V.m. RL 2004/18/EG – ähnlich wie bei den Verträgen nach § 72 SGB XI – insoweit

---

[361] OVG Münster, Beschl. v. 27.9.2004 – 12 B 1390/04, n.v. (juris); OVG Münster, Beschl. v. 27.9.2004 – 12 B 1397/04, n.v. (juris); *Schoenfeld,* in: Grube/Wahrendorf, SGB XII, 2. Aufl. 2008, § 75 Rn. 24; *Münder,* in: Münder/Armborst u.a., SGB XII, 8. Aufl. 2008, § 75 Rn. 20; *Schellhorn,* in: Schellhorn/Schellhorn/Hohm, 17. Aufl. 2006, SGB XII, § 75 Rn. 47; *Neumann,* in: Hauck/Noftz, SGB XII, 18. Lfg. 2009, § 75 Rn. 62; *Engler,* Leistungserbringung, 2010, S. 142; *Sormani-Bastian,* Vergaberecht und Sozialrecht, 2007, S. 213; *Heinemann,* Die Erbringung sozialer Dienstleistungen durch Dritte nach deutschem und europäischem Vergaberecht, 2009, S. 226 ff.; *Mrozynski,* ZFSH/SGB 2004, 451, 460 f.; *Bieback,* NZS 2007, 505, 508 f.; *Rixen,* VSSR 2005, 225, 234; *Kaltenborn,* VSSR 2006, 357, 364; grundsätzlich auch *Engler,* RsDE 71 (2010), 41, 42 (anderes soll laut *Engler* für sog. Leistungskontingente gelten).

[362] *Schoenfeld,* in: Grube/Wahrendorf, SGB XII, 2. Aufl. 2008, § 75 Rn. 24; *Münder,* in: Münder/Armborst u.a., SGB XII, 8. Aufl. 2008, § 75 Rn. 20.

[363] *Neumann,* in: Hauck/Noftz, SGB XII, 18. Lfg. 2009, § 75 Rn. 62; *Rixen,* VSSR 2005, 225, 234; *Kaltenborn,* VSSR 2006, 357, 364; *Bieback,* NZS 2007, 505, 510; *Mrozynski,* ZFSH/SGB 2004, 451, 461.

[364] OVG Münster, Beschl. v. 27.9.2004 – 12 B 1390/04, n.v. (juris) Rn. 5; *Heinemann,* Die Erbringung sozialer Dienstleistungen durch Dritte nach deutschem und europäischem Vergaberecht, 2009, S. 228.

[365] *Mrozynski,* ZFSH/SGB 2004, 451, 461; wohl auch *Neumann,* in: Hauck/Noftz, SGB XII, 18. Lfg. 2009, § 75 Rn. 63.

[366] BVerwG, Urt. v. 30.9.1993 – 5 C 41/91, BVerwGE 94, 202, 205 Rn. 12 ff.; zustimmend LSG Stuttgart, Beschl. v. 13.07.2006 – L 7 SO 1902/06 ER-B, Sozialrecht aktuell 2006, 168; LSG Darmstadt, Beschl. v. 18.7.2006, L 7 SO 16/06 ER, NDV-RD 2006, 110; *Neumann,* in: Hauck/Noftz, SGB XII, 18. Lfg. 2009, § 75 Rn. 25; *Schoenfeld,* in: Grube/Wahrendorf, SGB XII, 2. Aufl. 2008, § 75 Rn. 27; *Friedrich,* NDV 1994, 166, 167.

teleologisch zu reduzieren sind (dazu oben Abschn. V. und VI. 4. b) bb) der Darstellung). Dass in diesem Fall keine Dienstleistungskonzession anzunehmen ist, wurde dargelegt (oben Abschn. VI. 1. b) bb) der Darstellung mit Fn. 194).

c) Anwendbarkeit sonstigen Vergaberechts

Zur Anwendbarkeit sonstigen Vergaberechts für den Fall, dass die §§ 97 ff. GWB i.V.m. RL 2004/18/EG nicht greifen, schweigt das SGB XII. Insbesondere findet sich keine dem § 69 SGB V vergleichbare Norm. Aus § 22 Abs. 1 SVHV wäre demnach grundsätzlich zu folgern, dass für Leistungen nach dem SGB XII keine Ausschreibungspflicht besteht (oben Abschn. II. 2. c) dd) der Darstellung). Indes ist § 22 SVHV in der Normenhierarchie nachrangig gegenüber den Grundrechten von Leistungserbringern aus den Artt. 3 Abs. 1, 12 Abs. 1 GG. Entsprechend den allgemeinen Grundsätzen muss man davon ausgehen, dass auch die Träger der Sozialhilfe im Unterschwellenbereich aufgrund der Bindungswirkung der Grundrechte verpflichtet sind, Aufträge anhand der Prinzipien Gleichbehandlung, Publizität, Nichtdiskriminierung und faire Chance auf Erteilung des Zuschlags zu vergeben (dazu oben Abschn. II. 2. c) aa) und III. 3. a) der Darstellung)[367]. Ähnliches folgt auf unionsrechtlicher Ebene aus den Grundfreiheiten (oben Abschn. II. 2. b) bb) der Darstellung)[368].

8. Kinder- und Jugendhilfe (SGB VIII)

Im Bereich der Kinder- und Jugendhilfe gilt es zu differenzieren zwischen der freien Jugendhilfe und der öffentlichen Jugendhilfe. Die *freie* Jugendhilfe umfasst etwa bestimmte Angebote von Caritas, Diakonie oder Deutschem Roten Kreuz. Darum geht es hier nicht. Vielmehr werden die Leistungen nach dem SGB VIII von den Trägern der *öffentlichen* Jugendhilfe erbracht, § 3 Abs. 2 S. 2 SGB VIII.

a) Anwendbarkeit der Artt. 101 ff., 107 ff. AEUV (ex-Artt. 81 ff., 87 ff. EG)

Inwieweit die Artt. 101 ff., 107 ff. AEUV (ex-Artt. 81 ff., 87 ff. EG) auf die Kreise und kreisfreien Städte als Träger der Kinder- und Jugendhilfe (§ 27

---

[367] Ebenso *Kunze/Kreikebohm,* NZS 2003, 5, 10; s. ferner *Mrozynski,* ZFSH/SGB 2004, 451, 459; *Kingreen,* VergabeR 2007, 354, 362 ff.

[368] s. dazu auch EuGH, Urt. v. 20.10.2005, Rs. C-264/03, Slg. 2005, I-8831 Rn. 33; EuGH, Urt. v. 6.4.2006, Rs. C-410/04, Slg. 2006, I-3303 Rn. 20; Mitteilung der Kommission zu Auslegungsfragen in Bezug auf das Unionsrecht, das für die Vergabe öffentlicher Aufträge gilt, die nicht oder nur teilweise unter die Vergaberichtlinien fallen, ABl. Nr. C-179 v. 1.8.2006, S. 2; *Kingreen,* VergabeR 2007, 354, 362 ff.

Abs. 2 SGB I) anwendbar sind, ist weitgehend unklar. Man wird hier ähnlich werten müssen wie im Rahmen der Sozialhilfe nach dem SGB XII (oben Abschn. VI. 7. a) der Darstellung). Soweit die Kommunalträger wirtschaftlich in Erscheinung treten, sind sie demnach dem funktionalen Unternehmensbegriff zu subsumieren[369].

b) Anwendbarkeit der RL 2004/18/EG und der §§ 97 ff. GWB

aa) Persönlicher Anwendungsbereich – öffentlicher Auftraggeber

Träger der öffentlichen Kinder- und Jugendhilfe sind nach § 27 Abs. 2 SGB I die Kreise und die kreisfreien Städte, nach Maßgabe des Landesrechts auch kreisangehörige Gemeinden. Diese stellen Gebietskörperschaften i.S.d. § 98 Nr. 1 GWB, Art. 1 Abs. 9 S. 1 RL 2004/18/EG dar und sind deshalb „öffentliche Auftraggeber"[370], ohne dass es auf die Kriterien von § 98 Nr. 2 GWB, Art. 1 Abs. 9 S. 2 RL 2004/18/EG weiter ankommt (dazu oben Abschn. III. 2. a) bb) der Darstellung).

bb) Verträge nach § 78b Abs. 2 SGB VIII als öffentliche Aufträge

Die Leistungen der öffentlichen Kinder- und Jugendhilfe werden ganz überwiegend nicht durch die Träger der öffentlichen Kinder- und Jugendhilfe selbst erbracht, sondern durch Dritte, mit denen die Gemeinden einen Leistungserbringungsvertrag schließen. Diese Leistungserbringungsverträge sind in § 78b Abs. 2 SGB VIII geregelt. Strukturell entspricht die Norm den Verträgen nach § 75 Abs. 3 SGB XII. Die Vergabepflichtigkeit der Verträge wird mit verschiedener Begründung abgelehnt. *Erstens* wird auch hier angeführt, es liege kein entgeltlicher Vertrag vor, weil die Auswahl des Leistungserbringers nicht durch den Träger der öffentlichen Kinder- und Jugendhilfe erfolge, sondern durch den Hilfeberechtigten[371]. Dass dies nicht überzeugt, wurde dargelegt (oben Abschn. VI. 7. b) bb) der Darstellung). *Zweitens* wird behauptet, die Vergabe von Leistungen erfolge im Bereich der öffentlichen Kinder- und Jugendhilfe durch hoheitliche Zulassungs- und Anerkennungsakte[372]. Aus § 78b Abs. 2 SGB VIII selbst folgt,

---

[369] Dafür *Münder/v. Boetticher,* ZESAR 2004, 15, 16 ff.; *Kingreen,* VSSR 2006, 379, 393 f.; wohl auch *Bieback,* RsDE 49 (2001), 1, 11 ff.; unklar *Meyer,* RsDE 68 (2009), 17, 18.

[370] So auch OLG Düsseldorf, Beschl. v. 22.9.2004 – VII Verg 44/04, NZBau 2005, 652 Rn. 5; *Engler,* Leistungserbringung, 2010, S. 114; *Heinemann,* Die Erbringung sozialer Dienstleistungen durch Dritte nach deutschem und europäischem Vergaberecht, 2009, S. 200; *Kingreen,* VSSR 2006, 379, 381.

[371] *Heinemann,* Die Erbringung sozialer Dienstleistungen durch Dritte nach deutschem und europäischem Vergaberecht, 2009, S. 223 f.; wohl auch *Engler,* RsDE 71 (2010), 41, 42 (anderes soll laut *Engler* für sog. Leistungskontingente gelten).

dass dem nicht so ist, sondern dass zur Leistungserbringung Verträge abgeschlossen werden. *Drittens* wird – und dieses Argument überzeugt – wie bei den Verträgen nach § 75 Abs. 3 SGB XII davon ausgegangen, dass Bedarfsfragen beim Abschluss der Verträge keine Berücksichtigung finden dürfen, so dass mit jedem qualifizierten und leistungsbereiten Leistungserbringer ein Vertrag abzuschließen ist[373]. Daraus folgt, dass es durch die Verträge nach § 78b SGB VIII nicht zu einer Selektion kommt, so dass die §§ 97 ff. GWB i.V.m. RL 2004/18/EG hinsichtlich dieser Verträge teleologisch zu reduzieren sind (oben Abschn. V. der Darstellung) und damit grundsätzlich keine Anwendung auf Verträge nach § 78b Abs. 2 SGB VIII finden[374]. Werden allerdings durch die wirtschaftlichen oder rechtlichen Rahmenbedingungen des Angebotes bestimmte Leistungserbringer präferiert oder ausgeschlossen, wird man von einer Auswahl auszugehen haben und das Vergaberecht doch zur Anwendung bringen müssen.[375]

c) Anwendbarkeit sonstigen Vergaberechts

Zur Anwendbarkeit sonstigen Vergaberechts für den Fall, dass die §§ 97 ff. GWB i.V.m. RL 2004/18/EG nicht greifen, schweigt das SGB VIII. Insbesondere findet sich keine dem § 69 SGB V vergleichbare Norm. Aus § 22 Abs. 1 SVHV wäre demnach grundsätzlich zu folgern, dass für Leistungen nach dem SGB VIII keine Ausschreibungspflicht besteht (oben Abschn. II. 2. c) dd) der Darstellung). Indes ist § 22 SVHV in der Normenhierarchie nachrangig gegenüber den Grundrechten von Leistungserbringern aus den Artt. 3 Abs. 1, 12 Abs. 1 GG. Entsprechend den allgemeinen Grundsätzen muss man davon ausgehen, dass auch die Träger der öffentlichen Kinder- und Jugendhilfe im Unterschwellenbereich aufgrund der Bindungswirkung der Grundrechte verpflichtet sind, Aufträge anhand der Prinzipien Gleichbehandlung, Publizität, Nichtdiskriminierung und faire Chance auf Erteilung des Zuschlags zu vergeben (dazu oben Abschn. II. 2.

---

[372] So *Schäffer,* ZESAR 2009, 374, 378.

[373] s. nur *Wiesner,* in: Wiesner, SGB VIII, 3. Aufl. 2006, § 78b Rn. 24; *Münder* u.a., FK-SGB VIII, 5. Aufl. 2006, § 78b Rn. 21 ff.; *Gottlieb,* in: Kunkel, SGB VIII, 3. Aufl. 2006, § 78b Rn. 9; *von Renesse,* in: Jung, SGB VIII, 2006, § 78b Rn. 14 f.

[374] So i.E. auch VG Münster, Beschl. v. 22.6.2004 – 5 L 728/04, ZFSH/SGB 2004, 601 Rn. 31; *Wiesner,* in: Wiesner, SGB VIII, 3. Aufl. 2006, Vor § 78a Rn. 21; *von Renesse,* in: Jung, SGB VIII, 2006, § 78b Rn. 20; *Engler,* Leistungserbringung, 2010, S. 142; *Stähr/Hilke,* ZfJ 1999, 155, 163; *Neumann/Bieritz-Harder,* RsDE 48 (2001), 1, 14; *Dörr,* RdJB 2002, 349, 362; *Mrozynski,* RsDE 47 (2001), 29, 38; a.A. *Kingreen,* SGb 2004, 659, 665 f., der einen Konflikt mit § 78b Abs. 2 SGB VIII durch Rahmenverträge vermeiden will; wohl auch *Löher,* KommJur 2005, 441 ff. Die Entscheidung OLG Düsseldorf, Beschl. v. 8.9.2004 – VII Verg 35/04, NZBau 2005, 650 ist dagegen nicht einschlägig, weil hier gerade ein Vertrag *mit Selektivwirkung* geschlossen wurde, wie auch der erkennende Senat hervorhebt (Rn. 29 ff.).

[375] Zu den denkbaren Gestaltungen *Engler,* RsDE 71 (2010), 41, 42 ff. m.w.N.

c) aa) und III. 3. a) der Darstellung)³⁷⁶. Ähnliches folgt auf unionsrechtlicher Ebene aus den Grundfreiheiten (oben Abschn. II. 2. b) bb) der Darstellung)³⁷⁷.

9. Rehabilitation und Teilhabe behinderter Menschen (SGB IX)

Das Recht der Rehabilitation und Teilhabe behinderter Menschen ist im SGB IX geregelt. Dieses umfasst jedoch eine Vielzahl heterogener Leistungen, so dass auch eine Vielzahl von Sozialversicherungsträgern tätig wird. § 29 Abs. 2 SGB I benennt dementsprechend die in den §§ 19 bis 24, 27 und 28 SGB I genannten Leistungsträger als Träger der Leistungen nach dem SGB IX.

a) Anwendbarkeit der Artt. 101 ff., 107 ff. AEUV (ex-Artt. 81 ff., 87 ff. EG)

Dass diese Sozialversicherungsträger potentiell den Artt. 101 ff., 107 ff. AEUV (ex-Artt. 81 ff., 87 ff. EG) unterliegen, wurde in den jeweiligen Abschnitten dieser Darstellung dargelegt. Für den funktionalen Unternehmensbegriff ist entscheidend, ob die Sozialversicherungsträger wirtschaftlich tätig werden oder nicht. Der EuGH hat in der Rs. *Kattner* die aus seiner Sicht entscheidenden Kriterien benannt (oben Abschn. III. 1. a) aa) (1) der Darstellung)³⁷⁸.

Als veraltet anzusehen ist vor diesem Hintergrund die Behauptung von *Schneider*, die Anwendung der Artt. 101 ff., 107 ff. AEUV (ex-Artt. 81 ff., 87 ff. EG) scheide aus, weil der EuGH die Sozialversicherungsträger aus dem Anwendungsbereich des funktionalen Unternehmensbegriffes ausscheide³⁷⁹. Er beruft sich dazu auf das Urteil des Gerichtshofes in der Rs. *Tilmann Klett*³⁸⁰. *Schneider* konnte die Rs. *Kattner* damals noch nicht kennen, dass er die auch zum Zeitpunkt seiner Kommentierung bekannten Rs. *Nazairdis, Cisal, Ambulanz Glöckner* und *FENIN* (dazu oben Abschn. III. 1. a) aa) (1) der Darstellung) ignoriert, überrascht dann aber doch. Beachtenswert ist dagegen schon eher die Überlegung

---

³⁷⁶ Ebenso *Kunze/Kreikebohm*, NZS 2003, 5, 10; s. ferner *Mrozynski*, ZFSH/SGB 2004, 451, 459; *Kingreen*, VergabeR 2007, 354, 362 ff. sowie speziell zum SGB VIII: VG Berlin, Beschl. v. 19.10.2004 – 18 A 404.04, ZfJ 2005, 114; *von Renesse*, in: Jung, SGB VIII, 2006, § 78b Rn. 20; *Heinemann*, Die Erbringung sozialer Dienstleistungen durch Dritte nach deutschem und europäischem Vergaberecht, 2009, S. 225.

³⁷⁷ s. dazu auch EuGH, Urt. v. 20.10.2005, Rs. C-264/03, Slg. 2005, I-8831 Rn. 33; EuGH, Urt. v. 6.4.2006, Rs. C-410/04, Slg. 2006, I-3303 Rn. 20; Mitteilung der Kommission zu Auslegungsfragen in Bezug auf das Unionsrecht, das für die Vergabe öffentlicher Aufträge gilt, nicht oder nur teilweise unter die Vergaberichtlinien fallen, ABl. Nr. C-179 v. 1.8.2006, S. 2; *Kingreen*, VergabeR 2007, 354, 362 ff.

³⁷⁸ EuGH, Urt. v. 5.3.2009, Rs. C-350/07, NJW 2009, 1325 Rn. 64.

³⁷⁹ *Schneider*, in: Hauck/Noftz, SGB IX, 16. Lfg. 2007, § 21 Rn. 14.

³⁸⁰ EuGH, Beschl. v. 05.11.2002 – C-204/01, Slg. 2002, I-10007.

von *Eichenhofer*[381], dass für die Sozialversicherungsträger des SGB IX die Ausnahme des Art. 106 Abs. 2 AEUV (ex-Art. 86 Abs. 2 EG) gelten müsse (oben Abschn. III. 1. b) dd) der Darstellung). Diesbezüglich atmet freilich alles große Unsicherheit, so dass ein verlässliches Votum zu diesem Einwand derzeit kaum möglich erscheint. Der EuGH hat Art. 102 AEUV (ex-Art. 86 Abs. 2 EG) in seiner bisherigen Rechtsprechung zu den Sozialversicherungsträgern bisher jedenfalls nicht für beachtlich gehalten, der BGH scheint für die Anwendung der Kartellregeln zu votieren[382].

b) Anwendbarkeit der RL 2004/18/EG und der §§ 97 ff. GWB

aa) Persönlicher Anwendungsbereich – öffentlicher Auftraggeber

§ 29 Abs. 2 SGB I i.V.m. § 6 SGB IX benennt die in den §§ 19 bis 24, 27 und 28 SGB I genannten Leistungsträger als Träger der Leistungen nach dem SGB IX. Dass es sich bei diesen Sozialversicherungsträgern um öffentliche Auftraggeber entweder nach § 98 Nr. 1 GWB, Art. 1 Abs. 9 S. 1 RL 2004/18/EG oder nach § 98 Nr. 2 GWB, Art. 1 Abs. 9 S. 2 RL 2004/18/EG handelt, wurde in den anderen Abschnitten dieser Darstellung dargelegt.

bb) Sachlicher Anwendungsbereich – Vergabe öffentlicher Aufträge

Weiter müssen die Sozialversicherungsträger des SGB IX zur Anwendung des Vergaberechts öffentliche Aufträge i. S. d. § 99 GWB, Art. 1 Abs. 2 RL 2004/18/EG erteilen.

(1) Vertrag

In Betracht kommen als potentiell dem Vergaberecht unterliegende, im SGB IX geregelte Vereinbarungen (Individualvereinbarungen, Selektivverträge) danach insbesondere:
– Verträge über Rehabilitationsleistungen (§ 21 SGB IX)
– Verträge über Integrationsdienste (§ 111 Abs. 2 SGB IX)
– Verträge über Werkstätten (§ 141 SGB IX).

Diese Verträge sind daraufhin zu überprüfen, ob sie die sonstigen Tatbestandsmerkmale eines „öffentlichen Auftrages" erfüllen. Erinnert sei erneut daran, dass für die Anwendung des Vergaberechts unerheblich ist, ob es sich bei den genannten Verträgen um privatrechtliche oder um öffentlich-rechtliche Verträge handelt (oben Abschn. III. 2. b) aa) der Darstellung).

---
[381] NZS 2002, 348, 350.
[382] BGH, Urt. v. 13.11.2007 – KZR 22/06, NJW-RR 2008, 634.

130 VI. Anwendbarkeit auf einzelne Versicherungssparten und deren Leistungen

(2) Entgeltlichkeit

Gegen die Entgeltlichkeit der genannten Verträge wird gelegentlich das Argument vorgebracht, die Auswahl der Leistungserbringer erfolge hier nicht durch den Vertragsschluss, sondern erst durch die Inanspruchnahme einer bestimmten Einrichtung durch den nach dem SGB IX Berechtigten[383]. Dass dies nicht überzeugt, wurde bereits dargelegt und entspricht nicht der Auffassung des EuGH in der Rs. *Oymanns* (oben Abschn. IV. der Darstellung).

(3) Einzelne Verträge

(a) Verträge nach § 21 SGB IX

Nach § 21 SGB IX schließen die Sozialversicherungsträger mit qualifizierten (§ 20 SGB IX) Diensten und Einrichtungen Verträge über die Erbringung von Rehabilitationsleistungen. Man kann erwägen, diese Verträge entsprechend der Rechtslage bei § 72 SGB XI und § 78b SGB VIII (dazu oben Abschn. VI. 4. b) bb) und VI. 8. b) bb) der Darstellung) aus dem Anwendungsbereich des Vergaberechts i. e. S. auszuklammern, weil die Leistungserbringer einen Anspruch auf Abschluss des Vertrages haben, so dass es an einer Selektionswirkung fehlte. Indes entspricht es ganz h. M., dass die Leistungserbringer im Rahmen des § 21 SGB IX keinen Anspruch auf Abschluss eines Vertrages haben und es den Sozialversicherungsträgern hier auch *nicht* verwehrt ist, nach Bedarfsgesichtspunkten zu selektieren[384]. Damit verliert dieser Einwand an Überzeugungskraft, es ist von einem öffentlichen Auftrag auszugehen[385].

(b) Verträge nach § 111 Abs. 2 SGB IX

Die §§ 109 ff. SGB IX enthalten Regelungen über Integrationsfachdienste. Integrationsfachdienste sind nach § 109 Abs. 1 SGB IX Dienste Dritter, die bei der Durchführung der Maßnahmen zur Teilhabe schwerbehinderter Menschen am Arbeitsleben beteiligt werden. Nach § 111 Abs. 1 SGB IX werden die Integrations-

---

[383] *Welti*, in: Lachwitz/Schellhorn/Welti, SGB IX, 2. Aufl. 2006, § 21 Rn. 7; *Kessler*, in: Neumann, Handbuch SGB IX, 2. Aufl. 2009, § 9 Rn. 67.
[384] LSG Baden-Württemberg, Urt. v. 22.2.2006 – L 5 AL 4767/03, RdLH 2006, 123; LSG Thüringen, Beschl. v. 30.1.2004 – L 6 RJ 914/03, juris; SG Meiningen, Urt. v. 16.1.2003 – S 5 RJ 881/02, juris; *Welti*, in: Lachwitz/Schellhorn/Welti, SGB IX, 2. Aufl. 2006, § 21 Rn. 6; *Schneider*, in: Hauck/Noftz, SGB IX, 16. Lfg. 2007, § 21 Rn. 14.
[385] *Heinemann*, Die Erbringung sozialer Dienstleistungen durch Dritte nach deutschem und europäischem Vergaberecht, 2009, S. 254; *Kunze/Kreikebohm*, NZS 2003, 5, 9; *Eichenhofer*, NZS 2002, 348, 350 f.; wohl auch *Majerski-Pahlen*, in: Neumann/Pahlen/Majerski-Pahlen, SGB IX, 11. Aufl. 2005, § 21 Rn. 5 f.; a. A. *Welti*, SGb 2009, 330, 336 unter Verweis auf § 19 Abs. 4 SGB IX.

fachdienste im Auftrag der Integrationsämter oder der Rehabilitationsträger tätig. Nach § 111 Abs. 2 SGB IX legt der Auftraggeber in Abstimmung mit dem Integrationsfachdienst Art, Umfang und Dauer des im Einzelfall notwendigen Einsatzes des Integrationsfachdienstes sowie das Entgelt fest. Bei diesem Vertrag handelt es sich um einen öffentlichen Auftrag i. S. d. § 99 Abs. 1 GWB, Art. 1 Abs. 2 RL 2004/18/EG[386].

(c) Verträge nach § 141 SGB IX

Nach § 141 SGB IX werden Aufträge der öffentlichen Hand, die von anerkannten Werkstätten für behinderte Menschen ausgeführt werden können, bevorzugt diesen Werkstätten angeboten. Bei den Verträgen nach § 141 SGB IX handelt es sich nach wohl allgemeiner Ansicht um öffentliche Aufträge i. S. d. § 99 Abs. 1 GWB, Art. 1 Abs. 2 RL 2004/18/EG[387].

cc) Schwellenwerte

Eine vergaberechtliche Ausschreibungspflicht für Verträge zwischen den Sozialversicherungsträgern des SGB IX und dem jeweiligen Leistungsträger besteht nach § 100 Abs. 1 GWB, Art. 7 RL 2004/18/EG i. V. m. VO (EG) Nr. 1177/2009 nur, wenn der Wert des Auftrages die Schwelle von derzeit 193.000 Euro überschreitet (oben Abschn. III. 2. c) der Darstellung)[388].

c) Anwendbarkeit sonstigen Vergaberechts

Zur Anwendbarkeit sonstigen Vergaberechts für den Fall, dass die §§ 97 ff. GWB i. V. m. RL 2004/18/EG nicht greifen, schweigt das SGB IX. Insbesondere findet sich keine dem § 69 SGB V vergleichbare Norm. Aus § 22 Abs. 1 SVHV wäre demnach grundsätzlich zu folgern, dass für Leistungen nach dem SGB IX keine Ausschreibungspflicht besteht (oben Abschn. II. 2. c) dd) der Darstellung). Indes ist § 22 SVHV in der Normenhierarchie nachrangig gegenüber den Grundrechten von Leistungserbringern aus den Artt. 3 Abs. 1, 12 Abs. 1 GG. Entsprechend den allgemeinen Grundsätzen muss man davon ausgehen, dass auch die Träger der öffentlichen Kinder- und Jugendhilfe im Unterschwellenbereich

---

[386] *Heinemann,* Die Erbringung sozialer Dienstleistungen durch Dritte nach deutschem und europäischem Vergaberecht, 2009, S. 255.
[387] BGH, Urt. v. 13.11.2007 – KZR 22/06, NJW-RR 2008, 634 Rn. 14 ff.; BGH, Urt. v. 7.11.2006 – KZR 2/06, NJW 2007, 2184 Rn. 19 f.; LG Dortmund, Urt. v. 27.1.2006 – 8 O 57/05, NZV 2007, 93 Rn. 30; *Heinemann,* Die Erbringung sozialer Dienstleistungen durch Dritte nach deutschem und europäischem Vergaberecht, 2009, S. 255 f.
[388] Zur Berechnung im Bereich der Krankenversicherung *Kunze/Kreikebohm,* NZS 2003, 5, 9.

aufgrund der Bindungswirkung der Grundrechte verpflichtet sind, Aufträge anhand der Prinzipien Gleichbehandlung, Publizität, Nichtdiskriminierung und faire Chance auf Erteilung des Zuschlags zu vergeben (dazu oben Abschn. II. 2. c) aa) und III. 3. a) der Darstellung)[389]. Ähnliches folgt auf unionsrechtlicher Ebene aus den Grundfreiheiten (oben Abschn. II. 2. b) bb) der Darstellung)[390].

---

[389] Ebenso *Kunze/Kreikebohm,* NZS 2003, 5, 10; s. ferner *Mrozynski,* ZFSH/SGB 2004, 451, 459; *Kingreen,* VergabeR 2007, 354, 362 ff.

[390] s. dazu auch EuGH, Urt. v. 20.10.2005, Rs. C-264/03, Slg. 2005, I-8831 Rn. 33; EuGH, Urt. v. 6.4.2006, Rs. C-410/04, Slg. 2006, I-3303 Rn. 20; Mitteilung der Kommission zu Auslegungsfragen in Bezug auf das Unionsrecht, das für die Vergabe öffentlicher Aufträge gilt, die nicht oder nur teilweise unter die Vergaberichtlinien fallen, ABl. Nr. C-179 v. 1.8.2006, S. 2; *Kingreen,* VergabeR 2007, 354, 362 ff.

VII. Rechtslage bei der Leistungserbringung durch eigene Einrichtungen

Gibt es eine Möglichkeit, der Anwendung des europäischen Vergaberechts durch Umgestaltung der Organisation der Sozialversicherungsträger zu entgehen? Gelten die bislang gefundenen Ergebnisse auch dann, wenn der Sozialversicherungsträger die Leistungen nicht durch Dritte erbringt, sondern mittels eigener Einrichtungen? Gilt dies auch, wenn die eigenen Einrichtungen rechtlich verselbständigt sind?

1. Gestaltungsmöglichkeiten

In einem ersten Schritt ist es zur Beantwortung dieser Fragen erforderlich, sich der rechtlichen Gestaltungsmöglichkeiten zu vergewissern.

Die Träger der Sozialversicherung sind nach § 29 Abs. 1 SGB IV allesamt rechtsfähige Körperschaften des öffentlichen Rechts. Sie sind damit selber Träger von Rechten und Pflichten. Derzeit erbringen die Sozialversicherungsträger einen Großteil ihrer Leistungen über sogenannte Leistungserbringer, also Dritte, die rechtlich selbständig sind. Zu diesem Zweck vergeben die Sozialversicherungsträger Aufträge an die Leistungserbringer. Es wurde festgestellt (s. oben Abschn. VI.), dass die Vergabe von Aufträgen an diese Dritten dem Vergaberecht unterliegen kann (vgl. Abb. 1).

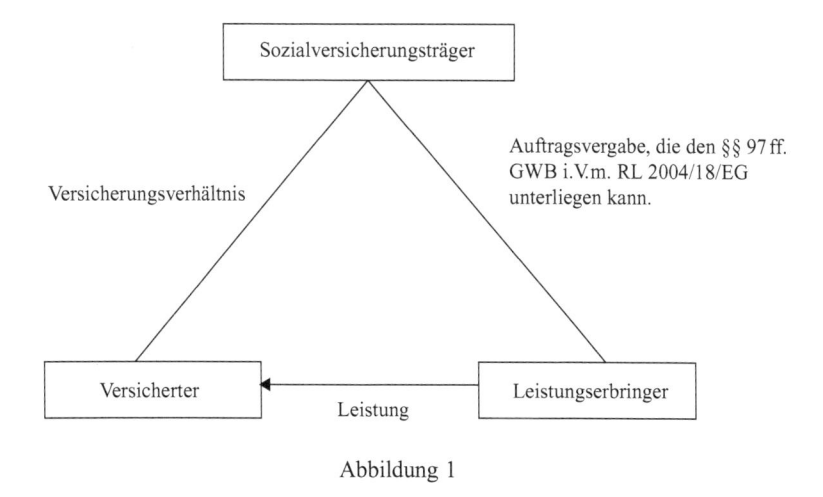

Abbildung 1

134 VII. Rechtslage bei der Leistungserbringung durch eigene Einrichtungen

Es stellt sich die Frage, wie es sich auf die Anwendung des Vergaberechts auswirkt, wenn die Sozialversicherungsträger Aufträge durch eigene Einrichtungen erbringen. Dabei ist weiter zu differenzieren zwischen rechtlich unselbständigen eigenen Einrichtungen (vgl. Abb. 2) einerseits sowie rechtlich verselbständigten eigenen Einrichtungen (vgl. Abb. 3) andererseits.

```
┌─────────────────────────────┐
│  Sozialversicherungsträger  │
│ - - - - - - - - - - - - - - │
│      Eigene Einrichtung     │
└──────────────┬──────────────┘
               │
            Leistung
               │
               ▼
┌─────────────────────────────┐
│         Versicherter        │
└─────────────────────────────┘
```

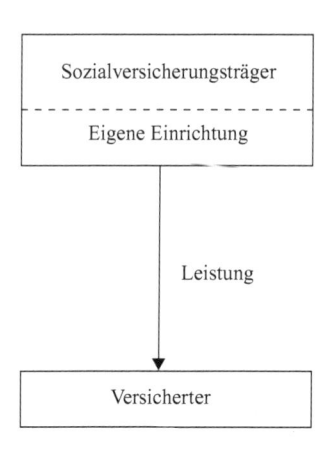

Abbildung 2

```
                    ┌─────────────────────────────┐
                    │  Sozialversicherungsträger  │
                    └──────────────┬──────────────┘
                   ╱                               ╲
    Versicherungsverhältnis              Beteiligung > 50%
                 ╱                                   ╲
                ╱                                     ▼
┌──────────────────┐                   ┌──────────────────────┐
│   Versicherter   │ ◄─────────────────│  Eigene Einrichtung  │
└──────────────────┘      Leistung     └──────────────────────┘
```

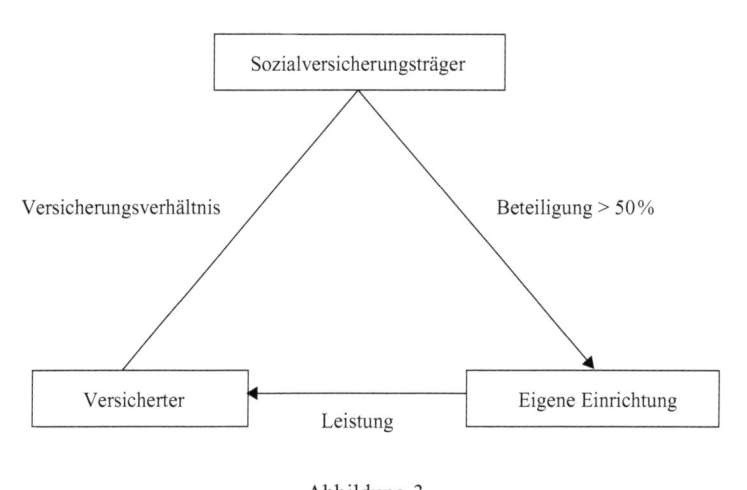

Abbildung 3

Im letztgenannten Organisationsmodell besteht als weitere Wahlmöglichkeit diejenige zwischen einer öffentlich-rechtlichen oder einer privatrechtlichen Rechtsform der eigenen Einrichtung. Es ist im Grundsatz unbestritten, dass die öffentliche Hand sich der Rechtsformen des Privatrechts bedienen kann, um ihre Aufgaben zu erfüllen (Organisationsprivatisierung).[391] Öffentlich-rechtliche Rechtsformen wären etwa die Anstalt oder die juristische Person des öffentlichen Rechts, von den privatrechtlichen Rechtsformen würde sich aufgrund der hier geltenden Satzungsfreiheit (§ 45 Abs. 1 GmbHG) die GmbH anbieten.

Dies vorausgeschickt, sollen im Folgenden die *vergaberechtlichen* Folgen einer Leistungserbringung durch unselbständige eigene Einrichtungen sowie durch selbständige eigene Einrichtungen untersucht werden. Offenbleiben muss, ob ein Handeln der Sozialversicherungsträger durch eigene Einrichtungen jeweils *sozialversicherungsrechtlich* zulässig ist oder ob sonstige rechtliche Bedenken dagegen bestehen, etwa haushaltsrechtliche Grundsätze. Solche potentiellen Hindernisse können nur kursorisch angedeutet werden, ebenso wie etwaige tatsächliche (faktische) Bedenken wider die eine oder die andere Organisationsverfassung.

2. Leistungserbringung durch unselbständige Einrichtungen

a) Zur Bindung an das Vergaberecht

Werden die Versicherungsleistungen durch unselbständige eigene Einrichtungen erbracht, entfällt die Bindung der Sozialversicherungsträger an das Vergaberecht i. e. S., also die §§ 97 ff. GWB, RL 2004/18/EG. Eine wesentliche Voraussetzung für die Anwendung des Vergaberechts ist nach § 97 Abs. 1 GWB, Art. 1 Abs. 2 lit. a) RL 2004/18/EG, dass Waren und Dienstleistungen „beschafft" werden. Dem liegt unausgesprochen der Gedanke zugrunde, dass das Vergaberecht erst eingreift, wenn Leistungen von der öffentlichen Hand nicht selber erbracht werden können, sondern von Dritten bezogen werden müssen.[392] In diesem Fall soll das Vergaberecht dafür Sorge tragen, dass die Vergabe von Aufträgen möglichst effizient und transparent erfolgt, so dass Wettbewerber vor Übervorteilung und der Wettbewerb als Institution geschützt und die öffentlichen Haushalte geschont werden.[393] Wenn keine Dritten in die Leistungserbringung involviert sind, weil die öffentliche Hand diese Leistungen vollständig selbst erbringt, entfällt diese Zwecksetzung. *Es fehlt an den Tatbestandsmerkmalen der Beschaffung und an einem öffentlichen Auftrag.*

---

[391] s. nur BVerfG, Beschl. v. 13.6.2006 – 1 BvR 1160/03, BVerfGE 116, 135 Rn. 59 = NJW 2006, 3701, 3702; *Maurer,* Allgemeines Verwaltungsrecht, 17. Aufl. 2009, § 3 Rn. 9; *Forst/Traut,* DÖV 2010, 210.

[392] EuGH, Urt. v. 13.10.2005, Rs. C-458/03, Slg. 2005 I-8585 Rn. 60 – *Stadtwerke Brixen AG* m.w.N.; EuGH, Urt. v. 11.1.2005, Rs. C-26/03 Slg. 2005, I-1 Rn. 48 – *Stadt Halle.*

[393] Vgl. zu den Zwecken des Vergaberechts etwa *Dreher,* in: Immenga/Mestmäcker, Wettbewerbsrecht, 4. Aufl. 2007, Vor §§ 97 ff. GWB Rn. 1 f.

VII. Rechtslage bei der Leistungserbringung durch eigene Einrichtungen

Demgegenüber bleibt die Anwendung der Artt. 101 ff., 107 ff. AEUV (ex-Art. 81 ff., 87 ff. EG) unberührt von einer Leistungserbringung durch die Sozialversicherungsträger selbst. Soweit diese als Unternehmen i. S. d. Wettbewerbsregelungen des AEUV anzusehen sind (oben Abschn. VI.), spielt es keine Rolle, ob sie die Leistungen selber oder durch Dritte erbringen. *Allein eine unzulässige Beihilfengewährung* durch *die Sozialversicherungsträger an Leistungserbringer würde unmöglich, weil keine Leistungserbringer mehr involviert sind.* Andererseits hätte eine Leistungserbringung durch die Sozialversicherungsträger selbst in vielen Teilmärkten aber die Folge, dass die Sozialversicherungsträger zu marktbeherrschenden, wenn nicht gar Monopolunternehmen würden. In diesem Fall drohte ein Verstoß gegen Art. 102 Abs. 1 AEUV (ex-Art. 82 EG), der den Missbrauch einer marktbeherrschenden Stellung verbietet.

b) Sonstige rechtliche und tatsächliche Folgen

Abgesehen von den vergaberechtlichen Gesichtspunkten, empfiehlt sich eine Leistungserbringung durch die Sozialversicherungsträger aus mehreren tatsächlichen *Gründen nicht. Erstens* müssten die Sozialversicherungsträger alle Leistungen, die sie bislang extern beziehen, künftig selber erbringen. Am Beispiel der gesetzlichen Krankenversicherung formuliert, müssten deren Träger nicht nur Krankenhäuser betreiben, sondern auch Ärzte anstellen und Arzneimittel herstellen. Es ist offensichtlich, dass dadurch ein bürokratischer Moloch entstehen würde. Ausnahmen mögen allenfalls gelten, wenn sich die Leistung des Sozialversicherungsträgers im Wesentlichen in Geldleistungen erschöpft. Hier kommt es aber nicht zu einer Vergabe von Aufträgen, da ja keine Leistungen beschafft werden, so dass das Vergaberecht wiederum nicht eingreift. *Zweitens* hätte die Erbringung durch unselbständige eigene Einrichtungen unweigerlich einen Effizienzverlust und dadurch steigende Kosten zur Folge. Allein wegen der Spezialisierung privater Anbieter auf bestimmte Leistungen und die damit verbundenen Kostensenkungen (etwa durch Skaleneffekte) ist es stets günstiger, Leistungen von Dritten zu beziehen, als diese selber zu erbringen. Auch hier mag freilich die Ausnahme die Regel bestätigen. *Drittens* hätte eine Leistungserbringung durch unselbständige eigene Einrichtungen einen Qualitätsverlust zur Folge, weil die innovationsfördernde Wirkung des Marktes entfiele. Ein Dritter, der im Wettbewerb mit anderen Dritten steht, hat zwei Möglichkeiten, seine Position im Wettbewerb zu verbessern: Er kann entweder seine Kosten zu Lasten der Qualität senken und dadurch die Preisführerschaft übernehmen – oder er kann die Qualität verbessern und dadurch die Qualitätsführerschaft übernehmen. Durch diesen Mechanismus werden durch den Wettbewerb bei makroökonomischer Betrachtung die Preise gesenkt und gleichzeitig die Qualität verbessert, weil ein jeder Wettbewerber versuchen wird, das billigste und zugleich beste Produkt anzubieten. Indem sich die Wettbewerber hierbei gegenseitig zu übertrumpfen versuchen, steigt die Qualität stetig an bei gleichbleibenden oder sinkenden Preisen.[394]

Daneben bestehen auch erhebliche rechtliche *Bedenken gegen eine Leistungserbringung durch unselbständige eigene Einrichtungen.* Erstens sehen die hier relevanten Sozialgesetzbücher – eingeschränkt für das SGB VII[395] – durchgehend vor, dass die Sozialversicherungsträger dem Gebot der Wirtschaftlichkeit unterworfen sind (z. B. § 12 SGB V, § 13 Abs. 1 SGB VI, § 4 Abs. 3 SGB XI i.V.m. § 69 Abs. 2 SGB IV). Dem wird eine Leistungserbringung durch eigene Einrichtungen nicht gerecht, wie aus dem vorstehend Gesagten erhellt. *Zweitens* geht der Gesetzgeber in vielen Vorschriften teils ausdrücklich (z. B. § 140 Abs. 2 SGB V), teils selbstverständlich davon aus, dass die Sozialversicherungsträger Leistungen bei Dritten beziehen (z. B. §§ 71 ff. SGB XI). Eine ausdrückliche Zuweisung zugunsten des Sozialversicherungsträgers findet sich freilich in § 15 Abs. 2 SGB VI. Daraus folgt in Verbindung mit dem Wirtschaftlichkeitsgebot, dass eine Erbringung durch eigene Einrichtungen regelmäßig nicht zulässig ist. *Drittens* hätte eine Konzentrierung der Leistungserbringung bei den Sozialversicherungsträgern zur Folge, dass die bisherigen Marktteilnehmer sich entweder in die Sozialversicherungsträger integrieren lassen müssten oder aus dem Wettbewerb gedrängt würden, weil sie mit den gesetzlichen Sozialversicherungsträgern nicht nur einen übermächtigen Konkurrenten erhielten, sondern zugleich ihren wichtigsten Nachfrager verlören. Ein solcher Verdrängungswettbewerb könnte nach der Rechtsprechung des BVerwG jedoch gegen die Grundrechte der Dritten aus Art. 12 GG verstoßen.[396]

3. Leistungserbringung durch selbständige Einrichtungen

a) Zur Bindung an das Vergaberecht

Erbringt der Sozialversicherungsträger Leistungen durch selbständige eigene Einrichtungen, unterliegt er dabei – soweit dieses anwendbar ist (s. oben Abschn. VI.) – dem Vergaberecht. Die rechtlich verselbständigte eigene Einrichtung ist Wirtschaftsteilnehmer i. S. d. Art. 1 Abs. 8 RL 2004/18/EG bzw. Unternehmen i. S. d. § 99 Abs. 1 GWB. Dass es sich um eine von der öffentlichen Hand kontrollierte Einrichtung handelt, ist insoweit unerheblich. Aus der Definition des Wirtschaftsteilnehmers bzw. Unternehmens in Art. 1 Abs. 8 RL 2004/18/EG ergibt sich dies eindeutig: „Die Begriffe ‚Unternehmer', ‚Lieferant' und ‚Dienst-

---

[394] Vgl. hierzu auch Monopolkommission, 18. Hauptgutachten v. 14.7.2010, S. 433, 479 f. (Tz. 1180 ff.), abrufbar unter www.monopolkommission.de (Stand: 19.7.2010).

[395] Dazu *Streubel,* in: Franke/Molkentin, SGB VII, 2. Aufl. 2007, § 26 Rn. 3; *Schmitt,* SGB VII, 3. Aufl. 2008, § 26 Rn. 9. Im SGB VII gilt aber zumindest die allgemeine Vorschrift des § 69 Abs. 2 SGB IV.

[396] s. dazu BVerwG, Beschl. v. 21.3.1995 – 1 B 211/94, NJW 1995, 2938, 2939; zuletzt BVerwG, Urt. v. 28.10.2009 – 6 C 31/08, NJW 2010, 790; zur noch weitaus wettbewerbsfreundlicheren h. L. *Ruffert,* in: Epping/Hillgruber, GG, 6. Ed. 2010, Art. 12 Rn. 65 f.

leistungserbringer' bezeichnen natürliche oder juristische Personen, *öffentliche Einrichtungen* [Herv. d. Verf.] oder Gruppen dieser Personen und/oder Einrichtungen, die auf dem Markt [...] die Lieferung von Waren bzw. die Erbringung von Dienstleistungen anbieten."[397] Deshalb kommt es auf die konkrete Organisationsform des Leistungserbringers nicht an. Die Bindung an das Vergaberecht entfällt nicht dadurch, dass es sich bei der Einrichtung um eine solche handelt, an der der Sozialversicherungsträger eine Anteilsmehrheit hält. Dies ändert nichts daran, dass eine Beauftragung der Einrichtung erfolgt und dabei Konkurrenten ausgeschlossen werden, wenn es nicht zu einem Vergabeverfahren kommt. Gerade eine solche selektive Vergabe von Aufträgen zu verhindern ist das Vergaberecht bestimmt.

Anderes ergibt sich auch nicht aus der Bereichsausnahme des § 100 Abs. 2 lit. g) GWB, die auf Art. 18 RL 2004/18/EG fußt. Danach gelten die §§ 97 ff. GWB nicht für Aufträge, die an eine Person vergeben werden, die ihrerseits Auftraggeber nach § 98 Nr. 1, 2 oder 3 GWB ist und ein auf Gesetz oder Verordnung beruhendes ausschließliches Recht zur Erbringung der Leistung hat. Die Vorschrift soll allein verhindern, dass es auf mehren Stufen zu einem Vergabeverfahren kommt.[398] Anders gewendet, soll im innerstaatlichen Bereich kein Vergabeverfahren durchgeführt werden, sondern erst, wenn der Auftrag schlussendlich „in den Markt" gegeben wird. Daran fehlt es bei einer Leistungserbringung durch selbständige eigene Einrichtungen. Diese werden unmittelbar gegenüber dem Versicherten, dem „Endkunden" tätig und treten damit am Markt auf. Außerdem ist zwingende Voraussetzung für die Ausnahmevorschrift ein entsprechendes Gesetz oder eine Verordnung.[399] Auch daran fehlt es.

Den Sozialversicherungsträgern bleibt allerdings eine Ausnahme bei der Erbringung durch eigene Einrichtungen. Diese Ausnahme ist *eng* auszulegen.[400] Der Rechtsprechung des Gerichtshofs ist zu entnehmen, dass eine Ausschreibung nicht obligatorisch ist, wenn die öffentliche Stelle, die ein öffentlicher Auftraggeber ist, über die fragliche Einrichtung eine ähnliche Kontrolle ausübt wie über ihre eigenen Dienststellen, vorausgesetzt, dass diese Einrichtung ihre Tätigkeit im Wesentlichen mit ihr oder mit anderen Gebietskörperschaften verrichtet, die ihre Anteile innehaben und die Betätigung nicht außerhalb des Zuständigkeitsbereichs der öffentlichen Stelle erfolgt.[401] Eine Beteiligung der öffentlichen Stelle

---

[397] EuGH, Urt. v. 11.1.2005, Rs. C-26/03, Slg. 2005, I-1 Rn. 45 – *Stadt Halle*; EuGH, Urt. v. 9.6.2009, Rs. C-480/06, EuZW 2009, 529 Rn. 33 – *Kommission/ Deutschland*.
[398] Vgl. *Otting*, in: Bechtold, GWB, 5. Aufl. 2008, § 100 Rn. 16.
[399] OLG Düsseldorf, Beschl. v. 9.4.2003 – Verg 66/02, juris Rn. 27.
[400] EuGH, Urt. v. 13.10.2005, Rs. C-458/03, Slg. I-8585 Rn. 63 – *Parking Brixen*; EuGH, Urt. v. 11.1.2005, Rs. C-26/03, Slg. 2005, I-1 Rn. 46 – *Stadt Halle*.
[401] EuGH, Urt. v. 10.9.2009, Rs. C-573/07, NVwZ 2009, 1421 Rn. 36 – *Sea*; EuGH, Urt. v. 9.6.2009, Rs. C-480/06, EuZW 2009, 529 Rn. 34 – *Kommission/Deutschland*;

3. Leistungserbringung durch selbständige Einrichtungen

an der Einrichtung von 100 % soll ein – nicht zwingendes – Indiz für eine solche Kontrolle sein.[402] Umgekehrt ist eine über eine eigene Dienststelle ähnliche Kontrolle *auf jeden Fall* ausgeschlossen, wenn neben der öffentlichen Stelle noch Private Anteile an der Einrichtung halten oder geplant ist, Private an der Einrichtung zu beteiligen.[403] Dass die eigene Einrichtung in der Rechtsform einer Kapitalgesellschaft organisiert ist, schließt die Anwendung der Ausnahme nicht aus.[404] Um festzustellen, ob eine Kontrolle im vorgenannten Sinne gegeben ist, sind alle Rechtsvorschriften und maßgeblichen Umstände zu berücksichtigen.[405] Ob eine einer Dienststelle ähnliche Kontrolle gegeben ist, ist insbesondere anhand des nationalen Gesellschaftsrechts festzustellen.[406]

Die deutschen Sozialversicherungsträger könnten Sozialleistungen durch selbständige Einrichtungen in einer Rechtsform des Privatrechts also ohne Pflicht zur Ausschreibung erbringen, wenn *erstens* der Sozialversicherungsträger oder mehrere Sozialversicherungsträger gemeinsam 100 % der Anteile an der Gesellschaft halten, *zweitens* die Gesellschaft nur innerhalb des Zuständigkeitsbereiches des Sozialversicherungsträgers tätig wird, sie *drittens* keine Geschäfte mit Privaten tätigt, die nicht eine bloße untergeordnete Hilfsfunktion zur Erbringung der Leistung an den Sozialversicherungsträger darstellen[407] und *viertens* insbesondere das nationale Gesellschaftsrecht eine über eine Dienststelle ausgeübte ähnliche Kontrolle ermöglicht.

Aus dem vierten Kriterium folgt, dass die deutsche Aktiengesellschaft als Rechtsform der eigenen Einrichtung ausscheidet, weil § 76 AktG die Leitung der AG der Verantwortung des Vorstandes unterstellt, der nicht an Weisungen von Gesellschaftern – abgesehen von dem Sonderfall des Vertragskonzerns (vgl. § 308 Abs. 1 AktG) – gebunden werden kann.[408] Anders verhält es sich in der GmbH: Der Geschäftsführer einer GmbH unterliegt gemäß §§ 37 Abs. 1, 46 Nr. 6 GmbH den Weisungen der Gesellschafterversammlung. Die Sozialversicherungsträger müssten also für jede Weisung an ihre „Dienststelle" in der Form

---

EuGH, Urt. v. 13.10.2005, Rs. C-458/03, Slg. I-8585 Rn. 58 – *Parking Brixen*; EuGH, Urt. v. 11.1.2005, Rs. C-26/03, Slg. 2005, I-1 Rn. 49 – *Stadt Halle*; EuGH, Urt. v. 18.11.1999, Rs. C-107/98, Slg. 1999, I-8121 Rn. 50 – *Teckal*.

[402] EuGH, Urt. v. 10.9.2009, Rs. C-573/07, NVwZ 2009, 1421 Rn. 45 – *Sea*.
[403] EuGH, Urt. v. 10.9.2009, Rs. C-573/07, NVwZ 2009, 1421 Rn. 46 – *Sea*; EuGH, Urt. v. 11.1.2005, Rs. C-26/03, Slg. 2005, I-1 Rn. 49 – *Stadt Halle*.
[404] EuGH, Urt. v. 10.9.2009, Rs. C-573/07, NVwZ 2009, 1421 Rn. 41 – *Sea*.
[405] EuGH, Urt. v. 10.9.2009, Rs. C-573/07, NVwZ 2009, 1421 Rn. 65 – *Sea*; EuGH, Urt. v. 13.10.2005, Rs. C-458/03, Slg. I-8585 Rn. 56 – *Parking Brixen*.
[406] EuGH, Urt. v. 10.9.2009, Rs. C-573/07, NVwZ 2009, 1421 Rn. 81, 87 f. – *Sea*.
[407] EuGH, Urt. v. 10.9.2009, Rs. C-573/07, NVwZ 2009, 1421 Rn. 79 – *Sea*.
[408] Statt aller *Spindler*, in: MünchKommAktG, 3. Aufl. 2008, § 76 Rn. 25 f. m.w.N. Dass der EuGH etwa in der Rs. *Parking Brixen* für eine italienische AG anders wertete, liegt daran, dass die unabhängige Leitung durch den Vorstand ein Spezifikum der deutschen AG ist.

140 VII. Rechtslage bei der Leistungserbringung durch eigene Einrichtungen

einer GmbH eine Gesellschafterversammlung abhalten. Ob Dritten (etwa einem Lenkungsauschuss des Sozialversicherungsträgers) durch die Satzung ein Weisungsrecht eingeräumt werden kann, ist umstritten. Während manche argumentieren, dies sei aufgrund der Satzungsfreiheit (§ 45 Abs. 1 GmbHG) möglich und der Dritte werde dadurch zu einem Organ der Gesellschaft,[409] lehnen andere eine solche Delegation unter Verweis auf die §§ 37 Abs. 1, 46 Nr. 6 GmbHG und die Pflicht zur Geschäftsführung durch den Geschäftsführer ab.[410]

Es bleibt allerdings in jedem Fall der Einwand gegen eine solche Konstruktion, dass die GmbH oder auch eine eigene Einrichtung in öffentlich-rechtlicher Rechtsform alle Leistungen selber erbringen müsste und nur in ganz untergeordnetem Umfang Leistungen bei Dritten beziehen dürfte. Zum Beispiel dürfte es nach der Rechtsprechung des EuGH in der Rs. Sea[411] unzulässig sein, für die gesetzlichen Krankenkassen über eine GmbH Arzneimittel anzukaufen. Diese müsste die GmbH selber herstellen.

Denkbar ist daneben noch, das Merkmal der „Entgeltlichkeit" des Vertrages (s. oben Abschn. III. 2. b) bb) und VI. der Darstellung) zu verneinen, wenn die eigenen Einrichtungen Leistungen den Versicherten bzw. dem Sozialversicherungsträger unentgeltlich zur Verfügung stellt. *Insoweit ist aber zu beachten, dass eine eigene Einrichtung in der Rechtsform der GmbH dann nicht in Betracht kommt, weil die unentgeltliche Leistungserbringung gegenüber dem Sozialversicherungsträger ein Verstoß gegen das Verbot der Einlagenrückgewähr wäre (§ 30 Abs. 1 GmbHG).* Ob es sich bei Eigenbetrieben in einer Rechtsform des öffentlichen Rechts anders verhält, ist zweifelhaft. Nach § 26a SVHV haben Eigenbetriebe, die nach § 12 SVHV einen Wirtschaftsplan aufstellen, nach den Regeln der kaufmännischen doppelten Buchführung zu buchen. Das Rechnungswesen bei einer kaufmännischen doppelten Buchführung hat die Zielsetzung einer verursachungsgemäßen Ergebnisermittlung, d.h. der Zuordnung der Geschäftsvorfälle auf die jeweilige Periode nach wirtschaftlichen und rechtlichen Verursachungskriterien. Auf die tatsächlichen Geldbewegungen kommt es nicht an.[412] Haben die Eigenbetriebe gemäß § 26a SVHV also die Leistungserbringung nach kaufmännischen Grundsätzen zu verbuchen, dürften die Verträge als entgeltlich anzusehen sein, unabhängig davon, ob tatsächlich Zahlungen erfolgen. Außerdem muss der Sozialversicherungsträger den Eigenbetrieb in jedem Fall mit den zur Leistungserbringung erforderlichen Mitteln ausstatten. Gerade hierin dürfte dann die Gegenleistung zu sehen sein, mag die Zahlung auch nicht auf den

---

[409] *Wicke,* GmbHG, 2008, § 37 Rn. 20.
[410] *Zöllner,* in: Baumbach/Hueck, GmbHG, 19. Aufl. 2010, § 46 Rn. 97; s. zum Streitstand *Lutter/Hommelhoff,* GmbHG, 17. Aufl. 2009, § 37 Rn. 20 m.w.N.
[411] EuGH, Urt. v. 10.9.2009, Rs. C-573/07, NVwZ 2009, 1421 Rn. 79 – *Sea.*
[412] Vgl. *Heße/Held,* Der Kompass (Bundesknappschaft), Heft 9/10 2001, S. 18.

einzelnen Auftrag bezogen erfolgen, sondern etwa monatlich oder quartalsweise nach bestimmten Gesamtbudgets.

b) Sonstige rechtliche und tatsächliche Folgen

Was die sonstigen rechtlichen und tatsächlichen Folgen einer Leistungserbringung durch selbständige eigene Einrichtungen anbelangt, kann nach oben (unter Abschn. VIII. 2. b) der Darstellung) verwiesen werden. Auch hier droht die Geburt eines bürokratischen Molochs, der zu Kostensteigerungen und Qualitätsverlusten führt. Auch hier droht ein unzulässiger Verdrängungswettbewerb durch die Sozialversicherungsträger.

VIII. Rechtsfolgen und Anpassungsbedarf des deutschen Rechts

1. Zur Bindung der Sozialversicherungsträger an das Vergaberecht

Nach dem Gesagten steht fest, dass sämtliche Sozialversicherungsträger entweder nach § 98 Nr. 1 GWB, Art. 1 Abs. 9 S. 1 RL 2004/18/EG oder nach § 98 Nr. 2 GWB, Art. 1 Abs. 9 S. 2 RL 2004/18/EG öffentliche Auftraggeber i. S. d. Vergaberechts i. e. S. sind. Die meisten der in den Büchern des SGB vorgesehenen Leistungserbringungsverträge sind zudem öffentliche Aufträge i. S. d. § 99 Abs. 1 GWB, Art. 1 Abs. 2 RL 2004/18/EG, so dass bei Überschreiten der Schwellenwerte ein förmliches Vergabeverfahren durchzuführen ist.

Unterhalb der Schwellenwerte greifen zwar nicht die §§ 97 ff. GWB i.V.m. RL 2004/18/EG ein, jedoch folgt aus den Artt. 3 Abs. 1, 12 Abs. 1 GG und den Grundfreiheiten eine Pflicht der Sozialversicherungsträger zur Vergabe von Leistungen anhand der Verfahrensgrundsätze Gleichbehandlung, Publizität, Nichtdiskriminierung und faire Chance auf Erteilung des Zuschlags. § 22 SVHV steht dem aufgrund seines niederen Ranges nicht entgegen. Man kann dies als haushaltsrechtliches Vergabeverfahren oder Vergabeverfahren „light" bezeichnen.

Darüber hinaus können sämtliche Sozialversicherungsträger potentiell dem funktionalen Unternehmensbegriff der Artt. 101 ff., 107 ff. AEUV (ex-Artt. 81 ff., 87 ff. EG) unterfallen, sofern sie wirtschaftlich tätig werden. Nach derzeitigem Stand der Sozialgesetzgebung hat das Sozialrecht aber noch keinen Grad an Wettbewerbsintensivierung erlangt, ab dem man davon ausgehen muss, dass die Sozialversicherungsträger *regelmäßig* als Unternehmen im Sinne dieser Vorschriften anzusehen wären – das Bundeskartellamt teilt diese Auffassung in Bezug auf die gesetzlichen Krankenkassen für das nationale Kartellrecht freilich nicht.

2. Zum Anpassungsbedarf des SGB und sonstiger Vorschriften

a) Ausschreibungsregeln

Die Ausschreibungsregeln des SGB (dazu oben Abschn. II. 2. c) bb) der Darstellung) sind nicht unionsrechtswidrig. § 69 Abs. 2 SGB V schließt dies für die Krankenversicherung dadurch aus, dass die Geltung der §§ 97 ff. GWB ausdrücklich angeordnet wird. Alle anderen Vorschriften des SGB lassen sich wohl unionsrechtskonform so auslegen, dass unter der jeweils vorgesehenen „Ausschreibung" ein förmliches Vergabeverfahren anhand der §§ 97 ff. GWB zu verstehen ist, sofern deren Voraussetzungen vorliegen. Gleichwohl ist die derzeitige Rechtslage unklar und es ist wie aufgezeigt sehr umstritten, ob die jeweiligen Normen zur Durchführung eines förmlichen Vergabeverfahrens zwingen oder nicht. Bedenkt man, dass die nationalen Rechtsakte zur Umsetzung von EU-Richtlinien nach Auffassung des EuGH „hinreichend klar und bestimmt" sein müssen[413], bestehen zumindest unter diesem Gesichtspunkt unionsrechtliche Bedenken wider die derzeitige Fassung des SGB. Hingegen ist § 22 SVHV nach derzeitiger Fassung unionsrechtswidrig und unanwendbar (oben Abschn. III. 3. c) der Darstellung).

b) Kaum Raum für sozialversicherungsrechtliche Sonderregeln

Wie gesehen (oben Abschn. VI. der Darstellung), kennt das Gemeinschaftsvergaberecht keine allgemeine Bereichsausnahme für das Sozialrecht. Für Dienstleistungsaufträge (nicht: Lieferaufträge) im Gesundheits- und Sozialbereich sehen Artt. 1 Abs. 2 lit. d), 21, 23, 35 Abs. 4 i.V.m. Anhang II Teil B RL 2004/18/ EG ein doch sehr stark eingeschränktes Vergabeverfahren vor. Eine Bereichsausnahme ist hierin jedoch nicht zu sehen, es geht allein um das „Wie" der Vergabe, nicht das „Ob". Insoweit dürften die bestehenden Regeln des deutschen Sozialversicherungsrechts sogar strenger sein als die europäischen Vorgaben. Das ist mit der RL 2004/18/EG vereinbar, da diese keine Vollharmonisierung des Vergaberechts bezweckt.[414] Vergaberechtliche Sonderregeln sind auch im Unterschwellenbereich möglich. Hier besteht im Rahmen der grundrechtlichen und grundfreiheitlichen Vorgaben ein Gestaltungsspielraum des Gesetzgebers[415].

c) Regelungsvorschläge

Aus rechtstechnischer Sicht ist dem Gesetzgeber anzuraten, die Rechtsunsicherheit, die durch die verstreuten und inkohärenten Regelungen der verschiede-

---

[413] EuGH, Urt. v. 23.5.1985 Rs. C-29/84, Slg. 1985, 1661 Rn. 23 und 28 – *Kommission/Deutschland*; EuGH, Urt. v. 28.2.1991, Rs. C-131/88, Slg. 1991, I-825 Rn. 6 – *Kommission/Deutschland*; EuGH, Urt. v. 30.5.1991, Rs. C-361/88, Slg. 1991, I-2567 Rn. 15 – *Kommission/Deutschland*; Rs. C-59/89, Slg. 1991, I-2607 Rn. 18 – *Kommission/Deutschland*; EuGH, Urt. v. 17.10.1991, Rs. C-58/89, Slg. 1991, I-4983 Rn. 13 – *Kommission/Deutschland*; EuGH, Urt. v. 11.8.1995, Rs. C-433/93, Slg. 1995, I-2303 Rn. 18 – *Kommission/Deutschland*.
[414] So etwa *Rechten,* NZBau 2004, 366, 367.
[415] Zu den grundrechtlichen und grundfreiheitlichen Anforderungen etwa *Ebsen,* in: Festschrift Zuleeg, 2005, 439, 453 ff.; *Klöck,* NZS 2008, 178, 186.

nen Bücher des SGB entstanden ist, zu beseitigen. Dafür bieten sich zwei Vorgehensweisen an: Entweder nimmt man in eines der allgemeinen Bücher des SGB, also das SGB I oder das SGB IV, eine Vorschrift nach dem Vorbild des § 69 SGB V auf, die die Anwendung der §§ 97 ff. GWB anordnet, sofern deren Voraussetzungen erfüllt sind und die im Unterschwellenbereich eine Regelung zum hier anzuwendenden Vergaberecht trifft; oder man normiert in den jeweiligen Leistungstatbeständen der besonderen Teile des SGB Entsprechendes.

Aus rechtstechnischer Sicht ist der ersten Alternative der Vorzug zu geben, da sie weniger fehleranfällig ist, größere Flexibilität bei einer späteren Umgestaltung der besonderen Teile des SGB erlaubt und sich systematisch stimmig in den allgemeinen Teil (SGB I und SGB IV) einpassen lässt. Um Unklarheiten zu vermeiden, sind die in den verschiedenen Büchern des SGB geregelten Ausschreibungsregeln im Gegenzug zu streichen. § 22 SVHV sollte dahingehend umgestaltet werden, dass klargestellt wird, dass die Norm nicht für Leistungserbringungsverträge zwischen Sozialversicherungsträgern und Leistungserbringern gilt. Anderenfalls bleibt sie weiterhin dem Diktum der Unionsrechtswidrigkeit ausgesetzt.

Der Gesetzgeber sollte sich ferner mit der Frage befassen, ob er die Anwendung der §§ 19 bis 21 GWB für alle Sozialversicherungsträger anordnen möchte oder nicht (dazu oben Abschn. II. 2. c) bb) und VI. 1. b) dd) der Darstellung). Dies bietet sich vor allem dann an, wenn künftig eine weitere Öffnung der Sozialsysteme für Marktmechanismen ins Auge gefasst wird. Inwieweit sich eine generelle Anordnung der Anwendung des § 1 GWB empfiehlt, bleibt abzuwarten. Die Erfahrungen mit den durch das AMNOG erfolgten Änderungen im SGB V können als Grundlage für die anderen Bücher des SGB dienen.

3. Rechtswegfragen

Sehr zu begrüßen ist, dass der Gesetzgeber zumindest für die gesetzliche Krankenversicherung in § 51 Abs. 3 SGG durch das AMNOG klargestellt hat, dass die Vergabekammern und ordentlichen Gerichte für die vergaberechtlichen Verfahren zuständig sind. Es war dem Gesetzgeber dringend anzuraten, die prozessualen Regeln in § 51 Abs. 2 SGG und § 116 Abs. 3 GWB neu zu fassen. Im Zusammenhang mit der Vergabe von Leistungen der gesetzlichen Krankenversicherung war es, wie gesehen (oben Abschn. VI. 1. b) bb) (3) (d) der Darstellung), schon einmal zu einer divergierenden Rechtsprechung zweier Bundesgerichte über die Rechtswegzuständigkeit gekommen. Dadurch wurden nicht nur unnötige Kosten verursacht und die Rechtssicherheit gefährdet, sondern es wurden auch das Ansehen und das Vertrauen in die Justiz beschädigt. Nicht zu befriedigen vermag, dass häppchenweise zunächst nur für die gesetzliche Krankenversicherung und dann – nachdem die Frage erneut aufgekeimt war[416] – für die

Pflegeversicherung eine Sonderregelung geschaffen und für den Bereich des SGB V durch das AMNOG bestätigt wurde. Es sollte für den Gesetzgeber ein Leichtes darstellen, eine einheitliche Regelung für die *gesamte* Sozialversicherung zu treffen. Regelungsort hierfür ist § 51 SGG.

---

[416] Dazu *Maschmann,* SGb 1996, 96, 97; *Neumann,* NZS 1995, 397, 400 f.

IX. Summa

Die Summa kann sich kurz fassen: Die Sozialversicherungsträger haben bei ihrer Tätigkeit das Vergaberecht i. w. S. sowie das Vergaberecht i. e. S. zu beachten. Das Vergaberecht i. w. S. besteht aus den Artt. 101 ff., 107 ff. AEUV (ex-Artt. 81 ff., 87 ff. EG), den europäischen Grundfreiheiten sowie den nationalen Grundrechten, den §§ 19 ff. GWB, den Regelungen des SGB und des § 22 SVHV. Das Vergaberecht i. e. S. setzt sich zusammen aus der RL 2004/18/EG und den diese umsetzenden §§ 97 ff. GWB.

Alle Sozialversicherungsträger sind öffentliche Auftraggeber i. S. d. Vergaberechts i. e. S. Die meisten per Vertrag zu vergebenden Sozialversicherungsleistungen sind öffentliche Aufträge i. S. d. Vergaberechts i. e. S. Soweit die Schwellenwerte überschritten werden, haben die Sozialversicherungsträger daher ein förmliches Vergabeverfahren durchzuführen. Unterhalb der Schwellenwerte greift ein haushaltsrechtliches Vergaberecht, das die Beachtung der Grundsätze von Gleichbehandlung, Publizität, Nichtdiskriminierung und faire Chance auf Erteilung des Zuschlags erfordert.

Die Sozialversicherungsträger können der Anwendung des Vergaberechts nur dadurch entgehen, dass sie Leistungen künftig durch unselbständige eigene Einrichtungen erbringen. Eine Leistungserbringung durch selbständige eigene Einrichtungen – gleich ob öffentlich-rechtlich oder privatrechtlich verfasst – befreit von den unionsrechtlichen Bindungen nicht. In jedem Fall bestehen erhebliche rechtliche und vor allem tatsächliche Vorbehalte gegen eine Leistungserbringung durch die Sozialversicherungsträger selbst. Qualitätsverlust und Kostensteigerungen wären die Folge.

Der Gesetzgeber sollte deshalb eine Neuregelung der Vergabe von Leistungen der Sozialversicherung im allgemeinen Teil des SGB (SGB I oder SGB IV) vornehmen, die die Anwendung der §§ 97 ff. GWB im Überschwellenbereich anordnet und ein Verfahren für den Unterschwellenbereich festlegt. Gleichzeitig sollte die Rechtswegzuständigkeit für vergaberechtliche Fragen im Sozialversicherungsrecht für alle Sparten der Sozialversicherung geklärt werden.

Literaturverzeichnis

Axer, Peter: Europäisches Kartellrecht und nationales Krankenversicherungsrecht – Die Festbetragsfestsetzung als Prüfstein für den Einfluss des Gemeinschaftsrechts auf die Ausgestaltung sozialer Sicherungssysteme, NZS 2002, 57 ff.

Bartosch, Andreas: Die neuen Gruppenfreistellungsverordnungen im EG-Beihilfenrecht, NJW 2001, 921 ff.

Baumeister, Hubertus/*Struß,* Jantje: Hippokrates als Dienstleister gemäß den Vorgaben des Europäischen Gerichtshofes, NZS 2010, 247 ff.

Bechtold, Rainer (Hrsg.): GWB-Kommentar, 5. Aufl., München 2008

Becker, Ulrich/*Kingreen,* Thorsten: SGB V. Gesetzliche Krankenversicherung, Kommentar, München 2008

– Der Krankenkassenwettbewerb zwischen Sozial- und Wettbewerbsrecht – Zur geplanten Ausdehnung der Anwendung des GWB auf das Handeln der Krankenkassen, NZS 2010, 417 ff.

Bernhardt, Dirk: Doppelte Regulierung im Leistungsbeschaffungsrecht der GKV? – Die gesetzliche Krankenkasse zwischen Wettbewerbs- und Vergaberecht nach dem GKV-WSG 2007, ZESAR 2008, 128 ff.

Bieback, Karl-Jürgen: Die Stellung der Sozialleistungserbringer im Marktrecht der EG, RsDE 2001, 1 ff.

– Leistungserbringungsrecht im SGB II sowie SGB III und XII – Insbesondere die Verpflichtung zum Einsatz des Vergaberechts, NZS 2007, 505 ff.

Bieritz-Harder, Renate: Berufsvorbereitende Bildungsmaßnahmen der BA als Teil der beruflichen Rehabilitation, Auftragsgutachten für die Bundesarbeitsgemeinschaft der Berufsbildungswerke, 2004, S. 28 ff.

Bloch, Eckhard/*Pruns,* Katrin: Ausschreibungspflichten bei der Leistungserbringung in der GKV, SGb 2007, 645 ff.

Boldt, Antje: Müssen gesetzliche Krankenkassen das Vergaberecht beachten?, NJW 2005, 3757 ff.

– Rabattverträge – Sind Rahmenvereinbarungen zwischen Krankenkasse und mehreren pharmazeutischen Unternehmen unzulässig?, PharmR 2009, 377 ff.

Brandts, Hubert/*Wirth,* Rüdiger: Haushaltsrecht der Sozialversicherung, Berlin, Stand 2009

Burgi, Martin: Die künftige Bedeutung der Freiheitsgrundrechte für staatliche Verteilungsentscheidungen, WiVerw 2007, 173 ff.

– Hilfsmittelverträge und Arzneimittel-Rabattverträge als öffentliche Lieferaufträge?, NZBau 2008, 480 ff.

Byok, Jan: Die Entwicklung des Vergaberechts seit 2008, NJW 2009, 644 ff.

Byok, Jan/*Csaki,* Alexander: Aktuelle Entwicklungen bei dem Abschluss von Arzneimittelrabattverträgen, NZS 2008, 402 ff.

Byok, Jan/*Jansen,* Nicola: Die Stellung gesetzlicher Krankenkassen als öffentliche Auftraggeber, NVwZ 2005, 53 ff.

Calliess, Christian/*Ruffert,* Matthias: EUV/EGV: Das Verfassungsrecht der Europäischen Union mit Europäischer Grundrechtecharta, 3. Aufl., München 2007

Dörr, Oliver: Die vergaberechtliche Einbindung der freien Wohlfahrtspflege, RdJB 2002, 349 ff.

Dreher, Meinrad: Der Anwendungsbereich des Kartellvergaberechts, DB 1998, 2579 ff.

– Öffentlich-rechtliche Anstalten und Körperschaften im Kartellvergaberecht – Der Auftraggeberbegriff vor dem Hintergrund von Selbstverwaltung, Rechtsaufsicht und Finanzierung durch Zwangsbeiträge, NZBau 2005, 297 ff.

Dreher, Meinrad/*Hoffmann,* Jens: Der Auftragsbegriff nach § 99 GWB und die Tätigkeit der gesetzlichen Krankenkassen, NZBau 2009, 273 ff.

Dreier, Horst (Hrsg.): Grundgesetz Kommentar, Band I, 2. Aufl., Tübingen 2004

Ebsen, Ingwer: Das selektive Vertragshandeln der Krankenkassen und Leistungserbringer im Lichte europäischen Vergaberechts, in: Festschrift für Manfred Zuleeg, S. 439 ff.; Hrsg.: Gaitanides, Charlotte/Kadelbach, Stefan/Iglesias, Gil C., Baden-Baden 2005

– Europarechtliche Gestaltungsvorgaben für das deutsche Sozialrecht, Baden-Baden 2000

– Rechtliche Anforderungen an Krankenkassen als Nachfrager im Vertragswettbewerb, BKK 2010, 76 ff.

– Ausschreibungspflichten für selektivvertragliche ärztliche Versorgung in der GKV – Teil 1, KrV 2010, 139 ff.

– Ausschreibungspflichten in der GKV: Konsequenzen für ärztliche Dienstleistungen, KrV 2010, 189 ff.

Eichenhofer, Eberhard: Das Rechtsverhältnis zwischen Rehabilitationsträger und Rehabilitationseinrichtungen, NZS 2002, 348 ff.

– Die Rolle von öffentlichem und privatem Recht bei der Erbringung sozialer Dienstleistungen, SGb 2003, 365 ff.

Eicher, Wolfgang/*Spellbrink,* Wolfgang (Hrsg.): SGB II, Grundsicherung für Arbeitsuchende, München 2005

Eisermann, Stefan: Rechtliche Grundlage der Vergabe von Forschungs- und Entwicklungsaufträgen in der Bundesrepublik Deutschland, ZVgR 1997, 201 ff.

Emmerich, Volker: Kartellrecht, 11. Aufl., München 2008

Engel, Michael: Vertragsverhandlungen mit den Kranken- und Pflegekassen im Bereich der häuslichen Pflege, PflR 1998, 68 ff.

Engelmann, Klaus: Keine Geltung des Kartellvergaberechts für Selektivverträge der Krankenkassen mit Leistungserbringern, SGb 2008, 133 ff.

Engler, Ulla: Die Leistungserbringung in den Sozialgesetzbüchern II, III, VIII und XII im Spannungsverhältnis zum europäischen und nationalen Vergaberecht, Baden-Baden 2010

– Die Leistungserbringung in den SGB II, III, VIII und XII im Spannungsverhältnis zum europäischen und nationalen Vergaberecht, RsDE 71 (2010), 41 ff.

Epping, Volker/*Hillgruber*, Christian (Hrsg.): Grundgesetz Kommentar, 6.Edition, München 2010

Forst, Gerrit: Die Beteiligung der Arbeitnehmer in der Vorrats-SE, NZG 2009, 687 ff.

Forst, Gerrit/*Traut*, Johannes: Die Gesellschaft bürgerlichen Rechts mit öffentlicher Beteiligung, DÖV 2010, 210 ff.

Frenz, Walter: Krankenkassen im Wettbewerbs- und Vergaberecht, NZS 2007, 233 ff.

Friedrich, Ursula: Die neue Pflegesatzregelung im Bundessozialhilfegesetz, NDV 1994, 166 ff.

Fuchs, Maximilian: Anmerkung zum Beschluss des LSG Sachsen vom 24.7.2007 – L 6 U 2/06, ZESAR 2007, 439 ff.

Gabriel, Marc: Die Kommissionsmitteilung zur öffentlichen Auftragsvergabe außerhalb der EG-Vergaberichtlinien, NVwZ 2006, 1262 ff.

– Die öffentliche Auftraggebereigenschaft von gesetzlichen Krankenkassen und die Abgrenzung von Lieferauftrag und Dienstleistung, VergabeR 2007, 630 ff.

– Vergaberechtliche Vorgaben beim Abschluss von Verträgen zur integrierten Versorgung (§§ 140a ff. SGB V), NZS 2007, 344 ff.

Gabriel, Marc/*Weiner*, Katharina: Arzneimittelrabattvertragsausschreibungen im generischen und patentgeschützten Bereich: Überblick über den aktuellen Streitstand, NZS 2009, 422 ff.

Gassner, Ulrich M.: Kartellrechtliche Re-Regulierung des GKV-Leistungsmarkts, NZS 2007, 281 ff.

Giesen, Richard: Das BSG, der EG-Vertrag und das deutsche Unfallversicherungsmonopol, ZESAR 2004, 151 ff.

Gleiss, Alfred/*Hirsch*, Martin: Kommentar zum EG-Kartellrecht, Band I, 4. Aufl., Heidelberg 1993

Goette, Wulf/*Habersack*, Mathias: Münchener Kommentar zum Aktiengesetz, Band 2 (§§ 76 bis 117, MitbestG, DrittelbG), 3. Aufl., München 2008

Goordazi, Ramin/*Junker*, Maike: Öffentliche Ausschreibungen im Gesundheitswesen, NZS 2007, 632 ff.

Goordazi, Ramin/*Schmid*, Karsten: Die Ausschreibung vertragsärztlicher Leistungen nach dem SGB V, NZS 2008, 518 ff.

Grabitz, Eberhard/*Hilf,* Meinhard: Das Recht der Europäischen Union, Kommentar, München 39. EL 2009

Grube, Christian/*Wahrendorf,* Volker: SGB XII, Sozialhilfe, Kommentar, 2. Aufl., München 2008

Hartmann, Peter/*Suoglu,* Bingül: Unterliegen die gesetzlichen Krankenkassen dem Kartellvergaberecht nach §§ 97 ff. GWB, wenn sie Hilfsmittel ausschreiben?, SGb 2007, 404 ff.

Hauck, Karl/*Noftz,* Wolfgang (Hrsg.): SGB II, Grundsicherung für Arbeitsuchende, Kommentar, Berlin 15. Lfg. 2007

– SGB VII, Gesetzliche Unfallversicherung, Kommentar, Berlin 34. Lfg. 2008

– SGB IX, Rehabilitation und Teilhabe behinderter Menschen, Kommentar, Berlin 16. Lfg. 2007, 19. Lfg. 2009

– SGB XII, Sozialhilfe, Kommentar, Berlin 18. Lfg. 2009

Heiermann, Wolfgang/*Zeiss,* Christopher/*Kullack,* Andrea Maria/*Blaufuß,* Jörg (Hrsg.): juris PraxisKommentar Vergaberecht, 2. Aufl., Saarbrücken 2008

Heinemann, Daniela: Die Erbringung sozialer Dienstleistungen durch Dritte nach deutschem und europäischem Vergaberecht, Baden-Baden 2009

Heße, Manfred: Die Auftragsvergabe durch Sozialversicherungsträger und die Vergaberichtlinien der EG, SozVers 1997, 88 ff.

Heße, Manfred/*Held,* Heinz-Günter: Änderungen im Haushaltsrecht der Sozialversicherungsträger (Teil II), Der Kompass (Bundesknappschaft) 2001, Heft 9/10 S. 18 f.

Heßhaus, Matthias: Ausschreibung und Vergabe von Rabattverträgen – Spezialfragen im Zusammenhang mit dem Abschluss von Rabattverträgen nach § 130a Abs. 8 SGB V – Rechtsgutachten, PharmR 2007, 334 ff.

– Ausschreibungen durch die gesetzlichen Krankenkassen, VergabeR 2007, 333 ff.

Höpfner, Clemens/*Rüthers,* Bernd: Grundlagen einer europäischen Methodenlehre, AcP 2009, 1 ff.

Hückel, Thomas/*Prins,* Cornelia: Die Auftragsvergabe durch die Sozialversicherungsträger unter besonderer Berücksichtigung des Rechts der Europäischen Union, SozVers 2001, 309 ff.

Immenga, Ulrich/*Mestmäcker,* Ernst-Joachim (Hrsg.): Wettbewerbsrecht, 4. Aufl., München 2007

Isensee, Josef/*Kirchhof,* Paul (Hrsg.): Handbuch des Staatsrechts, Band VI, 3. Aufl., Heidelberg 2009

Iwers, Steffen Johann: Ausschreibung kommunaler Eingliederungsleistungen des SGB II und institutionelle Förderung der Leistungserbringer, LKV 2008, 1 ff.

Jarass, Hans/*Pieroth,* Bodo: Grundgesetz für die Bundesrepublik Deutschland, 9. Aufl., München 2007

Jauernig, Othmar: Bürgerliches Gesetzbuch, Kommentar, 13. Aufl., München 2009

Jestaedt, Thomas/*Kemper,* Klaus/*Marx,* Fridhelm/*Prieß,* Hans-Joachim: Das Recht der Auftragsvergabe, München 1999

Jung, Hans-Peter: SGB VIII, Kinder- und Jugendhilfe, Kommentar, Freiburg 2006

Kaeding, Nadja: Ausschreibungspflicht der gesetzlichen Krankenkassen oberhalb der Schwellenwerte, PharmR 2007, 239 ff.

Kahl, Wolfgang/*Gärditz,* Klaus Ferdinand: Konkurrenzfragen zwischen Sozial- und Vergaberechtsschutz, NZS 2008, 337 ff.

Kaltenborn, Markus: Vergaberechtliche Strukturen im Recht der Gesetzlichen Krankenversicherung – Zur rechtlichen Umsetzung der Reformoption „Vertragswettbewerb" in der Gesundheitsversorgung, VSSR 2006, 357 ff.

Kamann, Hans-Georg/*Gey,* Peter: Die Rabattvertragsstreitigkeiten der „zweiten Generation" – Aktuelle Fragen nach dem GKV-OrgWG, PharmR 2009, 114 ff.

– Wettbewerbsrecht im deutschen Gesundheitswesen – Grenzen der Integrierten Versorgung und der Kooperation von Krankenkassen, Leistungserbringern und pharmazeutischer Industrie, PharmR 2006, 255 ff. (Teil 1) und 291 ff. (Teil 2).

Kayser, Elke: Nationale Regelungsspielräume im öffentlichen Auftragswesen und gemeinschaftsrechtliche Grenzen, Marburg 1999

Kingreen, Thorsten: Das Sozialvergaberecht, SGb 2008, 437 ff.

– Die Entscheidung des EuGH zur Bindung der Krankenkassen an das Vergaberecht, NJW 2009, 2417 ff.

– Sozialhilferechtliche Leistungserbringung durch öffentliche Ausschreibungen, VergabeR 2007, 354 ff.

– Soziale und private Krankenversicherung – Gemeinschaftsrechtliche Implikationen eines Annäherungsprozesses, ZESAR 2007, 139 ff.

– Vergaberecht und Verfahrensgerechtigkeit in der jugend- und sozialhilferechtlichen Leistungserbringung, VSSR 2006, 379 ff.

– Vergaberechtliche Anforderungen an die sozialrechtliche Leistungserbringung, SGb 2004, 659 ff.

– Wettbewerbsrechtliche Aspekte des GKV-Modernisierungsgesetzes, MedR 2004, 188 ff.

Kingreen, Thorsten/*Temizel,* Deniz: Zur Neuordnung der vertragsärztlichen Versorgungsstrukturen durch die hausarztzentrierte Versorgung (§ 73b SGB V), ZMGR 2009, 134 ff.

Klie, Thomas (Hrsg.)/*Krahmer,* Utz: SGB XI, Soziale Pflegeversicherung, Handkommentar, 3. Aufl., Baden-Baden 2009

Klöck, Oliver: Die Anwendbarkeit des Vergaberechts auf Beschaffungen durch die gesetzlichen Krankenkassen, NZS 2008, 178 ff.

Kluckert, Sebastian: Gesetzliche Krankenkassen als Normadressaten des Europäischen Wettbewerbsrechts, Berlin 2009

Koenig, Christian/*Busch*, Christiane: Vergabe- und haushaltsrechtliche Koordinaten der Hilfsmittelbeschaffung durch Krankenkassen, NZS 2003, 461 ff.

Koenig, Christian/*Klahn*, Daniela/*Schreiber*, Kristina: Die Ausschreibungspflichtigkeit von Rabattverträgen gem. § 130a Abs. 8 SGB V nach den Vorgaben des europäischen Vergaberechts, GesR 2007, 559 ff.

– Die Kostenträger der gesetzlichen Krankenversicherung als öffentlicher Auftraggeber im Sinne des europäischen Vergaberechts, ZESAR 2008, 5 ff.

– Plädoyer für die Durchführung von vergaberechtlichen Verfahren bei der Arzneimittelversorgung im Rahmen der gesetzlichen Krankenversicherung, PharmR 2008, 182 ff.

Koenig, Christian/*Sander*, Claude: Vertragsverletzung durch Rechtswegzuweisung? – Anmerkungen zum EG-Vertragsverletzungsverfahren am Beispiel des Gesundheitsreformgesetzes 2000 und der Anwendung des EG-Kartellrechts durch deutsche Sozialgerichte, EuZW 2000, 716 ff.

Kramer, Ernst A.: Juristische Methodenlehre, 2. Aufl., München 2005

Kunkel, Peter-Christian: SGB VIII, Kinder- und Jugendhilfe, Kommentar, 3. Aufl., Baden-Baden 2006

Kunze, Thomas/*Kreikebohm*, Ralf: Sozialrecht versus Wettbewerbsrecht – dargestellt am Beispiel der Belegung von Rehabilitationseinrichtungen, NZS 2003, 5 ff. (Teil 1) und 62 ff. (Teil 2)

Lachwitz, Klaus/*Schellhorn*, Walter/*Welti*, Felix: SGB IX, Rehabilitation und Teilhabe behinderter Menschen, Handkommentar, 2. Aufl., München 2006

Langen, Eugen/*Bunte*, Hermann-Josef (Hrsg.): Kommentar zum deutschen und europäischen Kartellrecht, 10. Aufl., München 2006

Larenz, Karl: Methodenlehre der Rechtswissenschaft, 6. Aufl., Berlin 1991

Löher, Michael: Ausschreibung von Jugendhilfeleistungen nach dem SGB VIII, Komm-Jur 2005 Heft 12, 441 ff.

Loewenheim, Ulrich/*Meessen*, Karl M./*Riesenkampff*, Alexander (Hrsg.): Kartellrecht, 2. Aufl., München 2009

Lorff, Günther Joachim: Unterliegen die gesetzlichen Krankenversicherungsleistungen der EU – Ausschreibungspflicht?, ZESAR 2007, 104 ff.

Lübbig, Thomas/*Klasse*, Max: Kartellrechtliche Schranken beim Abschluss von Rabattverträgen, A&R 2009, 51 ff.

Lutter, Marcus/*Hommelhoff*, Peter: GmbHG, Kommentar, 17. Aufl., Köln 2009

Marx, Fridhelm: Verlängerung bestehender Verträge und Vergaberecht, NZBau 2002, 311 ff.

Maschmann, Frank: Grundfragen des Rechts der Leistungserbringung in der sozialen Pflegeversicherung (SGB XI), SGb 1996, 96 ff.

Maurer, Hartmut: Allgemeines Verwaltungsrecht, 17. Aufl., München 2009

Mestwerdt, Thomas/*von Münchhausen,* Moritz Frhr.: Die Sozialversicherungsträger als Öffentliche Auftraggeber i. S. v. § 98 Nr. 2 GWB, ZfBR 2005, 659 ff.

Meyer, Dirk: Das sozialhilferechtliche Verhältnis im Wandel – Von einer korporatistischen hin zu einer wettbewerblichen Prägung, RsDE 2009, 17 ff.

Meyer-Hofmann, Bettina/*Hahn,* Martin: Ausschreibung von Generika-Arzneimittelverträgen, A&R 2010, 59

Monopolkommission, Hrsg.: Haucap, Justus/zu Salm, Christiane/Westerwelle, Angelika/Zimmer, Daniel, 18. Hauptgutachten v. 14.7.2010

Moosecker, Charlott: Öffentliche Auftragsvergabe der gesetzlichen Krankenkassen, Frankfurt am Main 2009

Mrozynski, Peter: Die Vergabe öffentlicher Aufträge und das Sozialrecht – Anmerkungen zu zwei Rechtsgutachten, ZFSH/SGB 2004, 451 ff.

– Leistungsverträge zwischen hoheitlicher Steuerung und privatrechtlichem Wettbewerb, RsDE 2001, 29

Münchener Kommentar zum Bürgerlichen Gesetzbuch, Hrsg.: Rebmann, Kurt/Säcker, Franz Jürgen/Rixecker, Roland, zit.: MüKo – *Bearbeiter,* 5. Aufl. 2007

Münder, Johannes (Hrsg.): Sozialgesetzbuch II. Grundsicherung für Arbeitsuchende. Lehr- und Praxiskommentar, 2. Auflage, Baden-Baden 2007

Münder, Johannes/*Armborst,* Christian u. a.: SGB XII: Sozialhilfe. Lehr- und Praxiskommentar, 8. Aufl., Baden-Baden 2008

Münder, Johannes/*Meysen,* Thomas/*Trenczek,* Thomas (Hrsg.): Frankfurter Kommentar SGB VIII. Kinder- und Jugendhilfe, 5. Auflage, Baden-Baden 2006

Münder, Johannes/*v. Boetticher,* Arne: Auswirkungen des europäischen Beihilferechts auf die Finanzierung der Leistungserbringung im SGB VII, SGB XI und im BSHG, ZESAR 2004, 15 ff.

– Teilnahme am Wettbewerb bei der Vergabe von Leistungen, Auftragsgutachten für die Bundesarbeitsgemeinschaft Jugendsozialarbeit, 2004

Neumann, Dirk/*Pahlen,* Ronald/*Majerski-Pahlen,* Monika: SGB IX, Rehabilitation und Teilhabe behinderter Menschen, Kommentar, 11. Aufl., München 2005

Neumann, Volker: Die Zulassung einzelner Pflegekräfte zur pflegerischen Versorgung, NZS 1995, 397 ff.

Neumann, Volker/*Bieritz-Harder,* Renate: Vergabe öffentlicher Aufträge in den Sozial- und Jugendhilfe? RsDE 2001, 1

Neumann, Volker/*Deinart,* Olaf (Hrsg.): Handbuch SGB IX, Rehabilitation und Teilhabe behinderter Menschen, 2. Aufl., Baden-Baden 2009

Neumann, Volker/*Nielandt,* Dörte/*Philipp,* Albrecht: Erbringung von Sozialleistungen nach Vergaberecht?, Baden-Baden 2004

Pfohl, Andreas/*Sichert,* Markus: Der Gesundheitsfonds: Sondervermögen des Bundes oder der Krankenkassen?, NZS 2009, 71 ff.

Pitschas, Rainer: Europäisches Wettbewerbsrecht und soziale Krankenversicherung, VSSR 1999, 221 ff.

Prieß, Hans-Joachim: Die Durchführung förmlicher Vergabeverfahren im Sozialhilfebereich, VSSR 2006, 399 ff.

Rechten, Stephan: Die Novelle des EU-Vergaberechts, NZBau 2004, 366 ff.

Ricke, Wolfgang: Fehldarstellungen zum Monopol der Unfallversicherung, SGb 2005, 9 ff.

Riesenhuber, Karl: Europäische Methodenlehre, Berlin 2006

Rixen, Stephan: Sozialvergaberecht ante portas? Vergaberechtliche Probleme im Sozialrecht der Arbeitsmarktsteuerung, VSSR 2005, 225 ff.

– Vergaberecht oder Sozialrecht in der gesetzlichen Krankenversicherung? – Ausschreibungspflichten von Krankenkassen und Kassenärztlichen Vereinigungen, GesR 2006, 49 ff.

Röbke, Marc: Besteht eine vergaberechtliche Ausschreibungspflicht für Rabattverträge nach § 130a VIII SGB V?, NVwZ 2008, 726 ff.

Sachs, Michael (Hrsg.): Grundgesetz, Kommentar, 5. Aufl., München 2009

Schäffer, Rebecca: Die Anwendung des europäischen Vergaberechts auf sozialrechtliche Dienstleistungsverträge, ZESAR 2009, 374 ff.

Schellhorn, Walter/*Schellhorn,* Helmut/*Hohm,* Karl-Heinz: Kommentar zum Sozialgesetzbuch XII, Sozialhilfe, 17. Aufl., München 2006

Schickert, Jörg: Rabattverträge für patentgeschützte Arzneimittel im Sozial- und Vergaberecht, PharmR 2009, 164 ff.

Schlegel, Rainer: Gesetzliche Krankenversicherung im Europäischen Kontext – ein Überblick, SGb 2007, 700 ff.

Schlegel, Rainer/*Voelzke,* Thomas (Hrsg.): juris PraxisKommentar SGB V, Gesetzliche Krankenversicherung, Saarbrücken 2008

Schmitt, Jochem: SGB VII – Gesetzliche Unfallversicherung, 2. Aufl., München 2008

Schröder, Holger: Ausschreibungen bei der Grundsicherung für Arbeitssuchende (SGB II), VergabeR 2007, 418 ff.

Seewald, Otfried: Kein Monopol der gesetzlichen Unfallversicherung (Teil 1), SGb 2004, 387 ff.

Sendowski, Marc: Rechtliche Probleme der spezialisierten ambulanten Palliativversorgung, GesR 2009, 286 ff.

Sieben, Peter: Krankenkassen und Kartellrecht: Sind bei der Integrierten Versorgung die Vergabevorschriften anzuwenden?, MedR 2007, 706 ff.

Sormani-Bastian, Laura: Vergaberecht und Sozialrecht, Frankfurt am Main 2007

– Die vergaberechtlichen Rahmenbedingungen für den Abschluss von Leistungserbringungsverträgen nach § 69 Abs. 1 SGB V im Überblick, ZESAR 2010, 13 ff.

Stähr, Axel/*Hilke*, Andreas: Die Leistungs- und Finanzierungsbeziehungen im Kinder- und Jugendhilferecht vor dem Hintergrund der neuen §§ 78a bis 78g SGB VIII, ZfJ 1999, 155 ff.

Steinmeyer, Heinz-Dietrich: Kartellrecht und deutsche gesetzliche Krankenversicherung in: Festschrift für Otto Sandrock zum 70. Geburtstag, S. 943 ff., von: Berger, Klaus P./Ebke, Werner F./Elsing, Siegfried H., Frankfurt am Main 2000

Stelkens, Paul/*Bonk*, Heinz Joachim/*Sachs*, Michael (Hrsg.): Verwaltungsverfahrensgesetz, Kommentar, 7. Aufl., München 2008

Stelzer, Dierk: Müssen gesetzliche Kranken- und Pflegekassen Lieferaufträge über Hilfs- und Pflegehilfsmittel oberhalb des Schwellenwertes europaweit öffentlich ausschreiben?, WzS 2009, 267 ff.

Stolz, Bernhard/*Kraus*, Philipp: Sind Rabattverträge zwischen gesetzlichen Krankenkassen und pharmazeutischen Unternehmen öffentliche Aufträge nach § 99 GWB?, VergabeR 2008, 1 ff.

Storost, Christian: Die Bundesagentur für Arbeit an den Schnittstellen von Sozial- und Vergaberecht, NZS 2005, 82 ff.

Streinz, Rudolf: EUV/EGV, Kommentar, München 2003

Thier, Uwe: Häusliche Pflege – welches Recht ist bei den Vertragsverhandlungen mit den Kranken- und Pflegekassen im Bereich der häuslichen Pflege anwendbar?, PflR 1999, 164 ff.

Thüsing, Gregor/*Forst*, Gerrit: Europäische Betriebsräte-Richtlinie: Neuerungen und Umsetzungserfordernisse, NZA 2009, 408 ff.

Thüsing, Gregor/*Granetzny*, Thomas: Der Rechtsweg in Vergabefragen des Leistungserbringungsrechts nach dem SGB V, NJW 2008, 3188 ff.

Thüsing, Gregor/*v. Medem*, Andreas: Vertragsfreiheit und Wettbewerb in der privaten Krankenversicherung, Berlin 2008

Udsching, Peter: SGB XI, Soziale Pflegeversicherung, 2. Aufl., München 2000

Ulshöfer, Matthias: Zur Vergabe von Einzelaufträgen bei Rabattverträgen, VergabeR 2010, 132 ff.

von Mangoldt, Hermann/*Klein*, Friedrich/*Starck*, Christian: Kommentar zum Grundgesetz, 5. Aufl., München 2005

von Renesse, Jan-Robert: Pflegeleistung der freien Wohlfahrtspflege zwischen deutschem Sozialrecht und europäischem Wettbewerbsrecht, VSSR 2001, 359

von Wulffen, Matthias: SGB X, Sozialverwaltungsverfahren und Sozialdatenschutz, 6. Aufl., München 2009

Walter, Ute: Neue gesetzgeberische Akzente in der hausarztzentrierten Versorgung, NZS 2009, 307 ff.

Waltermann, Raimund: Sozialrecht, 8. Aufl., Heidelberg 2009

Welti, Felix: Leistung und Leistungserbringung in der Rehabilitation: Wettbewerbsordnung im Interesse der Selbstbestimmung, SGb 2009, 330 ff.

Wicke, Hartmut: GmbHG, Kommentar, München 2008

Wiesner, Reinhard: SGB VIII, Kinder- und Jugendhilfe, 3. Aufl., München 2006

Wigge, Peter/*Harney,* Anke: Selektivverträge zwischen Ärzten und Krankenkassen nach dem GKV-WSG – Rechtliche Rahmenbedingungen für den Vertragswettbewerb im Gesundheitswesen, MedR 2008, 139 ff.

Willenbruch, Klaus: Das Vergaberecht im Bereich sozialer Dienstleistungen, dargestellt am Beispiel der Schuldnerberatung, VergabeR Sonderheft 2a/2010, 395 ff.

Wollenschläger, Ferdinand: Die Bindung gesetzlicher Krankenkassen an das Vergaberecht, NZBau 2004, 655 ff.

Ziekow, Jan/*Siegel,* Thorsten: Das Vergabeverfahren als Verwaltungsverfahren, ZfBR 2004, 30 ff.

Sachwortverzeichnis

Ambulanz Glöckner, Rs. 30 ff., 64 ff., 102, 128 f.
AMNOG 13 ff., 39, 64 ff., 67, 72, 83 ff., 144 f.
Anpassungsbedarf
– des deutschen Rechts 142 ff.
– des SGB 142
AOK Bundesverband, Rs. 30 ff., 64 ff.
Arbeitsförderung 109 ff., s. auch: *Bundesagentur für Arbeit*
Ausgleichsfonds 104
Ausschreibungspflicht 28 f., 58, 82 f., 87 ff., 89 ff., 93, 108, 116, 121, 131
Ausschreibungsregeln des SGB 142 f.

Bayerischer Rundfunk, Rs. 69 f., 91, 97, 104, 111
Bedarfsdeckung 119 f.
Beihilfe
– *De-minimis-* 44 f.
– staatliche 43 f.
– Verbot 42 ff.
Bereichsausnahme
– des § 22 SVHV 23 f.
– Sozialrecht 143
Berufliche Eingliederung, Maßnahmen zur 114
Berufsausbildung, Förderung der 114
Berufsfreiheit 55 f.
Berufsvorbereitende Bildungsmaßnahmen 114
Bindungswirkung der Grundrechte 93, 101, 108, 116
Bodson/Pompes funèbres, Rs. 117 f.
Bundesagentur für Arbeit
– Aufgabe im Allgemeininteresse 110
– Beitragsbemessung 112

– einzelne Verträge 115 f.
– Letztentscheidungsrecht 112
– öffentlicher Auftrag 113 ff.
– öffentlicher Auftraggeber 110 ff.
– Selbstverwaltung 112
– staatliche Finanzierung 111
– staatliche Kontrolle 112
– Unternehmenseigenschaft 109

Cisal, Rs. 30 ff., 64 ff., 88 f., 109 f., 128 f.

Deutsche Rentenversicherung 89
Dienstleistungsauftrag 53
Dienstleistungsfreiheit 22, 94 f.
Dienstleistungskonzession 53, 59 ff., 73 ff., 106, 123 f.
Diskriminierungsverbot 55 f.
Dreieck, sozialversicherungsrechtliches 16 f.

Effet utile 18
Elser, Rs. 109
Entgeltlichkeit s. einzelne SGB

Fachaufsicht 49
FEDAC, Rs. 30 ff.
FENIN, Rs. 30 ff., 64 ff., 88, 102, 109, 128
Finanzausgleich, Pflegekassen 102
Finanzierung, überwiegende staatliche s. einzelne SGB
Freistellungsverordnung 39, 45

Gemeinden
– Grundsicherungsträger 117
– öffentliche Auftraggeber 46

– Träger der Kinder- und Jugendhilfe 126
– Unternehmen 117
Gentlemen's agreement 37
Grundfreiheiten 22, 93, 108, 116
Grundgesetz 25
Grundrechte 55 f.
Grundsicherung für Arbeitsuchende
– öffentlicher Auftrag 119 f.
– öffentlicher Auftraggeber
  – Bundesagentur für Arbeit 118
  – Kreise, kreisfreie Städte 118

Handelsbeeinträchtigung 44
Häusliche Pflege 106
Heilbehandlung 100
Höfner, Rs. 109 ff.

Individualvereinbarungen s. Sonstiges Vergaberecht
Infizierungstheorie 47
Integrationsfachdienste 130
Integrierte Versorgung 59 ff., 81 f., 106

Juristische Person
– Bundesagentur für Arbeit 110
– Krankenkassen 68
– Pflegekassen 103
– Rentenkasse 89
– Unfallversicherungsträger 96

Kartellverbot 30 ff.
Kassenärztliche Bundesvereinigung 100
Kattner, Rs. 30 ff., 64 ff., 88 ff., 91 f., 94 f., 97, 102, 103 f., 109, 112, 128
Kinder- und Jugendhilfe
– öffentliche Aufträge 126
– öffentlicher Auftraggeber
  – Gemeinden 126
  – Kreise, kreisfreie Städte 126
Knappschaft Bahn- See 89
Kollektivvertrag 62 f., 100
Konzertierung 37
Krankenkassen
– als öffentliche Auftraggeber 59 f.

Krankenversicherung
– Aufgaben im Allgemeininteresse 68
– einzelne Verträge 76 ff.
– Entgeltlichkeit 73 ff.
– (Nicht-)Gewerblichkeit 68
– öffentlicher Auftrag 72 ff.
– öffentlicher Auftraggeber 67 ff.
– staatliche Finanzierung 69
– staatliche Kontrolle 70 f.
– Unternehmenseigenschaft 64 ff.

Lieferauftrag 23 f.

Marktbeherrschende Stellung 40
– Missbrauch 41
Missbrauchsverbot 40 ff.

Nichtgewerblichkeit s. einzelne SGB
Niederlassungsfreiheit 22

Öffentliche Dienstleistungsaufträge 46 f.
Öffentliche Lieferaufträge 45 f.
Öffentliche Unternehmen 22 f., 32 f.
Öffentliche Verträge 43
Öffentlicher Auftrag s. einzelne SGB
Öffentlicher Auftraggeber s. einzelne SGB
Oymanns, Rs. 13 ff., 23 f., 42, 53, 59 f., 69, 70 f., 73 ff., 76, 78, 79 f., 81, 91, 104, 106, 111, 119 f., 123 f., 130

Personal-Service-Agenturen 113 ff.
Pflegehilfsmittel 106
Pflegekassen
– als öffentliche Auftraggeber 103
Pflegeversicherung
– Aufgaben im Allgemeininteresse 103
– Beitragsbemessung 104
– Bindung an Primärrecht 102
– einzelne Verträge 107
– Entgeltlichkeit 106
– (Nicht-)Gewerblichkeit 104
– öffentlicher Auftrag 105 ff.
– öffentlicher Auftraggeber 103 f.

Sachwortverzeichnis

– staatliche Aufsicht 102
– staatliche Finanzierung 102, 104
– staatliche Kontrolle 104
– System der Solidarität 102
– Unternehmenseigenschaft 102
Poucet, Rs. 30 ff., 64 ff., 88, 109

Rabattvertrag 79 f.
Rechtsaufsicht 49 f.
Regeln, prozessuale 144 f.
Rehabilitation und Teilhabe behinderter Menschen
– Entgeltlichkeit 130
– öffentlicher Auftrag 129 f.
– öffentlicher Auftraggeber 129
– Verträge 129, 130 f.
Rehabilitationseinrichtungen 93
Rentenversicherung
– Aufgaben im Allgemeininteresse 90
– Auftragsvergabe 93
– Beitragsbemessung 91
– (Nicht-)Gewerblichkeit 90
– jurist. Person 89
– öffentliche Aufträge 93
– staatl. Finanzierung 91
– staatl. Kontrolle 91
Richtlinie
– RL 92/50/EWG 23 f.
– RL 93/36/EG 23 f.
– RL 93/37/EWG 23 f.
– RL 2004/18/EG 13 ff., 22, 23 f., 46 ff., 50 ff., 54 ff., 58, 59 f., 62 f., , 67 f., 69, 72 ff., 76 ff., 82 f., 89 f., 91, 93, 96 f., 98, 101, 102, 103, 104, 105 ff., 108, 110, 111 f., 113 ff., 118 ff., 122 ff., 126 f., 129 ff., 133, 135, 137, 142, 143, 146

Sachleistungsprinzip 28 f.
Schwellenwert s. Ausschreibungspflicht
Selektivverträge 73, 87, 99, 105 ff.,
 s. auch: Sonstiges Vergaberecht
Solidarprinzip 30 ff.

Sonstiges Vergaberecht
– Anwendung 55 ff., 87, 93, 101, 108, 116, 121, 125, 127, 131
Sozialgesetzbuch (SGB)
– Allgemeiner Teil (SGB I) 16 f., 93, 142 ff.
– Arbeitsförderung (SGB III) 16 f., 22 f., 109
– Gemeinsame Vorschriften (SGB IV) 54, 70 f., 91 f., 97, 104, 112, 142 ff.
– Grundsicherung für Arbeitsuchende (SGB II) 16 f., 26 f., 117 ff.
– Kinder- und Jugendhilferecht (SGB VIII) 26 f., 125 ff.
– Krankenversicherung (SGB V) 16 f., 26 f., 59 f., 64 ff.
– Pflegeversicherung (SGB XI) 16 f., 102 ff.
– Rehabilitation und Teilhabe behinderter Menschen (SGB IX) 16 f., 26 f., 93, 128 ff.
– Rentenversicherung (SGB VI) 16 f., 28 f., 88 ff.
– Sozialhilferecht (SGB XII) 16 f., 26 f., 119 f., 122 ff.
– Sozialverwaltungsverfahren und Sozialschutz (SGB X) 76
– Unfallversicherung (SGB VII) 16 f., 26 f., 94 ff.
Sozialhilfe
– öffentliche Aufträge 123 f.
– öffentlicher Auftraggeber 122
Sozialstaatsprinzip 16 f., 25
Sozialversicherungssystem
– gesetzlich 16 f.
– privat 16 f.

Unfallversicherung 94 ff.
– Aufgaben 96
– Ausschreibungspflicht 101
– Berufsgenossenschaft 96 f.
– einzelne Verträge 100 f.
– Eisenbahn-Unfallkasse 96 f.
– Entgeltlichkeit 99 f.

- ergänzende Leistungen 101
- Feuerwehr-Unfallkasse 96
- Heilbehandlung 100
- juristische Person 96
- kommunale Unfallkasse 96
- medizinische Rehabilitationsleistungen 101
- (Nicht-)Gewerblichkeit 97
- persönlicher Anwendungsbereich 96
- Post/Telekom-Unfallkasse 96
- Recht zur Selbstverwaltung 97
- sachlicher Anwendungsbereich 98
- staatliche Finanzierung 97
- staatliche Kontrolle 97
- Unfallkasse des Bundes 96
- Unternehmenseigenschaft 94 f.

Unionsrecht
- Auslegung s. dort
- Vorrang s. dort

Unternehmen
- Begriff 30 ff., 40, 42
- Bundesagentur für Arbeit 109
- Gemeinden 117
- gesetzliche Krankenkasse 64 ff.
- gesetzliche Unfallversicherung 94 f.
- Kommunalträger 122, 125
- öffentliche s. dort

- Pflegekassen 102
- Rentenversicherungsträger 88
- Sozialversicherungsträger 128, 133 f.

Verfahrensgrundsätze 87, 133 f.
Vergabe öffentlicher Aufträge 50 ff.
Vergaberecht, s. auch Sonstiges Vergaberecht
- Anwendung auf Sozialversicherungssysteme 62 f.
- Anwendungsvoraussetzungen 30 ff.
- Bindung der Sozialversicherungsträger 133 f.
- der EU 20 ff.
- nationales 25 ff.

Versorgung, hausarztzentrierte 76
Vertrag, entgeltlicher 52, 73 ff., 99, 106, 114, 123 f., 130
VO (EG) Nr. 1177/2009 54
Vorrang des Unionsrechts 18, 22

Warenverkehrsfreiheit 22
Wettbewerb
- Beschränkung 38
- Regeln 30 ff.
- Verfälschung 42, 44
Wettbewerbsregeln 122